BILDER VON RECHT UND GERECHTIGKEIT

EOS IN VIRGA
FERREA

BILDER VON RECHT UND GERECHTIGKEIT

WOLFGANG SCHILD

DUMONT

Umschlagvorderseite: Die Formen der Gerechtigkeit. Ausschnitt aus einer Miniatur aus der Handschrift des Nicole Oresme, franz. Übersetzung der Nikomachischen Ethik des Aristoteles. 1370-75. Brüssel, Bibliothèque Royale Albert I., Ms. 9505, fol. 89r
Frontispiz: (Pieter) Claeissens (nach einem Kupferstich von Luca Penni), Allegorie der Justitia mit den Todsünden. 1584. Öl auf Holz, 100 x 106 cm. Privatbesitz.

Die Deutsche Bibliothek - CIP-Einheitsaufnahme

Schild, Wolfgang:
Bilder von Recht und Gerechtigkeit / Wolfgang Schild. -
Erstveröff. - Köln : DuMont, 1995
ISBN 3-7701-3495-8

Erstveröffentlichung

Druck: Rasch, Bramsche
Buchbinderische Verarbeitung: Bramscher Buchbinder Betriebe

Printed in Germany ISBN 3-7701-3495-8

Inhalt

Vorwort

Das Bild der Gerechtigkeit (Justitia) kennen wir heute als Symbol der staatlichen Gerichtsbarkeit (Justiz), als eine Frauengestalt, die deshalb Augenbinde (als Zeichen der Unparteilichkeit), Schwert und Waage (als Hinweis auf Straf- und Zivilgerichtsbarkeit) trägt. Frühere Zeiten sahen in der Justitia eine ontologische, die Ordnung der Schöpfung repräsentierende Kategorie oder eine engelgleiche Tochter des christlichen Gottes oder die Personifikation einer allgemeinmenschlichen Tugend oder (zumindest) der Tugend der Herrschenden. So nahm auch das Bild der Justitia in der Phantasie der Künstler höchst unterschiedliche Gestalt an. Dieses Buch stellt die wesentlichen Gerechtigkeitsbilder vor.

Dabei soll das 1. Kapitel in die Thematik einführen, indem die vielfältigen Dimensionen der Gerechtigkeit skizziert und einige bekannte Bilder vorgestellt werden, von denen manche annehmen, daß sie vielleicht auch Gerechtigkeitsbilder sein könnten; die Titel der Bilder in den entsprechenden Bildlegenden sind daher mit einem Fragezeichen versehen worden. Die folgenden Kapitel 2 bis 5 wollen als eine Einheit gesehen werden: nämlich als der Versuch, eine Entwicklung von Theologie (Ontologie) über Philosophie hin zu einer bloßen Symbolik der Gerechtigkeit aufzuzeigen und aus sich heraus zu entwickeln. Das 6. Kapitel über das »bedeutungsvolle Gerechtigkeitsbild« schließt daran an und stellt die sog. »Attribute« der Gerechtigkeit vor. Im 7. Kapitel werden sodann die Geschichten von gerechtem Handeln und gerechten Menschen ohne Illustrationen nacherzählt. Daran schließt sich das 8. Kapitel über die Hieroglyphik an. Das 9. Kapitel und zugleich den Abschluß bilden einige Spekulationen darüber, warum man eigentlich von »der« Gerechtigkeit spricht und sie in weiblicher Gestalt darstellt.

In manchen Teilen knüpfen die folgenden Ausführungen an Gedanken an, wie sie in meinen Beiträgen zu dem Buch »Recht und Gerechtigkeit im Spiegel der europäischen Kunst«, das Wolfgang Pleister mit mir im Jahr 1989 herausgegeben hat, entwickelt worden sind; auch werden manche der dort abgebildeten Darstellungen in die hier vorgelegten Kapitel einbezogen, was durch einen Hinweis (in der Form: »Abb. in P/S«) zum Ausdruck gebracht ist. Doch wurde versucht, in diesem Buch überwiegend neue Bilder aufzunehmen und das Thema der Gerechtigkeitsbilder umfassend und in neuer Sicht dem Leser vorzustellen. Die Kapitel 1, 2, 5 bis 9 sind gänzlich neu verfaßt, die übrigen Kapitel um wesentliche Teile erweitert. Nur die Interpretation der »Hieroglyphe der Justitia« des Selenus im 8. Kapitel wurde bereits in den Vorträgen veröffentlicht, die ich auf dem 28. Deutschen Rechtshistorikertag gehalten habe (Nimwegen 23. bis 27. September 1990, hrsg. von P. Nève/ C. Coppens, 1992).

1 DAS VERBORGENE GERECHTIGKEITSBILD

In diesem Buch geht es um Gerechtigkeitsbilder. Und wohl jeder kennt solche Darstellungen der Gerechtigkeit (lateinisch: »Justitia«) von den Gerichtsgebäuden her, an denen sie angebracht sind: mit Waage und Schwert, oft auch mit der Augenbinde, manchmal mit einem Gesetzbuch in den Händen; als Sinnbild der staatlichen »Justiz«, die unparteiisch und genau abwägend richten und strafen soll. Was soll ein ganzes Buch nur über solche Justizsymbole?

Die Dimensionen der Gerechtigkeit

Nun zeigt bereits ein erster Blick in das Inhaltsverzeichnis und die Gliederung dieses Buches, daß es nicht (nur) um diese justizbezogene Gerechtigkeit geht. Die Leser entdecken eine »auf Christus ausgerichtete« oder gar eine »die Weltordnung repräsentierende« Gerechtigkeit, die also offensichtlich theologische und philosophische Inhalte zum Ausdruck bringen, vielleicht sogar auf archaische Mythen hinweisen. Dies wird manchen verwundern. Daher ist wenigstens in diesem Rahmen - und ausführlich wird in den übrigen Abschnitten dieses Buches darüber geschrieben! - daran zu erinnern, daß Staat, Justiz und eine darauf sich beziehende Gerechtigkeit geschichtlich späte Entwicklungen sind. Lange wurde in unserer christlich geprägten Kultur von einer Gerechtigkeit gesprochen, die das tugendhafte Leben eines jeden Menschen betrifft und die sein Handeln nicht nur in bezug auf seine Mitmenschen, sondern auf die gesamte Ordnung der Schöpfung und nicht zuletzt gegenüber Gott bestimmen sollte. Gerecht war jemand, der richtig zu handeln verstand und so gottgefällig leben konnte: Nach seinem Tode durfte er deshalb in das ewige Leben der »Gerechten« eingehen. Es ist deshalb höchst mißverständlich, wenn diese gottbezogene Gerechtigkeit bloß als Gegenstand des Glaubens bzw. der Theologie eingeschätzt wird. Denn damit übersieht man den Stellenwert einer solchen Sicht im Rahmen eines Weltbildes, welches das gesamte Leben auf Erden von Gott her und auf Gott hin betrachtete. Die Rede von Gott umfaßte immer auch höchst weltliche, »konkrete« Probleme des menschlichen Lebens. Religiöser Glaube und politische Praxis bildeten - bei aller Unterschiedenheit - in letztem Grunde eine Einheit, wobei die Herrschaft auf die göttliche Sphäre zu beziehen war und von dorther ihre Legitimation und heilige Kraft (»Wirklichkeit«) erhielt. Die uns heute so selbstverständlich erscheinende Trennung von Staat und Recht, von Kirche und Religion ist erst das Produkt des neuzeitlichen Denkens; dessen Rationalismus und Nominalismus brachten nicht nur das Neue des freiheitlichen Rechtsstaates, sondern bedeuteten zugleich den Zerfall des alten einheitlichen, Gott und Welt vermittelnden Weltbildes.

Als Einheit muß auch das ursprüngliche Verhältnis von Kunst und Leben aufgefaßt werden, da beide in vergleichbarer Weise eingebunden waren in ein allumfassendes Weltbild. Die Kunstwerke wurden nicht - wie man heute im Zeitalter des absoluten Individualismus gerne glaubt! - von naturhaft agierenden, einsamen Genies in unmittelbarer Erleuchtung geschaffen, erzeugt in der Nachfolge des Schöpfergottes; vielmehr waren sie in einem fast unglaublich hohen Maße gebunden an vorgegebene Inhalte eines theologischen »Programms«. Bereits 787 hatte das Konzil von Nicäa bestimmt, daß »die Komposition der religiösen Darstellungen nicht der Initiative der Künstler überlassen [werden darf]; sie hängt von den seitens der Kirche aufgestellten Grundsätzen und von der kirchlichen Tradition ab«. Folgerichtig gab es deshalb Handbücher der Ikonographie für die Arbeit in den Bauhütten. Dadurch konnte nicht nur die Einheit aller Künste gewahrt bleiben, vor allem - nach dem Wort des Horaz »ut pictura poesis - ut poesis pictura« - die Einheit von Malerei (sowie Bildhauerkunst) und Poesie; vor allem gelang es darüber hinaus, die Einheit von Kunst und Theorie (Theologie, Philosophie) zu stiften. Selbst Künstlerpersönlichkeiten wie Giotto, Raffael, Holbein, Dürer waren Ausführende eines Programms, das durch Theologen und später durch humanistische Theoretiker, also durch einen »inventor«, entwickelt worden war; es galt durchaus als Malertugend, sich in dieser Weise beraten zu lassen. Ihr Genie entfaltete sich also nicht in der Themenerfindung selbst, sondern in der Art und Weise, wie diese Programme ausgeführt und veranschaulicht wurden. Freilich führte eine solche unmittelbare Verbindung von Theorie und Praxis auch zu einer Angleichung der Programmgestalter an die Eigengesetzlichkeit der Kunstwerke; die Theorie selbst war wegen dieses Zusammenhanges bildhaft, anschaulich, konkret, was in unseren Augen in der Regel zu ihrer Beurteilung als irrational, vielleicht sogar als kindlich-naiv führt. Zu bedenken ist auch, daß im Rahmen einer weitgehend schriftlosen Kultur das Bild die Aufgabe der Umsetzung der Theorie in das Laienverständnis - darin vergleichbar der Predigt - zu erfüllen hatte. Kunst war also ein bildlich-rhetorisches Mittel und hatte auf den zu beeinflussenden »Volksgeist« Rücksicht zu nehmen, um erfolgreich zu sein.

Diese enge Bindung der Kunst an die christliche Tradition, die sie lehren und unter das Volk bringen sollte, trat mit zunehmender Individualisierung zurück. Doch bedeuteten auch für den Neuplatonismus, der von vielen Philosophen des Humanismus vertreten wurde, die Dinge und Phänomene der erfahrbaren Welt die Repräsentationen der (göttlichen) Idee. So war es ihnen leicht möglich, die Tugenden und Laster, die freien Künste usw. in sinnlicher Weise darzustellen: nicht als Personifikationen, Symbole oder Allegorien - wie wir dies heute qualifizieren -, sondern als sinnliche Erscheinung der Idee z.B. der Gerechtigkeit und der Redekunst. Es ging den Theoretikern wie dann auch den Künstlern um Wahrheit und Wirklichkeit, nicht so sehr um die Veranschaulichung abstrakter Begriffe. Das rationale Denken hob diese Einheit dann auf, es postulierte die Trennung zwischen Tatsache und deren Bedeutung (Sinn) und konnte nur mehr von symbolischer Bedeutung sprechen, die immer mehr zum Spiel und zur Beliebigkeit wurde (gemessen an der nun als eigentliche Realität aufgefaßten Faktenwelt und deren Gesetzmäßigkeiten). Schließlich begann auch die Kunst in erster Linie für den Liebhaber und Sammler zu produzieren, der die Kunstwerke im Geheimen und nur für auserwählte Kenner bereithielt. So konnten viele Künstler im übrigen die strengen Bildervorschriften, die 1563 das Konzil von Trient - auch als Reaktion auf das Fresko des Jüngsten Gerichts von Michelangelo in der Sixtinischen Kapelle - für die kirchliche Kunst dekretiert hatte, umgehen bzw. trotz dieser Vorschriften als Künstler leben. Aber auch dann waren sie in ihrem Schaffen nicht frei, sondern den (in der Regel humanistischen) Interessen der gebildeten Auftraggeber unterworfen. In der Regel hatten sie überhaupt nur deren Ruhm zu verherrlichen. Vorausgesetzt wurden dementsprechend nicht nur künstlerische Kompetenz, sondern auch eine gründliche klassische Bildung, Kompositionstalent und nicht zuletzt rhetorisches Geschick im Sinne eines »Redens mit dem Pinsel«.

1 Illustration aus *Fulgentius Metaforalis* des Johannes Ridovalensis (John of Ridewall). Handschrift 1. Viertel des 15. Jh. Rom, Biblioteca Apostolica Vaticana, Palat. lat. 1066, fol. 231-234

Die meisten Künstler überforderte ein solches umfassendes Bildungsprogramm - über die Ratlosigkeit z.B. des Andrea Mantegna (1430/31-1506) handelt der im Abschnitt über das bedeutungsvolle Gerechtigkeitsbild vorgestellte Dialog »De justitia pingenda« (1515) des Battista Fiera. Viele waren deshalb auf den Rat der Theoretiker oder auf die zahlreichen

2 Illustration aus *Imagini delli Dei de Gl' Antichi* (Venedig 1647) des Vicenzo Cartari, S. 242

ikonologischen Werke angewiesen, die als Musterbuch, Kompendium, Handbuch zum Nachschlagen angaben, welche Themen relevant und wie sie künstlerisch zu gestalten seien. Zu nennen sind in diesem Zusammenhang bereits aus dem 14. Jahrhundert die Schrift »Fulgentius Metaforalis« des Franziskanermönches Johannes Ridovalensis (John of Ridewall) - ein Kommentar zur Mythologie des Fulgentius (5. Jh.) - und das Buch »Imagini delli Dei de Gl' Antichi« (1556) des Vincenzo Cartari: beides Werke, die Angaben enthielten, wie die antiken Götter als Personifikationen christlicher Tugenden darzustellen seien und auch für die Justitia diesbezügliche Hinweise boten (Abb. 1, 2). Zu erwähnen ist hier vor allem die bekannte »Iconologia« des Cesare Ripa von 1593. Letztere richtete sich ausdrücklich an Maler, Bildhauer, Medailleure, Dichter, Redner, Verfasser von »Devisen« und Prediger und enthielt ein Arsenal von theologischen, vor allem ethischen Begriffen - auch aus dem Gebiet der Gerechtigkeit -, verbunden mit der Angabe, wie diese künstlerisch darzustellen seien. In der zweiten Ausgabe von 1603 waren bereits selbst Bilder; um 1760 wurden (noch) in Augsburg im Verlag Hertel »Des berühmten ita-

3 Kupferstich aus *Des berühmten italiänischen Ritters Caesaris Ripae allerley Künsten und Wissenschafften dienliche Sinnbilder und Gedancken* (Augsburg 1760), Taf. 120

4 Justitia im Triumphbogen. Statue am Grabmal des Ascanio von Andrea Sansovino. Um 1504. Rom, S. Maria del Popolo

liänischen Ritters Caesaris Ripae allerley Künste und Wissenschafften dienliche Sinnbilder und Gedancken« mit neuen Kupferstichen veröffentlicht, welche die einzelnen Begriffe durch eine Historie veranschaulichten (Gerechtigkeit z.B. durch die Geschichte des Zaleukos; vgl. Abb. 3). Nur angemerkt sei, daß diese Handbücher oft älteren, ja bereits - vom jeweiligen Zeitgeist her betrachtet - veralteten Vorstellungen verhaftet blieben, was zu schwierigen Interpretatonsproblemen der Kunstwerke führen kann.

Dazu erhielten manche Bilder und Bildprogramme bei gleichbleibender Form oft einen neuen Inhalt; häufig veränderte ein anderer Zusammenhang den Sinn dieser Darstellungen. Denn aufgrund der Einheit der Künste konnten etwa Miniaturen der Buchmalerei als Vorlage für Wandgemälde dienen, wobei der Text - an den die Bilder im Buch selbst als dessen Illustrationen gebunden waren - nun wegfallen mußte: Leicht entstand dann ein neuer Sinn für die nun selbständig zu interpretierenden Wandbilder, die man auch als »gewanderte Miniaturen« bezeichnet. Man darf auch nicht übersehen, daß zahlreiche Künstler zusammenwirkten bei den zahlreichen Festen, Umzügen, Theateraufführungen, Triumphzügen, bei Werken also, in denen man voneinander lernen und sich gegenseitig inspirieren lassen konnte. Nur ein Beispiel sei genannt. Um 1520 schuf Andrea del Sarto für das »Scalzo«, den Klosterhof der Bruderschaft Johannes des Täufers in Florenz, das Fresko einer Justitia (Abb. 200e bei P/S). Als Vorbild diente ihm dafür die Statue, die der mit ihm befreundete Andrea Sansovino am Grabmal des Kardinals Ascanio in S. Maria del Popolo in Rom 1504 geschaffen hatte (Abb. 4). Darüber hinaus ist zu berücksichtigen, daß Andrea und Jacopo Sansovino 1515 an der Herstellung der zu Ehren des Einzugs von Papst Leo X. in Florenz errichteten Scheinfassade des Domes gearbeitet hatten, die reichlich mit Nischenfiguren geschmückt war, unter denen sich sicherlich auch eine Justitia befand.

Niemals darf also die Methode vergessen werden, mit der die Denker und Künstler der jeweils vergangenen Zeit sich ihrer eigenen Tradition bemächtigt haben und ihr dadurch neue Impulse gaben. Zu denken ist hier vor allem an das typologische Denken des Mittelalters, das in der Nachfolge des Augustinus (354-430) vom 11. Jahrhundert bis etwa in das 15. Jahrhundert hinein Altes und Neues Testament, d.h. also die Heilsgeschichte im Ganzen, als Einheit verstand. In jedem alttestamentlichen Ereignis wurde ein Typus (d.h. ein unvollkommenes Vorbild) für den »Anti-Typus« des Neuen Testamentes gesehen, wie z.B. im Urteil Salomos oder Daniels die Typen für das Weltgericht Christi. Es gab auch dafür eigene Anleitungsbücher, etwa den »Pictor in carmine« (um 1200) oder das Werk »Rota in medio rotae« aus dem 13. Jahrhundert.

Die Schwierigkeiten einer Interpretation

Jedenfalls bedarf die Betrachtung dieser alten Gerechtigkeitsbilder einer Interpretation, die das gesamte Umfeld des Werkes, vor allem also das ihnen zugrundeliegende Programm als Ganzes, einbezieht. Die Darstellung einer Justitia als solcher besagt in der Regel nichts; es kommt vielmehr auf den Zusammenhang an, in dem sie steht und in den sie eingeordnet ist; er ist konstitutiver Bestandteil ihrer Bedeutung. Es macht nämlich einen wesentlichen Unterschied, ob die Justitia allein an der Front eines Justizgebäudes angebracht ist oder in einer Reihe von Tugenden abgebildet wird oder ob sie dezidiert gemeinsam mit Veritas (Wahrheit, Wahrhaftigkeit), Pax (Friedfertigkeit) und Misericordia (Barmherzigkeit) auftritt.

An einem Beispiel soll dieses Problem verdeutlicht werden. 1311 schuf Giovanni Pisano an der Marmorkanzel im Dom von Pisa auch die beeindruckende Statue der Iustitia (Abb. 5): als eine alte, gekrönte Frau mit müdem Gesicht, in den Händen Waage und Schwert, damit - so könnte man meinen - das Symbol der ernsten, sich der Schwere ihrer Aufgabe bewußten Rechtsprechung (Gerichtsbarkeit). Doch ist neben ihr eine Statue der Temperantia (Mäßigkeit, Maßhaltung) angebracht; und ein weiterer Blick zeigt, daß beide zusammen mit Fortitudo (Stärke, Standhaftigkeit) und Sapientia oder Pruden-

5 Giovanni Pisano, Maria mit den Kardinaltugenden. 1311. Pisa, Kanzel des Doms

tia (also Weisheit oder Klugheit) die vier Stützen sind für ein Podest, auf der eine Frauenstatue mit zwei Kindern an der Brust steht. Justitia wird - so meint der Kundige nun zu wissen! - also als eine der vier Kardinaltugenden aufgefaßt, die offensichtlich der Maria, der Mutter Gottes - dargestellt als Maria lactans (also als stillende Maria) -, zukommen. Jedoch irritiert der Umstand, daß Maria zwei Kinder stillt; freilich nur solange, bis der Betrachter erkennt, daß diese Maria lactans stellvertretend für dic Kirche steht, an deren Brüsten das Alte und das Neue Testament hängen und saugen. Die Sicherheit der Interpretation schwindet allerdings, wenn man bedenkt, daß diese Säule - mit den vier Kardinaltugenden und Maria als Ecclesia - an der Kanzel selbst (sofern man sie nach der Zerlegung und Zerstörung um 1595 im Jahre 1926 richtig rekonstruiert und restauriert hat, und natürlich ohne die originale Farbenpracht erneuern zu können) ein Gegenstuck hat: nämlich eine Christusstatue, die auf den Schultern der vier Evangelisten steht (Abb. 6). Christus selbst trägt die Waage als Zeichen der Gerechtigkeit (wohl in seiner Funktion als Jüngster Richter), daneben findet sich eine Schrifttafel mit Worten aus dem Psalm 85, 12, die heute wie folgt übersetzt werden: »Treue (veritas) sproßt aus der Erde hervor; Gerechtigkeit (iustitia) blickt vom Himmel hernieder«. Vor diesem Hintergrund interpretiert Herbert von Einem die gesamte Kanzel als Darstellung dieser Psalmstelle, die im übrigen häufig in mittelalterlichen Texten und Bildern aufgegriffen wurde (Abb. 7; vgl. Abb. 162 bei P/S): Christus sei diese Gerechtigkeit, die vom Himmel herabblicke; die stillende Frauengestalt repräsentiere

6 Giovanni Pisano, Jesus Christus als Richter. 1311. Pisa, Kanzel des Doms

7 Illustration zu Psalm 85, 11. Aus dem Utrecht Psalter. Um 830. Hautvillers (Reims). Federzeichnung. Utrecht, Universitätsbibliothek, Ms. Nr. 32, fol. 49v

nicht nur Maria und Ecclesia, sondern auch in besonderem Maße die Erde, zudem müsse sie sogar mit Christus selbst gleichgesetzt werden, dann allerdings in der anderen Bedeutung als »veritas de terra orta«; daneben meine die Frauengestalt ebenfalls die Heimatstadt Pisa, weshalb die Kanzel auch ein Bild des guten (gerechten, gottgefälligen) Regimentes sei, zusammen - nach den theologischen Thesen von Cassiodor zum Psalm 85 - ein »templum iustitiae, palatium pietatis et tesaurarium misericordiae« (also ein Tempel der Gerechtigkeit, ein Hof der Gnade und eine Schatzkammer der Barmherzigkeit). Andere Kunsthistoriker sehen in der Kanzel als Ganzes das Abbild des himmlischen Jerusalems. Max Seidel konzentriert seine Interpretation mehr auf die Gestalt der stillenden Frau: sie stelle in der Nachfolge der Kommentare zum Salomonischen Hohelied des Alten Testamentes Maria lactans als innige Verknüpfung von Liebe der Maria, christlicher Liebe überhaupt (caritas) und Lehrfunktion der Kirche dar. Die gesamte Kanzel sei auf den Gegensatz von Christus als dem rex iustitiae (König der Gerechtigkeit) und Maria als der regina misericordiae (Königin der Barmherzigkeit) hin gestaltet, andererseits aber auch bezogen auf die Idee des matrimonium politicum (also der politischen Verbindung) zwischen dem Kaiser (Christus) und Pisa (ecclesia). Noch differenzierter (und schwieriger) muß die Interpretation dieser Marmorkanzel im Dom von Pisa werden, wenn man sie in das Lebenswerk des Giovanni Pisano einordnet, konkret: wenn man sie mit der Kanzel im Dom von Siena, an der Giovanni 1268 mitgearbeitet hat, und der Kanzel in S. Andrea in Pistoia aus dem Jahre 1301 in Verbindung bringt. Dies würde jedoch in diesem Rahmen zu weit führen.

Beispiele bloß möglicher Gerechtigkeitsbilder

Insgesamt schwierig wird es für den heutigen Betrachter von Kunstwerken, wenn er das zugrundeliegende Bildprogramm nicht (mehr) kennt. Klärungsbedürftig ist dann unter Umständen sogar, ob das betreffende Werk überhaupt als Darstellung der Gerechtigkeit gelten kann und ob es daher in die Gesamtthematik dieses Buches paßt. Einige von solchen, für manchen vielleicht »verborgenen« Gerechtigkeitsbilder sollen nun vorgestellt werden. Dabei handelt es sich um einen geradezu »spannenden« Vorgang, denn diese Bilder sind vielen gerade als »Nicht-Gerechtigkeitsbilder« bekannt.

Man betrachte das um 1665 vollendete Bild von Jan Vermeer (van der Meer), genannt Vermeer van Delft (1632-1675), das in der Regel als »Die Perlenwägerin« bezeichnet wird (Abb. 8). Aus der Waage alleine kann man für die Frage nach einem verborgenen Gerechtigkeitsbild nichts ableiten, denn dieses Instrument hat zahlreiche, durchaus handfeste Bedeutungen etwa als Abwägen von Gegenständen im Rahmen eines Kaufvertrags. Zudem fällt auf, daß die abgebildete Frau nicht abwägt, sondern pendelt: weshalb man meinen kann, hier sei eine Schwangere dargestellt, die auf diese volkstümlich-abergläubische Weise herausfinden möchte, ob sie ein männliches oder weibliches Kind zur Welt bringen werde. Doch macht das Bild des Jüngsten Gerichts im Hintergrund an der Wand stutzig: sollte es also doch um Gerechtigkeit gehen? Ernst Günther Grimme ist wohl dieser Ansicht, wenn er schreibt, Vermeer wolle allegorisch an Justitia und Vanitas in der Gegenüberstellung von Leben (Schwangere!) und Tod erinnern und zeige damit zugleich das

8 Jan Vermeer, Die Perlenwägerin (?). Um 1665. Öl auf Leinwand, 42,5 x 35,5 cm. Washington D.C., National Gallery of Art

9 Tizian, Spanien eilt der Religion zu Hilfe (?). 1575. Öl auf Leinwand. 168 x 168 cm. Madrid, Prado

schwere Leben des Künstler-Ehepaares selbst. Allerdings sind die Perlen oft als Zeichen der Tugenden aufgefaßt worden, vor allem in Verbindung mit Maria; sollte die schwangere junge Frau für die Mutter Gottes stehen? In diesem Zusammenhang liegt wieder Psalm 85, 12 nahe; und die Schlußfolgerung drängt sich auf, daß dieses Gemälde das heilsgeschichtliche Ereignis der Geburt des Gerechtigkeit verwirklichenden Erlösers darstellen will. Doch kann der Bezug auf Psalm 85,12 auch ganz anders gedeutet werden. Das hebräische Wort, das heute als »Treue« übersetzt wird, wurde im Mittelalter mit »veritas« (Wahrheit, Wahrhaftigkeit) wiedergegeben. Vielleicht wollte Vermeer mit seinem Bild die Wahrheit darstellen, die am Jüngsten Tag als die Gerechtigkeit Gottes (und der Menschen) offenbar werden wird. Die Waage würde dann Attribut der Wahrheit sein, wie es im übrigen die »Iconologia« des Cesare Ripa auch vorsah. - Auf eine ähnlich faszinierende Entdeckungsreise begibt sich der Betrachter bei dem Bild »Spanien eilt der Religion zu Hilfe«, das Tizian 1534 begann und 1575 fertigstellte (Abb. 9). Zunächst freilich scheint klar zu sein: hinter der (links dargestellten und) Spanien personifizierenden Frauengestalt ist mit dem Schwert in der Hand die Gerechtigkeit abgebildet. Rudolf Wittkower untermauert diese These durch den Aufweis, daß 1534 der Künstler den Sieg der Tugenden Pax - als Minerva - und Justitia über das Laster - als Venus - darstellen wollte. Dies ist aber nur der erste Blick (und noch dazu der Blick auf die Fassung von 1534, die es nicht mehr gibt). Der zweite Blick sollte die Umarbeitung von 1575 beachten. Diese machte aus Venus die reuevolle Sünderin - als Magdalena - und meinte damit die Protestanten, mit denen sich (links) die siegreiche Kirche und neben ihr

10 Raffael, Der Traum des Ritters (?). 1506. Öl auf Holz, 17 x 17 cm. London, National Gallery

mit dem Schwert: die streitbare Kirche aussöhnt (so wie es historisch auch Philipp II., für den dieses Bild umgemalt wurde, getan hatte). Daher muß der oben genannte herkömmliche Titel des Bildes korrigiert werden. Das Bild enthält offensichtlich keine Darstellung der Justitia.

Als nächstes Beispiel betrachte man das kleine Bild von Raffaelo Santo, das er als Karton1500/ 1502 zeichnete und 1506 in Siena höchstwahrscheinlich als Bucheinband malte. Bekannt wurde es als »Der Traum des Scipio« (Abb. 10). Moderne Interpretationen sehen darin die Darstellung eines mythologischen Themas, nämlich eine Variation der Fabel von Herakles/ Herkules am Scheideweg zwischen Tugend und Weltlust. Die Frau zur Linken, mit Schwert und Buch, symbolisiere die Tugend, die geschmücktere Frau rechts, eine Blume darbietend, verkörpere Frau Welt; dementsprechend sei die Landschaft dargestellt: hinter der Tugend eine steile Burg, zur Seite der Frau Welt die sonnige Ebene, von einem Fluß durchzogen. Mab van Lohuizen-Mulder wagt den Schritt zum Gerechtigkeitsbild. Dargestellt sei der junge Scipio Africanus der Ältere (236-184/3 v. Chr.) als der dem Gesetz (severitas) und der Menschlichkeit (humanitas) verpflichtete Mann, zugleich werde hier eine Mahnung an die Herrschenden gerichtet, was der Tradition Sienas, dem Entstehungsort des Bildes, entspreche. Damit seien zwei Aspekte der Tugend der Gerechtigkeit dargestellt, links die rechts- bzw. gesetzestreue Justitia, rechts die gnädige Humanitas (im Sinne der Aequitas).

Berühmt ist auch ein Bild von Giovanni Bellini (1430-1516), das in der Regel »Heilige Allegorie« genannt wird (Abb. 11), welcher Titel bereits die Schwierigkeiten für die neueren Interpretationen zum Ausdruck bringt. Gustav Ludwig etwa hat 1902 darin eine Illustration des irdischen Paradieses gesehen, wie es der französische Dichter Guillaume de Deguileville in seiner »Pèlerinage de l' âme« (1330-1335) geschildert habe: die gekrönte Frauengestalt, die in der Ecke der Umzäunung sitzt, sei als Justitia aufzufassen, die mit der auf dem Marmorthron sitzenden Maria in eine Diskussion über das Erlösungswerk Christi verstrickt sei, usw. Nach Philippe Verdier illustriere Bellini den Streit der Töchter Gottes, wie er auch von Guillaume de Deguileville, aber in seiner »Pèlerinage du Jhesu Christ« geschildert werde. Wie in einem Mysterienspiel auf der Bühne würden links Justitia und rechts Misericordia - ohne ihre Schwestern Veritas und Pax - neben Maria um die Erlösung der Menschheit verhandeln (vgl. Taf. 11, 12).

Als recht kompliziert ist die Interpretation zu bezeichnen, die Friderike Klauner für ein Gemälde von Dosso Dossi (1478/80 - 1542) vorgelegt hat. Herkömmlicherweise wird dieses Bild (Abb. 12) als Illustration einer Fabel des Humanisten Leone Battista Alberti über »Jupiter, Merkur und die Tugend« angesehen: die von Fortuna verfolgte Tugend (virtus) bitte den Merkur, beim Göttervater vorgelassen zu werden, um Schutz und Hilfe von ihm zu erflehen; aber Merkur lasse sie nicht vor und heiße sie zu schweigen: Jupiter male gerade Schmetterlinge und wolle dabei nicht gestört werden. Klauner erkennt in diesem Gemäde auch das Beispiel eines Planetenkinderbildes. Jupiter und Merkur seien als Planeten dargestellt, daneben das Sternbild der Jungfrau, aufgefaßt als Dike (Astraea, Justitia; vgl. Taf. 6, Abb. 27); der als Schmetterlingsmaler vorgestellte Jupiter (d.h. als »deus artifex«, der die Seelen - von jeher mit Schmetterlingen verglichen - erschaffe) meine den Maler Dossi selbst. Insgesamt sei das Bild die Veranschaulichung des Horoskops von Dossi als eines Planetenkindes, der in einer bestimmten Konjunktion von

11 Giovanni Bellini, Heilige Allegorie (?). 1490-1500. Öl. 73 x 119 cm. Florenz, Uffizien

12 Giovanni de' Luteri, gen. Dosso Dossi, Zeus als Weltenmaler (?). 1. Hälfte des 16. Jh. Öl auf Leinwand, 112 x 150 cm. Wien, Kunsthistorisches Museum

Jupiter, Merkur und Jungfrau geboren worden sei. Auf die sorgfältige astrologische Argumentation, die Klauner zur weiteren Begründung ihrer Deutung vorlegt, kann der interessierte Leser nur verwiesen werden.

Überzeugend und fraglich zugleich wirkt die Theorie, in der die berühmte Bronzestatue von Judith und Holofernes (Abb. 13), die Donatello 1457/58 (ursprünglich) für den Palastgarten der Medici geschaffen hat, als Gerechtigkeitskunstwerk verstanden wird. Zwar besteht Einigkeit darüber, daß dieses in seiner Technik wie künstlerischen Komposition kühne Standbild nicht nur die biblische Szene verkörpert, sondern daß hier zugleich symbolisch Judith als Sanctimonia, Continentia und Humilitas (also: Heilige Unschuld, Standhaftigkeit und Bescheidenheit) triumphierend über den Luxuria und Superbia (also Überfluß und Hochmut) verkörpernden Holofernes gezeigt werde; nicht umsonst sei ihr Blick nicht auf das Opfer, sondern auf den Betrachter (im Sinne einer Ermahnung) gerichtet. Volker Herzner hat darüber hinaus die politisch-rechtliche Komponente herausgearbeitet. Judith sei - als Gegenstück zur Davidfigur - von den Medici als politische Symbolgestalt in Auftrag gegeben worden, um einen Hinweis auf die bürgerlichen Tugenden als Garanten städtischer Freiheit zu geben (im Gegensatz zu Holofernes als Tyrannis) und darüber hinaus auch auf die politische Tugend der Gerechtigkeit (in Verbindung mit der Fortitudo [also Stärke, Standhaftigkeit]): es sei - so Herzner - »beinahe unvermeidlich, im Bilde der Judith das der Justitia mitzusehen«. Ähnlich sieht auch Hans Martin von Erffa in Judith das Exempel für alle Tugenden, darunter auch der Justitia (und darüber hinaus auch den alttestamentlichen »Typus« der Maria, unter deren Schutz und Herrschaft Florenz sich durch amtliche Dekrete im 13. und 14. Jahrhundert gestellt hatte).

Es ließen sich sicherlich noch weitere Beispiele dieser möglichen (und möglicherweise verborgenen) Gerechtigkeitsbilder finden. Aber im folgenden werden »wirkliche« Gerechtigkeitsbilder in ihrer beeindruckenden Vielfalt und im Hinblick auf ihre unterschiedlichen Dimensionen vorgestellt und erläutert.

13 Donatello, Judith und Holofernes. 1457/58. Florenz, Piazza della Signoria

2 DAS DIE WELTORDNUNG REPRÄSENTIERENDE GERECHTIGKEITSBILD

Von den vielen Dimensionen, die mit der Gerechtigkeit verbunden waren (und zum Teil noch sind), ist uns sicherlich am fremdesten die Bedeutung geworden, die diese Gerechtigkeit auf die Ordnung der Welt selbst bezieht. Dabei liegt ein solches Verständnis nicht allzu ferne, wenn man berücksichtigt, daß die Freiheit des Menschen (und damit seine Sonderstellung im Rahmen der Welt) zunächst noch nicht begriffen und Ordnung noch Ausdruck eines Geschichtsdenkens ohne Dynamik waren. Dies soll zunächst am Beispiel der griechischen Gottheiten Themis und Astraea veranschaulicht werden. Vor diesem Hintergrund werden dann solche Gerechtigkeitsbilder vorgestellt, die exemplarisch die Ordnung der Welt in den Mittelpunkt ihrer Auffassung von Gerechtigkeit stellen.

Themis

Die griechische Gottheit Themis (vgl. Abb. 110) war im Anfang offensichtlich als Ausdruck einer die Menschen erschütternden und doch von ihnen bewunderten Macht zu begreifen; in der ihr eignenden lebendigen Wirksamkeit ordnete und gestaltete sie die gesamte Welt. Als personifizierte Gottheit wurde sie um 700 v. Chr. von Hesiod in seiner »Theogonie« zeitlich vor dem Göttergeschlecht der Olympier (Zeus, Poseidon, Hades, Demeter, Hera) eingeordnet. Themis ist also eine Titanin, die unmittelbar von Erde (Gaia) und Himmel (Uranos) er- bzw. gezeugt wurde. Als bestimmende Kraft (oder unmittelbar wirkendes Prinzip) war sie deshalb auch für die (olympischen) Götter wesentlich und maßgebend. Dies fand darin seinen Ausdruck, daß Themis als Ratgeberin des Zeus galt (Abb. 14); u.a. soll sie ihm die Idee zum trojanischen Krieg eingegeben haben. Darüber hinaus eröffnete und leitete sie die Versammlungen der Götter (wie auch der Menschen). Im übrigen soll sie auch den neugeborenen Zeus betreut und gepflegt haben. Aber nicht nur die Götter standen in ihrer Ordnung, sondern die gesamte Welt. Man kann sie durchaus mit der Vorstellung einer allumfassenden konkreten »Naturrechtsordnung« der Welt oder des Seins in Verbindung bringen, in der jedes Seiende - auch z.B. der an sich rechtlose Fremde, dem das Gastrecht gewährt werden kann - den ihm zukommenden Platz hat(te): im Himmel, wie auf Erden, wie in der Unterwelt. Themis war die »Wahrerin des Bindenden, Fügen-

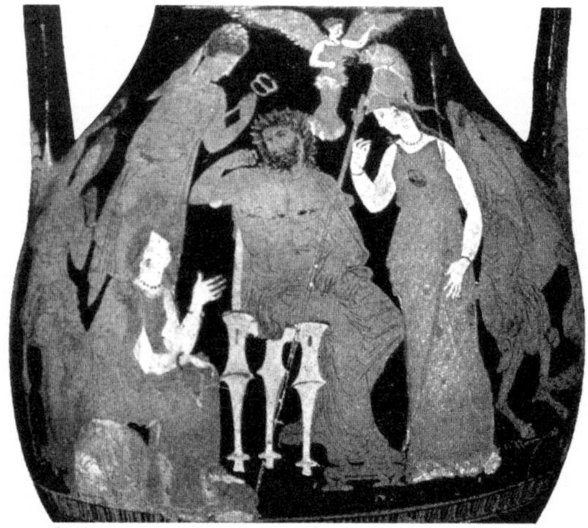

14 Zeus, umgeben von Hermes und Athene, befragt Themis. Attische Pelike des Eleusis-Malers. Um 350-340 v. Chr. Petersburg, Eremitage

den, Gründenden« (Erik Wolf); als solche war sie die ehrwürdige Rechtsgottheit in einer Welt, die noch einheitlich als Rechtsverhältnis aller Dinge vorgestellt wurde.

Ihr Charakter veränderte sich auch nicht, als man begann, die Sphäre der menschlichen Aktivität herauszuheben, und Themis darauf bezog. Sie blieb weiterhin die Kraft, die sich lebendig wirkend durchsetzte: nun eben durch die Handlungen der Menschen. Man stellte sich die Gottheit als Instanz vor, die bestimmte herausragende Individuen - eben »die Gerechten« - in maßgebenden Situationen mit ihrer Ordnungskraft überschüttete, wodurch diese in die Lage versetzt wurden, nun ihrerseits als Ordnungsgestalter (etwa Richter, Ratgeber) wirksam zu werden; was man dann folgerichtig mit dem Hinweis zum Ausdruck brachte: die Betreffenden würden »themis« verwirklichen.

Themis ist zuweilen mit Gaia selbst gleichgesetzt worden, aber auch mit der Totengöttin Hekate - die nach der »Theogonie« des Hesiod ebenfalls den Versammlungen und Gerichten vorsitzen sollte - wurde sie in Verbindung gebracht (jedenfalls wegen der Pietätspflichten gegenüber den Verstorbenen). Von diesem Zusammenhang her erklärt sich auch ihre Eigenschaft als Gottheit des Orakels: denn nur wenn die Zeit fest geordnet ist, kann die Zukunft geweissagt werden, nämlich von einem Wesen, das selbst nicht im aktuellen Lebensvollzug verhaftet ist, wie ein Toter. Bekannt ist ihr Orakelspruch gegenüber dem kinderlosen König Aigeus von Athen (Abb. 15): »Den vorragenden Fuß des Weinschlauches, stärkster der Männer, öffne du nicht, als denn ins Land von Athen du gekommen«. Erst König Pittheus konnte diesen

15 Themis und Aigeus. Detail der attischen Schale des Kodros-Malers. Um 440-430 v.Chr. Berlin, Staatliche Museen Preußischer Kulturbesitz, Antikenmuseum

Rätselspruch auflösen, indem er den Fuß des Weinschlauches mit dem Penis des betrunkenen Aigeus in Verbindung und den König nach reichlichem Alkoholgenuß in das Bett seiner Tochter Aithra brachte, die dort Theseus empfing. Themis war auch von diesem Orakelspruch her Gottheit einer Ordnung, die vom Leben und Sterben - wie im Rhythmus der Natur - bestimmt war, einer Ordnung des unmittelbaren Wirkens von Werden und Vergehen. Sie war auch die Mutter der drei Horen (»die richtigen Zeiten«), die als Gottheiten der Jahreszeiten die Namen Thallo, Auxo und Karpo trugen: also die Gottheiten der Blüte, des Wachstums und der reifen Frucht. Und sie war ebenfalls die Mutter der drei Moiren, die jedem Seienden das ihm Zukommende zuteilten. - Auf die weitere Geschichte der Themis wird noch einzugehen sein (vgl. Kap. 9).

Astraea

Den Namen »Astraea« hat offensichtlich der römische Dichter Ovid (43 v. Chr. - ca. 17 n. Chr.) in seinen »Metamorphosen« zum ersten Male gebraucht; er bezog sich aber wegen des Hinweises auf sie als Jungfrau (virgo), die als letzte der Göttlichen die Erde verlassen würde, eindeutig auf eine seinen damaligen Lesern sicherlich bekannte Stelle in den »Phaenomena« des Griechen Aratos (3. vorchristliches Jahrhundert), die übersetzt lautet: »Betrachte die Jungfrau, die in der Hand die glänzende Ähre trägt ... Bei den Menschen läuft [die] Sage um, daß sie ... früher auf der Erde weilte, und sie herrschte über die Menschen von Angesicht zu Angesicht; niemals verschmähte sie die Gesellschaft der Männer noch der Frauen der Urzeit, sondern mitten unter ihnen hatte sie sich niedergelassen, obgleich sie eine Unsterbliche war. Und man nannte sie Dike (Recht); sie versammelte die Alten, irgendwo auf dem Markt oder auf einer geräumigen Straße, und sang, die Menschen anspornend, volksfreundliche Rechtssprüche. Noch verstanden sie sich damals nicht auf unseligen Hader, nicht auf scheltende Auseinandersetzung und Waffenlärm, sie lebten so hin ... Sie selbst, die Herrin des Volks, gewährte ihnen alles tausendfältig, Dike, die Rechtsschenkende. Das war damals, als die Erde noch das Goldene Geschlecht nährte. Mit den Silbernen verkehrte sie wenig und nicht mehr ganz bereitwillig, sie sehnte sich nach den Sitten des alten Volkes zurück... Sie kam abendlich von den echohallenden Bergen herab, alleine, und gesellte sich zu niemandem mit freundlichen Worten, sondern wenn sie große Hügel mit Menschen angefüllt hatte, sprach sie Drohreden, schalt sie wegen ihrer Schlechtigkeit und sagte, sie werde nicht mehr sichtbar zu ihnen kommen auf ihr Rufen hin ... [Dann] strebte sie zu den Bergen; das ganze Volk aber spähte noch immer nach ihr, als sie es verließ. Aber als dann auch diese tot waren, entstanden die andern, das Eherne Geschlecht, heillosere Menschen als die vorigen; die schmiedeten als erste das übeltäterische, wegelagernde Schwert, genossen als erste das Fleisch von Pflugstieren. Da flog Dike, voll Haß über das Geschlecht dieser Menschen, zum Himmel und nahm Wohnung an dem Ort, wo sie nächtlich noch den Menschen erscheint, die Jungfrau«. Aratos fügte noch hinzu: »Ob [sie] ein Kind des Astraios ist, der nach den Alten der Vater der Gestirne gewesen sein soll, oder eines anderen, möge sie ungestört ihre Bahn ziehen!« Jedenfalls erklärt sich von diesem Hinweis auf den Vater die Namensgebung »Astraea« durch Ovid.

Aratos seinerseits bezog sich in seiner Schilderung des Sternbildes der Jungfrau auf Hesiod, freilich in ganz unterschiedlicher Weise. Zunächst kannte auch Hesiod in seiner »Theogonie« den »großen Astraios«, einen göttlichen Titanen, dem die Eos die starkmutigen Winde (darunter Boreas) und die leuchtenden Sterne (darunter den Morgenstern) gebar. Von einer Tochter sprach Hesiod nicht; er kannte allerdings Dike, eine der drei Horen, als Tochter der Themis und des Zeus, die er in seiner Dichtung »Werke und Tage« näher vorstellte: »[Inmitten der Menschen verweilend und auf die Taten der Menschen achtend] ist auch sie da, die Jungfrau, das Recht [Dike], Zeus' eigene Tochter, hehr und geachtet den Göttern, die droben den Himmel bewohnen. Tut ihr ein Mensch nun etwas zuleid und kränkt sie mit Ränken, setzt sie sogleich bei Zeus-Vater sich hin, dem Sohne des Kronos, und erzählt von dem Trachten der Schändlichen, daß die Gesamtheit büße das frevele Tun ihrer Herrn, die verderblich gesonnen beugen und drehn die Bescheide des Rechts, verbogen sie fällend«; der Vater Zeus straft also das Unrecht, weshalb Hesiod auch festhalten konnte: »Das Recht [Dike] übertrumpft die Gewalttat [Adikia], setzt am Ende sich durch«. Hesiod versetzte diese Kränkung der Dike in seine eigene Zeit, die er zugleich als ein Zeitalter ansah, das er das fünfte in der Geschichte der Menschheit nannte.

Das erste Zeitalter, genauer: das erste Geschlecht, war für ihn das goldene: »Golden haben zuerst das Geschlecht hinfälliger Menschen todfreie Götter geschaffen, die himmlische Häuser bewohnen. Das war zu Kronos' Zeit, als er noch König im Himmel. Und die lebten wie Götter und hatten nicht Kummer im Herzen, fern von Mühen und frei von Not«; nachdem sie ausgestorben waren - wobei ihr Tod sanft wie ein Einschlafen war -, wirkten sie als reine Geister auf Erden weiter, »geben acht aufs Sprechen des Rechts und frevelnde Taten«, sind »Segenspender«, »haben dies Königsvorrecht zu eigen«. Danach schufen die Götter (offensichtlich unter der neuen Herrschaft des Zeus, der seinen Vater Kronos gestürzt hatte) das silberne Geschlecht: »dem aus Gold an Gestalt nicht gleich und nicht an Gedanken ... Eigene Torheit brachte das Weh; denn sie hatten nicht Kraft, maßlose Gewalttat untereinander zu bannen, und ewige Götter verehren mochten sie nicht und am hehren Altar den Seligen opfern, wie sich's für Menschen geziemt«; doch auch sie wurden - nachdem sie ausgestorben waren - als Selige verehrt Nun schuf Zeus ein drittes Geschlecht »aus Erz, dem silbernen nirgendwo gleichend, eschenentstammt, so furchtbar wie stark; die trieben des Ares keuchend Geschäft und die Tat der Gewalt«, wodurch sie sich selbst vernichteten. Danach schuf Zeus das Geschlecht der Heroen, die Halbgötter und »gerechter und besser geartet« waren als das vorherige Geschlecht; doch starben auch sie in den heldenhaften Kriegen um Theben und Troja aus, soferne sie nicht auf den Inseln der Seligen abseits der Menschenwelt leben durften. Nun - also zu Zeiten des Hesiods - lebt das eiserne Geschlecht: »Niemals bei Tage werden [diese Menschen] ruhn von Mühsal und Weh, und niemals zur Nachtzeit sind sie verschont, und die Götter verleihn dann quälende Sorgen. Dennoch wird auch für sie zu den Übeln Gutes gemischt sein«. Deshalb ist bereits oben der Sieg des Rechts (der Dike) über das Unrecht genannt worden. Aber möglich war für Hesiod auch das gegenteilige Ergebnis, daß nämlich die unrechte Gewalt sich durchsetzen und das Schlechte gewinnen könnte. Für diesen Fall nahm Hesiod in gewisser Weise Aratos vorweg: »Dann wird es sein, daß fort zum Olymp von den Straßen der Erde tief ins weiße Gewand ihr herrliches Aussehn verhüllend gehn zu der Sippe der Götter hinweg von den Menschen die beiden: Ehrfurcht [Aidos] und rechtes Vergelten [Nemesis]«. Bedenkt man, daß Nemesis - ähnlich den Erin(n)yen - als rächende und/oder vergeltende Gottheit gedacht wurde, wird der Zusammenhang zu der bei ihrem Vater Zeus Vergeltung fordernden Dike unübersehbar.

Doch war dieses Verlassen der Menschenwelt für Hesiod nur die schlimmste Möglichkeit der Entwicklung des fünften (eisernen) Menschengeschlechts; zu seiner Zeit kehrte Dike immer noch nach ihrer Klage bei Zeus zurück. Aratos dagegen ließ Dike - deren Verhältnis zu Zeus er nicht behandelte (und dafür als möglichen Vater den Astraios einführte) - die Erde endgültig verlassen, wodurch sie am Himmel zu dem Sternbild der Jungfrau werden konnte; zudem verringerte Aratos - wie oben zitiert - die Zeitalter bzw. Geschlechter auf die Dreizahl von golden, silbern und eisern. Ovid übernahm in den bereits genannten »Metamorphosen« diese Dreiteilung. Das Goldene Zeitalter bzw. Geschlecht - »das, von keinem gezüchtigt, ohne Gesetz freiwillig der Treu und Gerechtigkeit wahrnahm. Furcht und Strafe war fern ... Ungezüchtigt waren sie sicher« - war für ihn die Herrschaft des Saturn - also des lateinischen Kronos -; mit seinem Sturz in den Tartarus durch Jupiter begann das silberne und dann das eiserne Zeitalter. In der »Aeneis« des Vergil (70-19 v. Chr.) war im übrigen der Bezug zu Italien in den Vordergrund gerückt (worden): danach war der von Jupiter vom Olymp verstoßene Saturn nach Latium gekommen und hatte den dort zunächst noch als Baumkinder lebenden Menschen dieses glückliche und friedliche Leben ermöglicht und gesichert (an das die Römer sich in den feierlichen »Saturnalien« bis in die Kaiserzeit hinein erinnerten); Jupiter hatte dann offensichtlich seine Herrschaft auch auf Latium ausgedehnt und das silberne, dann das eiserne Geschlecht geschaffen, wobei der Einführung des Eigentums an Grund und Boden wesentliche Bedeutung zukam. Vergil bereits hatte für das eiserne Zeitalter die Vision des Aratos übernommen, wobei er dem bäuerlichen Leben noch eine gewisse Ausnahmestellung zubilligte: »Hier in den Bauern ließ noch Gerechtigkeit [Justitia], eh' sie entschwand, die äußersten Spuren«. Der Dichter Catull (84-54 v. Chr.) hatte noch pessimistischer geschrieben: »Seitdem die Menschheit in Frevel versank und Verbrechen, seit Begierde und Habsucht Gerechtigkeit forttrieb und Tugend, ... wandten sich von uns Sterblichen ab die ewigen Götter«. Ovid sah in seinen »Metamorphosen« die Situation des für ihn vierten (also des eisernen nach dem goldenen, silbernen und ehernen) Zeitalters ähnlich: »Es entflohen die Scham und die Treu' und die Wahrheit ... Frömmigkeit sank vor Gewalt; Astraea, die Jungfrau, floh, der Himmlischen letzte, die blutgefeuchteten Länder«. Jupiter habe deshalb die Vertilgung dieses Geschlechts durch die Sintflut beschlossen, die nur zwei gerechte Menschen - Deukalion und seine Frau Phyrrha - überlebt hätten, die dann das nun lebende fünfte Geschlecht - das Ovid das »harte« nannte - erweckt hätten (indem sie die Gebeine ihrer Mutter - d.h. Erdklumpen - hinter sich geworfen hätten).

Doch blieb es nicht bei diesem negativem Bild. Bereits Vergil hatte in seinen Hirtengedichten zwar ohne ausdrückliche Namensnennung, aber in eindeutiger Weise Octavian - den späteren Augustus - als den Retter der fast schon verlorenen Menschheit gerühmt. Im 6. Gesang der »Aeneis« legte er dem in der Unterwelt weilenden Anchises eine Prophezeiung in den Mund, wonach »Augustus Caesar, der Sohn des Göttlichen [d.h.: des unter die Götter versetzten Caesar], über Latium, das einst Saturn beherrschte, das Goldene Zeitalter wiederum bringen [werde]«. Horaz übernahm die Verbindung zu dem Mythos der Weltalter/Geschlechter und sah in der 4. Ode seines 3. Odenbuches Augustus in enger Beziehung zu Jupiter, die er in der 6. Ode dieses Buches sogar noch steigerte: »Im Himmel herrscht nach unserem Glauben Zeus, der Donn'rer. Hier auf Erden wird uns als Gott Augustus gelten«. Auch Ovid ließ seine »Metamorphosen« nicht nur mit der Vergöttlichung des Caesar enden, sondern auch mit einem Loblied auf Augustus (der als Caesars Sohn aufgefaßt wurde): »Daß er [nämlich: Caesar] ein himmlischer Gott aufsteig', ehrwürdig den Tempeln, schaffest du [nämlich: Cytherea] mit dem Sohne zugleich, der, ein Erbe des Namens, trägt die genommene Bürde der Stadt, und des blutenden Vaters tapferer Rächer im Krieg' uns selbst als die Seinen erkennet. Gab er den Frieden der Welt, dann kehrt zu den Rechten des Bürgers jener den Sinn und weihet Gesetz', ein billiger Ordner, fördert die Zucht und läutert durch Lehr' und Muster die Sitten«. Das Goldene Zeitalter war also - wie diese Dichter priesen - mit der Herrschaft des Augustus angebrochen; die Himmlischen waren wieder auf die Erde zurückgekehrt, nämlich in der Gestalt des jupitergleichen Augustus selbst. Von daher lag nahe, daß auch die entflohene Gerechtigkeit erneut ihren Platz auf Erden einnahm. Berühmt ist das vierte Hirtengedicht des Vergil, in dem es heißt: »Nun ist gekommen die letzte Zeit nach dem Spruch der Sibylle; neu entspringt jetzt frischer Geschlechter erhabene Ordnung. Schon kehrt wieder die Jungfrau, Saturn hat wieder die Herrschaft; schon steigt neu ein Erbe herab aus himmlischen Höhen. Sei nur dem nahenden Knaben, mit dem die eisernen Menschen enden und allen Welten ein goldenes Alter erblühet - Gnädig sei ihm, du Helferin, Reine! Schon herrscht dein Apollo [d.h.: der Sonnengott]«.

Dieses wiedergekommene Goldene Zeitalter war nach Ovids ausdrücklicher Angabe eigentlich die Herrschaft der Themis im Sinne der oben charakterisierten Naturrechtsordnung: »das goldne Geschlecht, das ... ohne Gesetz freiwillig der Treu und Gerechtigkeit wahrnahm«, ohne auf Rechtsverfahren und Richter angewiesen zu sein. Die Menschen in dem Reich des Rechts und des Friedens und der Eintracht und des Wohlstands - weshalb Dike/Astraea mit ihren beiden von Hesiod genannten Horen-Schwestern Eirene und Eunomia bzw. mit den römischen Gottheiten Pax (und Victoria) zusammengedacht war - hielten sich aus ihrer sittlichen Haltung und von ihrer inneren Einstellung her an die rechtliche Ordnung der Welt, verwirklichten also in diesem Sinne unmittelbar themis.

Es ist hier nicht der Ort, auf die weitere wechselvolle Geschichte dieser Idee der Wiederkehr des Goldenen Zeitalters in der christlichen Geschichte bzw. Theologie einzugehen - die selbstverständlich die Prophezeiung der Sibylle bei Vergil auf die jungfräuliche Gottesmutter Maria und auf den Knaben Jesus Christus bezog, der auch der neue Sonnengott der Gerechtigkeit (sol iustitiae) sein würde. An dieser Stelle muß sich die Studie auf die Darstellung der mit diesem Motiv und mit der Rechtsgottheit Themis überhaupt zusammenhängenden Gerechtigkeitsbilder beschränken.

Justitia als Prinzip der Schöpfung

Zunächst kann festgehalten werden, daß die Vorstellung einer Ordnung der Welt, für die Gerechtigkeit maßgebend ist, im Wandel der Kulturen und der sie kennzeichnenden Kultbilder und religiösen Einstellungen nicht verlorenging, selbst als der Glaube an eine Gottheit Themis mit der griechischen Polis erloschen war. Im Christentum spielte sie noch für lange Zeit im Rahmen seiner vom Judentum geprägten Theologie der Schöpfung eine nicht unbedeutende Rolle; die Renaissance brachte in manchem die Erinnerung an die alte Rechtsgottheit - wie auch z.B. an Nemesis -, freilich in verwandelter Gestalt, zurück. Erst die Herausbildung der neuzeitlichen Freiheitsidee - die mit der Reformation verbunden ist - nahm dieser Gerechtigkeitsidee die Überzeugungskraft, obwohl die katholische Theologie im Ansatz heute noch immer naturrechtlich orientiert ist. Einige Bilder einer solchen ontologisch verstandenen Justitia seien nun vorgestellt.

Manche Illustrationen der Schöpfungsgeschichte zeigen Gott, wie er gleich einem Baumeister oder Architekt an das Sechs-Tage-Werk geht: unter Verwendung bestimmter Instrumente, die einen Bezug zur Justitia haben, vor allem der Waage. Dabei konnte diese auch durch ein anderes Werkzeug ersetzt werden, vor allem durch die Instrumente nach Jesaja 28, 17 (»Als Senkblei nehm ich das Recht und als Wasserwaage die Gerechtigkeit«); auch Winkeleisen oder Maßstock oder Zirkel konnten in den Händen dieser (göttlichen) Gerechtigkeit abgebildet werden (Abb. 16, 17).

So wurde die Schöpfung wohl geordnet und bestimmt: »Gott sah alles an, was er gemacht hatte: Es war sehr gut« (Gen. 1, 31). Auch das Paradies (der Garten Eden) war in sich geordnet und gestaltet, wobei die Vier - die Zahl des Quadrats (zugleich die Zahl der Trinität [also die Drei] zusammen mit der Schöpfungswirklichkeit als Vier) - als heilige Zahl galt. Deshalb gefiel der Bericht der Genesis: »Ein Strom entspringt in Eden, der den Garten bewässert; dort teilt er sich und wird zu vier Hauptflüssen. Der eine heißt Pischon; er ist es, der das ganze Land Hawila umfließt, wo es Gold [und Bdelliumharz sowie Karneolsteine] gibt... Der zweite Strom heißt Gihon; er ist es, der das ganze Land Kusch umfließt. Der dritte Strom heißt Tigris; er ist es, der östlich an Assur vorbeifließt. Der vierte Strom ist der Eufrat« (Gen. 2, 10-14). Die christliche Theologie sah - darin Philo von Alexandria folgend - in dieser Vierteilung den Hinweis auf die aus der griechischen Philosophie bekannten vier Kardinaltugenden und dezidiert im Euphrat den Hinweis auf die Gerechtigkeit. Denn dieser Name weise im Lateinischen auf Fruchtbarkeit und Überfluß hin, die durch die Tugend »aequitas atque iustitia« am besten hervorgebracht würden. Der diese Flüsse (und Tugenden) speisende Urquell war für Ambrosius (gestorben 397) - der diese Auffassung ausarbeitete (im übrigen im Zusammenhang mit einer Lehre von vier Zeitaltern, dessen letztes seit der Menschwerdung Gottes das der Justitia sei) - die Weisheit Gottes (also der Logos, d.h. Christus). Diese Verbindung von Paradiesflüssen und Kardinaltugenden findet sich z.B. auf dem Grabmal des (deutschen) Papstes Clemens II. (gestorben 1047) im Bamberger Dom (Abb. 130 bei P/S) oder in einem Bild in einem Kollektar aus Zwiefalten des 12. Jahrhunderts (Taf. 2), das das Lamm Gottes umgeben von den vier Evangelisten, den vier Paradiesströmen und den vier Kardinaltugenden zeigt. Auch manche städtische Brunnen sollten die Bürger durch diese dargestellte Einheit der Justitia mit dem Euphrat an die Gerechtigkeit als Quell des Zusammenlebens erinnern, wie etwa der Schöne Brunnen in Nürnberg (Abb. 137 bei P/S).

Deutlich wird die fundamentale Bedeutung der Gerechtigkeit auch in einer Miniatur in der 1295 hergestellten Handschrift von »De naturis rerum« (1244)

16 Die vier Kardinaltugenden um die Kreuzigungsszene. Platte eines Tragaltars. Um 1160. Augsburg, Maximilian-Museum, Abt. Diözesanmuseum

17 Justitia und Temperantia über dem Bildnis des Apostel Bartholomäus. Miniatur im *Evangeliar Heinrichs des Löwen*. Um 1188. Wolfenbüttel, Herzog August Bibliothek, Cod. Guelf. 105 Noviss. 2, fol. 14v

des Thomas Cantipratanus (von Cantimpré; Abb. 18). Sie zeigt den Makrokosmos als Verleiblichung Christi: die Welt (mundus) wird vom Christus-Logos (also der zweiten Person der Trinität vor Erschaffung der Welt, durch die alles geschaffen wurde) in den Händen gehalten. Im Mittelpunkt ruht die Erde (terra), umgeben vom Firmament mit Sonne, Mond und Sternen; aus ihm wachsen die vier Elemente, darüber die vier Winde; außerhalb bilden die vier Kardinaltugenden - darunter mit der Waage die Justitia - das heilige Quadrat der Ordnung, eine Ordnung, die der einzelne Mensch (der Mikrokosmos) in seinem Leben anzustreben und zu verwirklichen hat.

Diese naturrechtliche Sicht der Gerechtigkeit als Prinzip der Ordnung der gesamten Welt ließ sich auch mit der Ethik der Griechen vereinbaren, wobei vor allem der »Nikomachischen Ethik« des Aristoteles (4. Jh. v. Chr.) seit ihrer Übersetzung ins Lateinische (ab 1260) und - ausschlaggebend - ins Französische (der damaligen Weltsprache der Humanisten) durch Nicole Oresme (1320-1382) für Charles V. unter Einarbeitung der Kommentare der Scholastiker wesentliche Bedeutung zukam. Andere Übersetzungen mit entsprechenden Miniaturen folgten: so um 1500 durch Reginaldus Piramus für Andrea Matteo III. Acquaviva, den Herzog von Atri (1458-1529). Diese Handschrift veranschaulicht in einer eindrucksvollen Miniatur die Gerechtigkeit in ihrer fundamentalen, die gesamte Welt bestimmenden Bedeutung (Taf. 1). Sie

18 Die Kardinaltugenden im Rahmen des Makrokosmos. Miniatur aus der Handschrift *De naturis rerum* des Thomas Cantipratianus. 1295. München, Bayerische Staatsbiliothek, Cod. lat. 2655, fol. 105r

schwebt in Gestalt einer Frau im Purpurgewand und mit einer Haube auf einer Wolke über einer Gegend mit Meer und Land, mit Tieren und geselligen Menschen, die alle in gerechter Ordnung leben; sie führt ein Szepter als Zeichen der Würde und der politischen Herrschaft und hält in der Linken ein Senkblei, das die Gleichheit symbolisieren soll. Oben überreicht eine Frau einen Lorbeerkranz dem Greis (und nicht dem daneben stehenden Jüngling): eine Darstellung der nach Würde vorgehenden austeilenden Gerechtigkeit. Neben dem Zentralbild der Gerechtigkeit sind links Handelsschiffe in einer Hafenstadt zu sehen (als Bild der freiwillig ausgleichenden Gerechtigkeit), rechts ein Herrscher beim Urteilsspruch. Unten sind die drei Unterweltrichter Minos, Aiakos und Rhadamanthys abgebildet, zu ihren Füßen befinden sich fünf Seelen von Verstorbenen, die entweder in das Elysion (links) eingehen dürfen oder - wie Tityos und Sisyphos (rechts) - ewige Qualen erdulden müssen: zum Zeichen der auch nach dem Tode geltenden Gerechtigkeit, die auch die Bereiche von Himmel und Hölle umgreift.

In eben diesem Rang hatte auch Dante Alighieri (1265-1321) die Gerechtigkeit gesehen: in seiner »Divina Commedia«, die gerne als die in dichterischer Sprache gekleidete scholastische Enzyklopädie bezeichnet wird, da sie mit poetischer Kraft und geistvoller Tiefe Theologie und Mythologie vereinigt. Hier werden nicht nur der Unterweltsrichter Minos - »mit grausem Zähnefletschen; beim Eingang prüft er alle die Vergehen, urteilt und schickt, je wie er sich umschlingt« (Inferno V; vgl. Abb. 61 bei P/S) -, sondern auch im zweiten Himmel (des Merkur, als dem Platz der selig gewordenen Menschen, die auf Erden sich dem tätigen Leben unter dem Maß der Gerechtigkeit zugewandt haben) der rechtgläubige Gesetzgeber Justinian (Paradiso VI; vgl. Abb. 64 bei P/S) und im sechsten Himmel (des Jupiter; Paradiso XVIII, XX) die Seligen geschildert, die auf Erden die Gerechtigkeit richtig verwaltet haben. In ihrem Reigen bilden sie die Form von Buchstaben nach, die zusammengenommen den dem Alten Testament (Weisheit 1,1) entnommenen Satz »Diligite iustitiam qui iudicatis terram« (»Liebet die Gerechtigkeit, die ihr auf Erden richtet«) ergeben; das letzte »m« bleibt stehen; und auf ihm aufbauend bilden andere Selige durch ihr Zusammentreten die Gestalt des Adlers der Gerechtigkeit (vgl. Abb. 62 bei P/S), den Dante als Abbild der kaiserlichen Gewalt aufgefaßt wissen wollte. Das Auge des Adlers ist aus sechs Lichtern zusammengesetzt, aus den Seelen der edelsten und gerechtesten Menschen: der Israeliten David und Hiskia, der Christen Konstantin und Wilhelm II. von Sizilien und der durch individuelle Gnadenakte erlösten Heiden Ripheus von Troja und Trajan (worüber im Kapitel über das erzählende Gerechtigkeitsbild berichtet wird). Ihre damalige Gerechtigkeit schlägt sich in dem grandiosen Bau der Schöpfung - in Inferno, Purgatorio, Paradiso - fundamental nieder.

Das Reich der Gerechtigkeit

Als naturrechtlich bestimmte Ordnung kann auch ausschließlich das Zusammenleben der Menschen auf Erden betrachtet werden, vor allem in der Stadt. Legt man diesen »politischen« Bezug zugrunde, ist es naheliegend, von solchen Gerechtigkeitsbildern zu sprechen, die diese Ordnung zum Thema erheben.

Die Christen dachten bei diesem Reich der Gerechtigkeit vor allem an die Vision des Psalm 85, 9-14: »Frieden verkündet der Herr seinem Volk und seinen Frommen, den Menschen mit redlichem Herzen. Sein Heil ist denen nahe, die ihn fürchten. Seine Herrlichkeit wohne in unserem Land. Es begegnen einander Huld und Treue; Gerechtigkeit und Friede küssen sich. Treue sproßt aus der Erde hervor; Gerechtigkeit blickt vom Himmel hernieder. Auch spendet der Herr dann Segen, und unser Land gibt seinen Ertrag. Gerechtigkeit geht vor ihm her, und Heil folgt der Spur seiner Schritte«. Der aus der Schule von Reims hervorgegangene Utrecht-Psalter (820/40) - der vielleicht auf eine ältere Vorlage des 5. Jahrhunderts zurückgeht - illustriert diese Stelle und interpretiert sie typologisch auf Jesus Christus hin (Abb. 7): rechts oben blickt die Gerechtigkeit herab und nimmt die Treue (als Kind) von der Erde her entgegen, links daneben umarmen sich Gerechtigkeit und Friede, wieder links davon begegnen einander Huld und Treue.

Das apokalyptische Schrifttum, das um 200 v. Chr. aus der Erfahrung des Leides und der Enttäuschung (zum einen über die eigenen Könige - daher verbunden mit der Sehnsucht nach einem neuen König David als dem Friedenskönig oder nach seinem Sohn Salomo -, zum anderen über die eigene Situation des Unterjochtseins) entstand und bis 800 n. Chr. fortdauerte, griff auf den Gedanken der Erschaffung eines neuen Himmels und einer neuen Erde zurück (vgl. Jesaja 65, 17; Ezechiel 40-48), also auf Motive, die oben im Zusammenhang mit der Weltalterlehre genannt worden sind. Aus der Erkenntnis, daß die Könige, ja der Mensch nicht fähig sei, ein solches Werk zu schaffen, und im Vertrauen auf Gottes Fürsorge und Barmherzigkeit entstand der Messias-Gedanke: Gott werde durch einen Mittler eingreifen. Das Buch Daniel (167-164 v. Chr.) enthielt die Vision einer ewigen unvergänglichen Herrschaft und dieses immerwährenden Reiches unter »einem wie ein Menschensohn«, dem der auf einem Feuerthron sitzende »Hochbetagte« Herrschaft, Würde und Königtum übergibt (7, 9-14). Die um 90 n. Chr. verfaßte Apokalypse des Johannes - als »Geheime Offenbarung« von den Christen als kanonischer Text anerkannt - schildert in glühenden Farben diese neue Welt, die von Jesus Christus als das neue heilige, himmlische Jerusalem erschaffen wird (21, 1 - 22,5).

Aurelius Augustinus knüpfte an diese Vorstellung an und beschrieb in seinem 415/27 verfaßten, die nachfolgenden Jahrhunderte stark beeinflussenden Werk »De civitate Dei« (Über den Gottesstaat) einerseits die Geschichte der Civitas Terrena - also der Weltgeschichte, in der die Menschen ohne Gott handeln und darin ihre Freiheit zu verwirklichen meinen: sie beginnt mit dem Sündenfall und weist sechs Zeitalter auf -, andererseits die Geschichte der Civitas Dei als die Heilsgeschichte Gottes mit den Menschen, die der Weltgeschichte eigentlich zutiefst zugrunde liegt, was aber nur den Erlösten offenbar wird. Diese findet ihr Ende (als Geschichte) in der Errichtung des Neuen Jerusalems, der himmlischen Stadt.

Doch es blieb nicht bei der Vision der Gottesstadt am Ende der Heilsgeschichte. Bereits Augustinus hatte mit seinem Werk eine Uminterpretation der Offenbarung des Johannes vorgenommen. Denn dort spricht Apok. 20, 1-15 eigentlich von dem Tausendjährigen Reich, das nach der Vernichtung des Antichrists und der Überwältigung des Satans Christus mit den auferstandenen Märtyrern auf Erden errichten wird; nach den tausend Jahren dieser Herrschaft befreit sich Satan aus dem Gefängnis und leitet den letzten Kampf ein, der mit seiner endgültigen Vernichtung und dem Weltgericht auch über die nun auferstehenden Toten (und der Errichtung des neuen Jerusalems) endet. Zur Zeit Tertullians (gestorben 160) wurden diese Zeilen zu einem Werk des Ketzers Cerinth erklärt; der Afrikaner Tyconius (um 380) legte eine rein spiritualistische Deutung vor: es gehe bloß um die Beschreibung des künftigen geistigen Kampfes um das Reich Gottes, eine Interpretation, der die wichtigsten Kommentatoren (z.B. der Spanier Beatus von Libana [um 785], Beda venerabilis [gestorben 735]) folgten. 431 verurteilte das Konzil von Ephesus diesen »Chiliasmus« (von »chilioi« = tausend). Aber viele Menschen des Mittelalters nahmen diesen Chiliasmus der Apokalypse wörtlich. Der Abt Joachim von Fiore (gestorben 1202) legte eine extrem realistische Interpretation vor, die vor allem Mönche (Benediktiner) dazu motivierte, den wieder zum Menschen gewordenen Christus zu suchen und mit ihm das Tausendjährige Reich zu errichten. Manchmal (wie bei den Adamiten oder einigen Sekten der Hussiten) wurden mit dieser Erwartung anarchische Vorstellungen verbunden.

Für Augustinus freilich hatte mit der Errichtung der Kirche durch Christus dieses Tausendjährige Reich bereits begonnen. Es galt daher nur mehr, dafür zu sorgen, daß dieses Reich Gottes auf Erden auch vollständig verwirklicht werde: ein Auftrag, den zahlreiche Herrscher zu ihrer Lebensaufgabe machten. Schon der »Hirt des Hermas« (um 140) hatte die Vision der idealen Kirche, die aus den Christen als Bausteinen zur Gottesstadt werden sollte. Die großen Kathedralen der Gotik, die von Frankreich ausgehend in den Städten errichtet wurden, begriff man als Abbild dieser Gottesstadt, was in der Einweihungsfeier deutlich zum Ausdruck kam. Kronleuchter und liturgische Gegenstände erhielten die Form des Grundrisses der Gottesstadt, wie ihn Apok. 21, 10 ff. darlegte; auf die Pisaner Domkanzel (Abb. 5, 6) als Abbild des himmlischen Jerusalems wurde hingewiesen. Auch die Krone, die für die Kaiserkrönung Ottos I. (962) gefertigt wurde (mit Kronenkreuz 1010/20 und Bügel um 1024/39), wurde als Abbild des himmlischen Jerusalems - in der Form, der Anordnung der Edelsteine, ihrer Zahl und Farbe, und mit den Medaillons (darstellend auch Christus als König der Könige, Salomo, David) - verstanden (und sollte auch so aufgefaßt werden): ebenso Aachen als (erhoffte) Residenz des Kaisers. Karl IV., König von Böhmen und ab 1355 auch römischer Kaiser, ließ auf der Burg Karlstein die Heiligkreuzkapelle bauen, in der er die Reichsinsignien und alle Rcliquien der Heiligen aufbewahrte: insgesamt ein reales, die Schilderung der Apokalypse beim Wort nehmendes Abbild des himmlischen Jerusalems in Böhmen. Auch der unter Karl IV. um 1362 am Hauptmarkt von Nürnberg, dem damaligen Zentrum des Reiches, errichtete »Schöne Brunnen« (vgl. Abb. 137 bei P/S) muß in dieser Richtung gesehen werden: die 24 Skulpturen (Propheten, Patriarchen, Kurfürsten, Neun gute Helden) der vierfach gestuften Steinpyramide und die 16 kleinen Sitzfiguren (Evangelisten, Kirchenväter, Philosophie und die sieben freien Künste) an den Pfeilern um die Turmpyramide entfalten ein heilsgeschichtliches Programm, dessen tiefste Bedeutung sich aus dem Element erschließt, das die Figuren einfassen: dem Wasser, das auf Tod und Auferstehung Christi und deren Nachvollzug in der Taufe verweist. In der Turmpyramide gewinnt der Lebensbrunnen Gestalt, der mit Tod und Auferstehung paradiesisches Leben (das neue Jerusalem) verheißt und spendet; insgesamt ein anschaulicher Inbegriff der vollkommenen Civitas und damit der Anfang der Wiederherstellung paradiesischer Zustände unter dem Kaisertum Karls IV. Ausdrücklich hervorgehoben seien die Figuren der Propheten, die ab dem 14. Jahrhundert häufig als Künder der (neuen) Gerechtigkeit Gottes dargestellt wurden, so auch - als älteste Darstellung dieser Art - im Hansasaale des Kölner Rathauses (vgl. Abb. 233 bei P/S), wo sie mit Spruchbändern auch auf die Errichtung des guten, gerechten Regimentes hinwiesen und die Ratsherren zu tugendhafter Rechtspflege, Bewahrung des öffentlichen Wohles und die Bürger zu Gehorsam und Einsatz für die Belange der Stadt ermahnten, in manchen im übrigen vergleichbar den ebenfalls häufig dargestellten Sibyllen. Freilich bleibt fraglich, wie weit diese Hinweise auf das neue Reich Gottes auf Erden als politisches Programm oder nur als Vision der Hoffnung und Ausdruck des Vertrauens auf den wiederkehrenden Christus zu verstehen sind. Im 5. Kapitel wird diese Frage erneut aufgegriffen.

Wiederkehr der Astraea und des Goldenen Zeitalters

Für die Renaissance lag es nahe, solche christliche Auffassungen mit dem antiken Mythos von Astraea und ihrer Wiederkehr im Goldenen Zeitalter zu verbinden und künstlerisch auszuschmücken. Die Weltalter-Vorstellung der griechischen und römischen Dichter war den Gebildeten bekannt und konnte ohne größere theoretische Schwierigkeiten mit dem christlichen Glauben vereinbart werden. Bekannt ist z.B. die um 1570 geschaffene Darstellung der drei Zeitalter von Jacopo Zucchi, wobei die Gerechtigkeit im silbernen Zeitalter auf einer Wolke thront und mit Schwert und Waage die Menschen zum rechtlichen Handeln bestimmt (Abb. 19) und im eisernen Zeitalter mit Jupiter, Hera, Hermes und Demeter im Himmel sitzt (Abb. 20). Unmittelbar auf die Wiederkehr der Astraea (und damit des Anbrechens des neuen Goldenen Zeitalters) verweist 1645 Salvator Rosa mit seinem Gemälde (Taf. 3).

Es waren vor allem die Medici in Florenz, die diesen Mythos zur Verherrlichung ihrer Herrschaft nutzten. Sie waren im 15. Jahrhundert aufgrund ihres Reichtums - vornehmlich aus dem Bankgeschäft - zu fürstlichem Rang aufgestiegen, wobei vor allem Lorenzo I. (1449-1492) von besonderer Bedeutung war. 1531 wurde ihr Gebiet zum Herzogtum, 1569 zum Großherzogtum Toskana erhoben. Erst 1737 erlosch diese Familie, der drei Päpste und zwei Kö-

19 Jacopo Zucchi, Das Silberne Zeitalter. Um 1570. Öl auf Holz, 50 x 38,5 cm. Florenz, Uffizien

20 Jacopo Zucchi, Das Eiserne Zeitalter. Um 1570. Öl auf Kupfer, 50 x 39 cm. Florenz, Uffizien

21 Girgio Vasari, Zeichung des Kostüms der Astraea (die Adikia schlägt) für ein Festspiel. 1566. Florenz, Biblioteca Nazionale

niginnen von Frankreich entstammten. Zwei Beispiele aus den zahlreichen Festaufführungen (häufig Hochzeiten, die als Bild für die enge und unauflösliche Beziehung zwischen Fürst und Bewohner der Stadt dienen sollten), seien angeführt (für weitere Fragen ist auf das 5. Kapitel zu verweisen). Als 1565/66 anläßlich der Hochzeit von Francesco de Medici mit Johanna von Österreich auch das Spiel »Mascherata della geneologia degli dei de' gentile« in Florenz aufgeführt wurde - in dem also gezeigt wurde, wie die Götter zur Huldigung des Brautpaares in die Stadt einziehen -, entwarf Giorgio Vasari (1511-1574) die Kostüme und Triumphwagen. Neben Jupiter war auch Astraea (Justitia) vorgesehen, die auf einem Pferd zu sitzen und - wie Dike die Adikia (Abb. 116) - mit dem Stock eine alte Hexe (die Ungerechtigkeit) zu schlagen hatte (Abb. 21). Anläßlich der Hochzeit des Großherzogs Ferdinando I. wurde in Florenz das Theaterstück »La Pellegrina« aufgeführt, in dem dargestellt wurde, wie Merkur, Apollo, Jupiter und Astraea die Wiederkehr des Goldenen Zeitalters feiern (Abb. 22).

Als weitere, sicherlich von den Festspielen angeregte und beeinflußte Beispiele sei noch auf zwei Werke des Agnolo Bronzino (1503-1572) verwiesen, die bei näherer Betrachtung als Illustrationen dieser Vergil-Stelle von der Rückkehr der Astraea auf Erde aufgefaßt werden können. Zunächst (Abb. 23) ein Teppich von 1544/46, der auf den ersten Blick bloß ein allgemein beliebtes Motiv aufzugreifen scheint: Die Gerechtigkeit befreit die Unschuld. Stutzig machen die anderen Gestalten: Das nackte Mädchen links ist als Wahrheit leicht zu erkennen, der Mann neben ihr ist wohl ihr Vater, nämlich die Zeit; die die Unschuld bedrängenden Tiere können als Laster betrachtet werden. Doch zeigt ein Vergleich mit der Hieroglyphik (vgl. Kap. 8), die damals in Florenz ihre Hochblüte erlebte, daß alle vier Tiere zur Serapis gehören, also zur Sonne, die den Ablauf der Zeit überwacht. Dabei symbolisiert die Schlange die Zeit selbst, die Köpfe von Wolf, Löwe und Hund stehen für

22 Die Wiederkehr der Götter. Kostümentwurf von Bernardo Buontalenti für das Schauspiel »La Pellegrina« (1589). Florenz, Biblioteca Nazionale

Vergangenheit, Gegenwart und Zukunft. Bedenkt man weiter, daß Vater Zeit mit Saturn gleichgesetzt und dieser als Zeichen der Wiederkehr des Jahres aufgefaßt wurde und diese wiederum - als Rückkehr der Zeit - mit der Rückkehr des Goldenen Zeitalters in Verbindung gebracht wurde, dann wird auch leicht nachvollziehbar, daß dieser beeindruckende Teppich die wiederkehrende Astraea und das neue Goldene Zeitalter mit der Errettung der Menschheit unter den Medici darstellen soll.

Ganz und gar unmißverständlich ist Bronzinos Darstellung der »Felicitas publica florentina« aus dem Jahre 1567 (Taf. 4). Gemeint ist hier nämlich das Glück des Volkes von Florenz, das durch die gerechte und immerwährende Herrschaft des Cosimo de Medici herbeigeführt worden ist. Felicitas - in der Mitte mit dem geflügelten Schlangenstab des Merkur und dem Füllhorn, durch den pfeilhaltenden Cupido in die Nähe der Venus gerückt - sitzt unterhalb der beiden Engel Ruhm und

23 Agnolo Bronzino, Die Gerechtigkeit befreit die Unschuld. 1544-46. Teppich. Florenz, Palazzo Pitti, Prunkgemächer

24 Maria de Medici als Astraea.
Stich von Thomas de Leu nach Forunier.
17. Jh. Paris, Bibliothèque Nationale

Herrlichkeit auf dem Thron. Rechts neben ihr steht Justitia, deren Nacktheit vielleicht auch auf die Beziehung zur Wahrheit hinweisen soll; völlig ruhig und entspannt läßt sie die Waage auf einem Sockel, dem Symbol für Sicherheit und Beständigkeit, ruhen und stützt die rechte Hand lässig auf das unnütz gewordene Schwert. Links hält Prudentia (Klugheit) die Weltkugel, auf der Italien zu sehen ist. Beide Tugenden stehen auf vernichteten Lastern. Vor Justitia kniet demütig die überwundene Fortuna (Glück), am Boden liegt besiegt Kairos - also zwei Symbole der Vergänglichkeit und der Wechselhaftigkeit des Lebens (vgl. Abb. 26 bei P/S) -, letzterer unter dem Knie der Zeit, die der Felicitas das Weltall (als Kugel) entgegenstreckt. Insgesamt stellt das Bild die ewigwährende, gerechte, ebenso Glück wie Liebe ermöglichende Herrschaft dar; wessen Herrschaft hier gemeint ist, bleibt nicht im dunkeln: das zweite Gesicht der Prudentia zeigt offenkundig die Züge des Fürsten Cosimo.

Maria de Medici hatte 1610 - als ihr Gatte, der französische König Henri IV., ermordet worden war - die Herrschaft in Frankreich für ihren Sohn Louis XIII. übernommen, dem sie dann im Jahre 1617 die Regentschaft übertrug. 1622 ließ die Königswitwe ihre eigene Geschichte und die ihres verstorbenen Mannes von Peter Paul Rubens (1577-1640) malen. Ein Bild dieses »Medici-Zyklus« (auch als »Medici-Galleria« bekannt) mit dem Titel »Die glückliche Regentschaft der Maria de Medici« zeigt sie als wiedergekehrte Astraea (Taf. 5). Sie sitzt auf einem erhöhten Thron, dem Beschauer majestätisch zugewandt; sie hält wie Justitia in der Rechten eine Waage und in der Linken die »main de justice« - eine auf einem Szepter angebrachte geöffnete Hand, ein in Frankreich sehr beliebtes Herrschaftssymbol - über einem von einem Genius gestützten Globus. Unter dem erhobenen rechten Arm der Königin blickt von hinten schalkhaft Amor (Liebe) hervor, die streng abwägende Gebärde Marias heiter abmildernd, während auf der anderen Seite die gewappnete Minerva (die römische Athene als Göttin der Weisheit und der Tugend) das Spiel der Waage aufmerksam verfolgt. Vor ihr zur Rechten, ebenfalls erhöht, zwei jugendliche Gestalten: Prudentia (Klugheit) und Abundantia (Überfluß, Wohlstand). Während letztere aus dem Füllhorn Blumen und Früchte in ihr geschürztes Kleid fallen läßt, entnimmt Prudentia Schätze aus dem faltigen Behältnis, welche sie mit sanfter Hand über den vier Putten austeilt. Diese sind durch ihre Instrumente (Flöte und Pinsel) als Vertreter der Künste gekennzeichnet, die auch durch die im Vordergrund liegenden Gegenstände allegorisiert sind. Rechts vorn, unter Abundantia, sieht man drei gefesselte Ungeheuer: Bosheit, Unwissenheit und Neid. Auf der anderen Seite des Thrones steht Saturn (als die Zeit), das Haupt bekränzt, der Frankreich zum Goldenen Zeitalter führt. Rechts und links über der Königin zwei posaunende Famen. Nähere Betrachtung läßt erkennen, daß Rubens in diesem Bild die Vollendung aller vier Kardinaltugenden dargestellt hat. Die erste - Justitia - erscheint in der Gestalt Marias selbst; die Figur des Amor deutet darauf hin, daß Gerechtigkeit sich mit Milde (oder Maßhaltung, Mäßigkeit), also der zweiten Kardinaltugend, vereinen müsse, für welchen Gedanken auch die unschuldigen Kinder (Putten) und die Abundantia sprechen; die dritte - Prudentia - tritt selbst auf, wobei auch Minerva in dieser Bedeutung zu sehen ist; schließlich zeigt sich die vierte - Fortitudo (Stärke, Standhaftigkeit) - in dem Podest, auf dem Maria sitzt (als Hinweis auf die Säule, das Attribut der Fortitudo). Die Königin erweist sich somit als Vollendung der Tugend selbst und ist dementsprechend auch Justitia (Dike) bzw. Astraea, unter deren Herrschaft in Frankreich das Goldene Zeitalter zurückgekehrt ist; was zu ihrer Regierungszeit auch sonst bildlich zum Ausdruck gebracht wurde (Abb. 24). Dabei waren sicherlich zugleich Anklänge an die Gottesmutter Maria, die als »Himmelskönigin« verehrt wurde, verbunden.

Auch die Engländer hatten eine Herrscherin, auf die die Kennzeichnung als Astraea paßte, noch besser als auf Maria de Medici, war sie doch als jungfräuliche Königin bekannt: Elisabeth I. (Regierungszeit 1558-1603). Frances A. Yates stellte die zahlreichen Bilder (z.B. Abb. 25), Gedichte, selbst Theaterstücke zusammen, die diese englische Kö-

25 Elizabeth I. als Astraea. Stich von F. Delaram nach N. Hilliard. 16. Jh.

26 Elizabeth I. als Personifizierung des Staates. Illustration in *Sphaera civitatis* (London 1588) des J. Case

nigin als »empress of the world, guardian of religion, patroness of peace, restorer of virtue« lobpriesen und als die wiedergekehrte Astraea verherrlichten. Deshalb zeigten die Darstellungen dieser Königin selbst im Alter weiterhin ein jugendlich schönes Gesicht, wie eine steinerne, ewige Maske. Ein Stich in dem Traktat »Sphaera civitatis« des J. Case (1588; Abb. 26) läßt die sämtliche Bereiche des politischen Lebens umfassende Stellung der Königin als der personifizierten Gerechtigkeit erkennbar werden: ihr (natürlicher) Leib stellt die politische Ordnung (den »status«) Englands selbst dar, wodurch wohl auch Assoziationen zu der schwangeren jungfräulichen Gottesmutter Maria zum Ausdruck gebracht werden sollten.

Astrologie der Gerechtigkeit

Schließlich ist noch an den eigentlichen Inhalt der Astraea-Geschichte bei Aratos zu erinnern und zu erwähnen, daß die Gerechtigkeit auch als Sternbild der Jungfrau dargestellt wurde. Dabei lag es nahe, ihr neben der Ähre (oder auch später statt ihrer) eine Waage in die Hand zu geben, die bezeichnenderweise das der Jungfrau nachfolgende Sternbild wurde. Für die Römer war auf diese Weise die Verbindung von Justitia und Aequitas - die traditionell mit diesem Attribut versehen wurde (vgl. Abb. 42c bei P/S) - eindrucksvoll zu

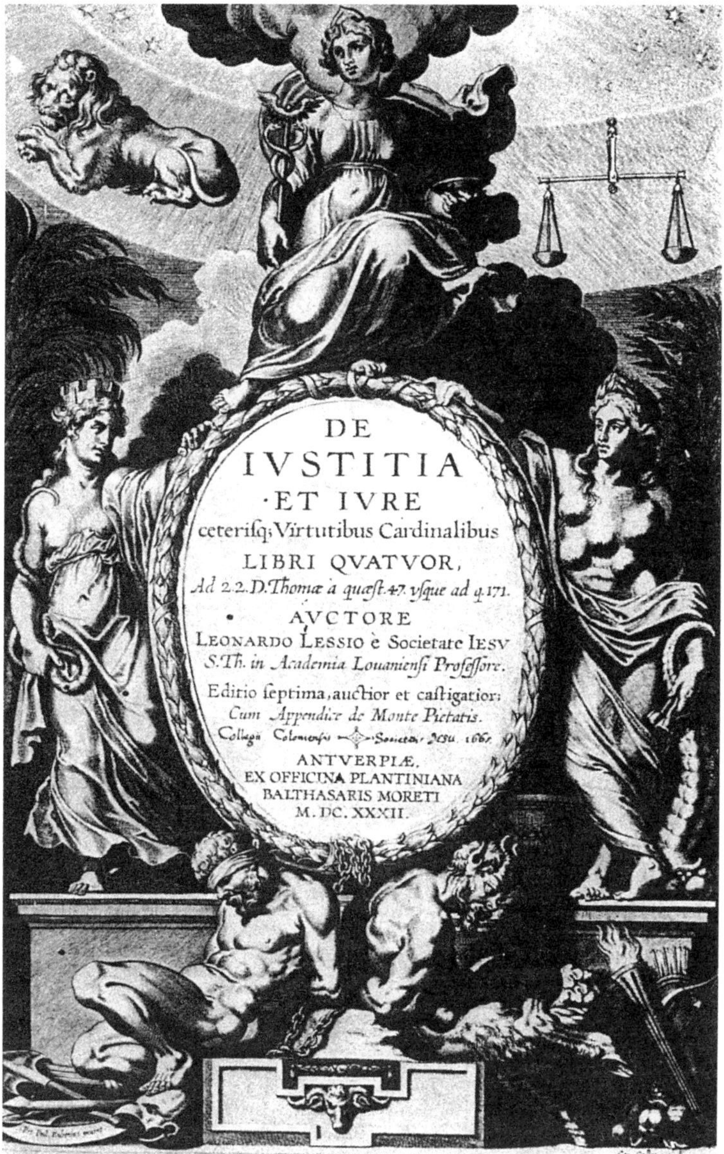

27 Peter Paul Rubens, Titelseite für die Schrift *De iustitia et iure* von Leonard Lessius. 1617. Kupferstich

28 Jakob Binck, Justitia auf dem Löwen. Um 1550. Kupferstich. Wien, Albertina

veranschaulichen. Neben diesem Sternbild der Waage setzte Peter Paul Rubens in dem Titelkupferstich für die Schrift »De iustitia et iure« (1617) des Leonard Lessius (Abb. 27) die Justitia als Sternbild der Jungfrau ein. Auf der anderen Seite wird sie vom Sternbild des Löwen flankiert, was sicherlich eine tiefere Bedeutung hatte: ist doch der Löwe das astrologische Haus der Sonne, was sich wiederum offenkundig auf »sol iustitiae« (Sonne der Gerechtigkeit; vgl. Abb. 69 bei P/S) bezieht. Manche Abbildungen zeigen die Jungfrau auch mit dem Schwert, wie etwa eine Zeichnung in der Klosterneuburger Handschrift des Pseudo-Beda (um 1200), die ausdrücklich die Identität von Sternbild Virgo mit Justitia festhält (»virgo quae et iustitia appelatur«; Taf. 6). Doch weist bereits der berühmte Sternenmantel, den der Herzog von Apulien (Ismael) 1014 Heinrich II. zur Kaiserkrönung schenkte, dieses Motiv auf: im rötlichen Gold auf tiefblauem Grund ist die Jungfrau mit der Waage und der Inschrift »virgo iusta que et libra vocat(ur)« (»Jungfrau, die gerechte, und Waage genannt«) dargestellt. Von daher ist dem Bezug der Gerechtigkeit zum Löwen vielleicht eine tiefere Bedeutung beizumessen, als es durch den Hinweis auf dieses Tier als Symbol der Herrschaft geschieht. Denn im Sternbilderkreis steht die Jungfrau zwischen dem Löwen und der Waage. So bleibt zu fragen, ob nicht z.B. der Kupferstich von Jakob Binck (1500-1569), der Justitia auf einem Löwen sitzend darbietet (Abb. 28), als eine astrologische Illustration zu verstehen ist.

Ebenso zur Astrologie der Gerechtigkeit gehört die Theorie der Planetenkinder. Darauf ist hier nicht näher einzugehen; doch bleibt abschließend zu erwähnen, daß Herzog Borso d'Este sich 1469 im Palazzo Schifanoia in Ferrara als ein solches Planetenkind abbilden ließ (vgl. Abb. 63 bei P/S) und sich dabei ausdrücklich - wie die Inschriften über dem Tor seines Palastes und über seinem Kopf zeigen - als Personifizierung der Justitia verstanden wissen wollte (vgl. Kap. 5).

3 DAS AUF CHRISTUS AUSGERICHTETE GERECHTIGKEITSBILD

In enger Beziehung zu der Gerechtigkeit als ontologischem Prinzip der Welt, wenn sie im Sinne des jüdisch-christlich-islamischen Glaubens als göttliches Schöpfungswerk begriffen wird, steht die Gerechtigkeit als Mittlerin zwischen Gott und seinem Ebenbild, dem Endpunkt der Schöpfung: dem Menschen. Diese Gerechtigkeit ist dann allerdings nur auf den Menschen hin gedacht, kommt also als natürliche (in diesem Verständnis naturrechtliche) Kategorie nicht (mehr) in Betracht, sondern anerkennt (bereits) die Sonderstellung des Menschen. Noch ist sie allerdings nicht bloß menschliche Aufgabe im Sinne seiner freiheitlich-sittlichen Selbstbestimmung (vgl. Kap. 4), sondern ist auf den christlichen Gott bezogen. Gott (nun nicht in seiner ersten Person, dem Vater [dem alttestamentlich-jüdischen und islamischen Schöpfer], sondern als sein menschgewordener Sohn Jesus Christus) ist der Quell alles Guten (aller Tugend) und damit auch der Gerechtigkeit, weshalb er auch als der höchste Richter gilt. Zugleich stellt Christus das Vorbild eines jeden Menschen dar, dem jeder nachzustreben aufgerufen ist. Dazu braucht er freilich die Hilfe Gottes, des von Vater und Sohn in gleicher Weise ausgehenden Heiligen Geistes, der die Kraft zu diesem sittlich-heiligen Handeln und Leben verleihen soll.

Gerechtigkeit als Engel

Deshalb kommt Gerechtigkeit vom Himmel zur Erde herab: aber nicht wie die selbst göttliche Astraea oder Dike, um die Ordnung der Welt auf Erden zu garantieren, sondern als (bloßer) Bote Gottes (als Engel), um dem einzelnen Menschen die Kraft zu geben, gerecht zu sein, was zunächst und vor allem bedeutet: den Willen Gottes zu befolgen. Damit sind nicht nur die Gebote des alttestamentlichen Schöpfers (der ersten Person [des Vaters]) - vor allem der Dekalog (also die Zehn-Gebote-Tafeln) - gemeint, sondern zunehmend das christliche (neutestamentliche) Gebot der Liebe, wie es der menschgewordene Sohn (die zweite Person) verkündet und dadurch den neuen Bund begründet hat: »[Du] sollst den Herrn, deinen Gott, lieben mit ganzem Herzen und ganzer Seele, mit all deinen Gedanken und all deiner Kraft ... Du sollst deinen Nächsten lieben wie dich selbst. Kein anderes Gebot ist größer als diese beiden« (Markus 12, 30 u. 31; vgl. auch Matthäus 22, 37-39; Lukas 10, 27; Joh. 13, 34).

Von daher ist Gerechtigkeit (iustitia) ein Engel, genauer: ein Wesen der Engelkategorie der »virtutes«, welches Wort heute in der Regel mit »Kräften« oder »Gewalten« übersetzt wird. Diese in dem himmlischen Kosmos an unterer Stelle eingeordneten Engel finden sich etwa in dem »Hirt des Hermas« (um 140), in dem Werk der Hildegard von Bingen (1098-1179) oder bei Alanus ab Insulis (um 1120-1202). Sie erfüllen den Menschen mit heiliger (heiligmachender) Kraft - darin (wie auch die sog. »sieben Gaben des heiligen Geistes«) den Sakramenten vergleichbar, auch in der Hinsicht, daß sie von Gott geschenkt sind - und wappnen ihn bzw. seine Seele für den auf Erden tobenden Kampf von Gut und Böse, wie eine Miniatur in der typologischen Schrift »Concordantiae Caritatis« (nach 1351) des Abtes Ulrich von Lilienfeld zeigt (vgl. Abb. 131 bei P/S).

Oftmals wurden diese Virtutes - darunter auch die Gerechtigkeit - als geflügelte Engel dargestellt; in der Regel tragen sie einen - sechsseitigen - Nimbus (Heiligenschein; vgl. Abb. 132-136, 140, 142-150 bei P/S). So fliegen sie nicht nur herab vom Himmel, sondern weisen auch hinauf in die Höhe, dorthin, wo Gott - der die Vervollkommnung aller Tugenden ist - wohnt und wohin sie die tugendhaften Menschen (die »Gerechten«) nach ihrem Sterben auf Erden tragen werden. Derart wurden die Virtutes (und unter ihnen auch die Gerechtigkeit) häufig bildlich dargestellt (Abb. 29, 30). - Anzumerken ist in diesem Zusammenhang nur noch, daß diese theologisch begründete Darstellungsweise nicht gleichgesetzt werden darf mit den Bildern der Putten, die Schwert und/oder Waage tragen, sie der Justitia reichen oder damit spielen

27 Iustitia. Miniatur in der Handschrift *Documenti d' Amora* (1314) des Francesco di Barberino. Rom, Biblioteca Apostolica Vaticana, Barb. lat. 4076, fol. 87v

usw. Diese Figuren haben im wortwörtlichen Sinne den Ernst der Bedeutung dieser Virtutes verloren, sind nur mehr Aufputz und spielerische Ausdeutung.

30 Prudentia und Justitia. Detail eines Freskos von Guisto de Menabuoi, ehemals im Palazzo Pubblico. Ende 14. Jh. Padua, Museo Civico

Nur von dieser Qualität als himmlische Wesen sind im übrigen die vielfältigen Allegorisierungen verständlich, die den Virtutes - vor allem in der heiligen Vierzahl (die ja auch den Kardinaltugenden zukam) - zugesprochen wurde. So sollen diese vier Kardinaltugenden (darunter auch die Gerechtigkeit) hinweisen auf die vier Arme/ Enden des Kreuzes Christi oder auf die vier hineingeschlagenen Nägel oder auf die vier Räder des Cherubimwagens oder die vier Flügelschläge der Cherubim, auf die vier Paradiesflüsse, auf die vier Evangelien, die vier Buchstaben von »Adam«, auf die vier Ecken des Hauses des erstgeborenen Sohnes des Hiob, auch auf die vier Weltgegenden, die vier Elemente des Leibes und die vier Affekte der Seele usw. In dem Werk »Der meide kranz« des Heinrich von Mügeln (aus dem 15. Jh.) wurden die vier Räder, mit dem die Tugenden zu Natura reisen, als Gerechtigkeit, Friede, Barmherzigkeit und Milde bezeichnet.

Das theologische System der Virtutes

Zunächst ist aber noch festzuhalten, daß wegen der Einordnung in die gesamte himmlische Heerschar und aufgrund ihrer Hinordnung auf Christus als der Vollendung aller Tugenden die Gerechtigkeit als solche keine Sonderstellung einnehmen konnte, sondern nur eine unter vielen Virtutes war. Häufig fehlt sogar jede individuelle Kennzeichnung, weshalb nur aus dem Text - den das Bild illustrieren soll - abzuleiten ist, daß die dargestellte Gestalt überhaupt die Justitia sein soll (Abb. 31).

Nun kann hier keine Arbeit über die christliche Ethik vorgelegt werden. Doch sei wenigstens darauf hingewiesen, daß es für lange Zeit keine kanonisierte Gruppe von Virtutes gab; vielmehr stand die Reihe dieser »Tugenden« für die unterschiedlichsten Zusammenstellungen. Selbst derselbe Autor ver-

31 Schule des Guariento, Die sieben Tugenden um den Kardinal Francesco Zabarella. Um 1417. Gemälde, 27 x 21 cm. Padua, Museo Civico

wendete manchmal in verschiedenen Schriften jeweils differierende Aufstellungen. So kannte etwa der »Anticlaudianus« des Alanus de Insulis die Gerechtigkeit nicht; an ihre Stelle traten Pietas (Mitgefühl, Erbarmen), Fides (Freundestreue) und Largitas (Schenkungsfreudigkeit). In seinem Traktat »De virtutibus et vitiis« (1555/65) dagegen standen die vier Kardinaltugenden - darunter auch die Justitia - im Mittelpunkt.

Ein Grund für diese Vielfalt war auch das Bedürfnis nach einer jeweils auf die Situation eines bestimmten Personenkreises zugeschnittenen Ethik; es beruhte auf dem Bewußtsein, die Aufstellung sittlicher Richtlinien müsse auf jeden Fall die unterschiedlichen Lebensaufgaben dieser Personen und deren Stellung im Ordo der Schöpfung berücksichtigen. Am deutlichsten lassen sich solche Bemühungen um angemessene Regeln für das mönchische Leben und für den Bereich des hohen adeligen Laientums (einschließlich des Herrschers) erkennen, wobei freilich die Grenzen im Rahmen der theologischen Einbindung stets fließend blieben. Spezifisch mönchische Tugenden (etwa bei Cassian [um 360-430/35] oder in der Benediktinerregel [1. Hälfte des 6. Jh.]) waren vor allem Demut, Geduld, Gehorsam, Enthaltsamkeit und Bescheidenheit, zu denen Mönche und Kleriker von Jugend auf erzogen wurden. Im Vordergrund der »Herrentugenden« - auch der »Fürstenspiegel«, Krönungsordines und Chroniken - standen Gerechtigkeit, Milde, Barmherzigkeit, Frömmigkeit, auch Klugheit, Ehre, Treue, Tapferkeit, Schutz der Witwen und Waisen, Kampf gegen die Heiden, später auch Frauendienst. Das Titelbild des Werkes »L'Epistre d'Otheá« der Christine de Pizan (1364-1430) - ein Fürstenspiegel aus dem Jahre 1402 - zeigt einen solchen auf den Ritter bezogenen Tugendkatalog (vgl. Abb. 197 bei P/S). Im Zentrum sitzt Justitia (mit Schwert und Gesetzbuch), daneben Misericordia (Barmherzigkeit, als Bischof) und »Information« (dargestellt als schreibender Mönch); die Inschriften um diese Dreiergruppe nennen die übrigen ritterlichen Tugenden, die im Buch mit Geschichten (vor allem aus der Geschichte Trojas und Hektors) veranschaulicht werden. Für Ritter, Ritterfrauen und Kleriker verfaßte 1215/16 der norditalienische Kanoniker Thomasius von Zerclaere (1185-1238) das Tugendbuch »Der welsche Gast«, in dem nach christlich-stoischer Tradition vor allem vier Tugenden dargestellt wurden: Beständigkeit (staete) und Mäßigkeit (maze), dann deren Bruder »recht« - d.h.: all das, in dem die justitia (Gerechtigkeit) waltet, was nach Maß und Zahl abgewogen wird, was aber auch nicht ohne »barmunge« (Mitgefühl) gedacht werden kann -, schließlich des Rechtes Kind: die Großzügigkeit/Freigebigkeit (milte), in der Thomasius den Spiegel der Tugenden und die Fürstin der Tugendwelt selbst sah. Eine Miniatur in einer der zahlreichen Handschriften (Abb. 32) zeigt den Herrn, der sich für die Geldsäcke und damit für Gier und Ungerechtigkeit und letztendlich für die Hölle (dargestellt durch zwei Drachen) entschieden hat, anstatt für »recht« und »milte« (und damit für den Paradiesgarten).

Insgesamt ist anzumerken, daß zunächst das junge Christentum nur die acht Seligkeiten der Bergpredigt (Matt. 5, 1-10) und die aus Jesaja 11, 2 und 3 abgeleiteten sieben Gaben des heiligen Geistes interessierten, die - verstanden auch als Aufstieg zu immer größerer Vollkommenheit - die Nachfolge Christi betrafen und ermöglichten. Erst allmählich unter dem Einfluß der Stoa und vor allem Ciceros (gestorben 43 v. Chr.), später des Neuplatonismus und schließlich des wiederentdeckten Aristoteles wurden Tugend- und Lasterkataloge erarbeitet, nicht nur in wissenschaftlichen Traktaten, sondern auch in Beichtformularen, Predigten, Haustafeln des Neuen Testaments (als Erläuterung des Dekalogs). Nicht zuletzt ist die Bedeutung der geistlichen Dichtung (später der Ritterdichtung) und der geistlichen Spiele zu berücksichtigen. Offenbar herrschte eine große Vielfalt. Otto Zöckler hat 1904 diese »Tugendlehre des Christentums geschichtlich dargestellt in der Entwicklung ihrer Lehrformen« (so der Titel), ein bis

32 Der Reiche zwischen Recht (links) und Unrecht (rechts). Aus dem *Welschen Gast* des Thomas von Zerclaere, 1215/16. Handschrift des 13. Jh. Heidelberg, Cod. Pal. Germ. 389, fol. 126r

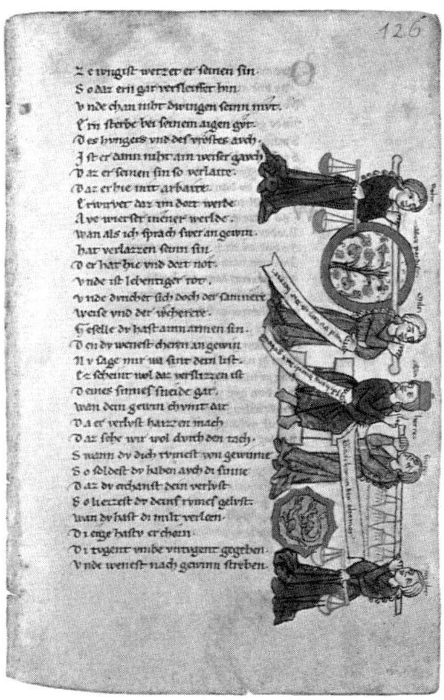

heute in seiner Materialfülle und Genauigkeit unüberholtes Werk, das die Variabilität der Tugendsysteme klar herausgearbeitet hat. Einiges davon soll im folgenden wenigstens angesprochen werden.

Seit Ambrosius (gestorben 397), der stark von Cicero beeinflußt war, wurde gerne auf die vier Kardinaltugenden (Grund-, Haupt-, Prinzipaltugenden) Justitia (Gerechtigkeit), Fortitudo (Stärke, Tapferkeit, Standhaftigkeit), Temperantia (Mäßigkeit) und Prudentia (Klugheit) zurückgegriffen (vgl. auch Kap. 4), wie sie sich auch im hellenistisch beeinflußten, alttestamentlichen Buch der Weisheit (Salomo 8, 7) finden. Anschluß an die sieben Gaben des Heiligen Geistes gewann man in der Frühscholastik dadurch, daß man ihnen die drei theologischen Tugenden Fides (Glaube), Caritas (Liebe) und Spes (Hoffnung) an die Seite stellte, obwohl sie anfangs nur als die Voraussetzungen aller Tugenden aufgefaßt, in diesem Sinne schon von Gregor dem Großen (gestorben 604) und Paulus (1 Kor. 13) abgeleitet und oft durch die Humilitas (Demut) zu einer weiteren Vierergruppe ergänzt worden waren.

Der Bezug der Tugenden auf den Heiligen Geist wird in der Miniatur des Titelblattes »Columba« des Kartäusers Johannes de Deo (1189/91-1267) aus Venedig in einer Handschrift um 1473 (vielleicht gemalt von Antonio Maria Sforza) deutlich: um die Taube des heiligen Geistes (columbo) als dem Grund aller Tugenden sind die vier Kardinaltugenden mit ihren Attributen (Stärke mit Säule, Klugheit mit Spiegel, Gerechtigkeit mit Schwert, Mäßigkeit Wasser aus einem Krug in einen anderen gießend), oben die drei theologischen Tugenden (Hoffnung mit Anker, Liebe Goldmünzen aus einer Börse ausschüttend, Glaube mit Kelch) abgebildet (vgl. Abb. 166 bei P/S). Ähnlich wurden die sieben Tugenden und ihr Ursprung in dem auch sonst beliebten Bild des Baumes - als Stammbaum - dargestellt (vgl. Abb. 168 bei P/S).

In dieser Anordnung begleiten und umtanzen sie in Dantes »Divina Commedia« (1314-1321) den von dem Greif - hier als Symbol der Wirksamkeit Gottes auf Erden gemeint - gezogenen Wagen der Beatrice (insgesamt ein Bild der triumphierenden Kirche), dem der Dichter am Ende seines Weges durch das Purgatorio begegnet: weiß, grün und rot die theologischen Tugenden, in Purpur gekleidet die Kardinaltugenden (vgl. Abb. 167 bei P/S). In eben dieser Reihe - unterhalb der Ausgießung des Heiligen Geistes am Gewölbe an oberster Stelle die Liebe, darunter Glaube und Hoffnung, darunter Mäßigkeit, Klugheit, Gerechtigkeit und Stärke - hat sie Andrea da Firenze 1365 an die Westwand der Kirche Santa Maria Novella (Spanische Kapelle) gemalt (vgl. Abb. 169 bei P/S): als Inhalt des scholastischen Systems des Dominikaners Thomas von Aquin (1225-1274), über dem (und über der im Medaillon des Giebels der Kathedra dargestellten göttlichen Weisheit [Sapientia]) die Tugenden in Engelsgestalt schweben; zusammen mit den anderen enzyklopädischen Inhalten dieses bis heute die katholische Kirche bestimmenden, 1323 heiliggesprochenen Theologen: für das Thema dieses Buches relevant links unten (Abb. 33) die beiden allegorischen Figuren der Jurisprudentia, nämlich mit Schwert und Weltkugel das bürgerliche Recht (darunter Justinian) und mit Kirchengebäude das Kirchenrecht (darunter Innozenz IV. oder Gregor IX. oder Clemens V. oder VI.).

33 Allegorien des bürgerlichen Rechts (mit Justinian) und des kanonischen Rechts (mit Papst Clemens V.). Detail des Freskos *Triumph des hl. Thomas von Aquin* (1365) des Andrea di Buonaiuto (da Firenze). Florenz, Santa Maria Novella, Spanische Kapelle

34 Ferraresischer Stecher (Meister der Mantegna-Tarocchi), Justitia. Um 1465. Kupferstich, 18 x 10 cm. Wien, Graphische Sammlung Albertina

Solche umfassende (enzyklopädische) Bilderkreise wurden nur selten dargestellt. Zu erwähnen ist vielleicht nur das sog. »Tarock des Mantegna«, eine insgesamt 50 Blätter (und nicht - wie ursprünglich angenommen [daher der Name] - Spielkarten) umfassende Serie eines ferraresischen Künstlers um 1465, die Bilderfolgen der Stände und Würden des Menschen, der Künste und der Wissenschaften, der Planeten und Sphären und der Tugenden - darunter auch der Justitia (Abb. 34) - umfaßte und so ein lehrhaftes Bild des Universums vermittelte; und das u.a. auch Albrecht Dürer, Michael Wohlgemut und Hans Burgkmair nachgezeichnet haben.

Anzumerken ist in diesem Zusammenhang noch, daß dieser enzyklopädische Rahmen später - vor allem im Barock - auch in Verbindung mit der Gegenreformation und im Kampf gegen die beginnende Aufklärung wieder angestrebt wurde, durchaus unter Aufnahme und Verarbeitung der Scholastik: nämlich in der Ausschmückung der Bibliotheksräume der süddeutschen und österreichischen Klöster. So stellte 1731/32 Paul Troger an der Decke der Bibliothek des Stiftes Melk (Niederösterreich) den Triumph der göttlichen Weisheit dar (Abb. 35): sie ist begleitet von den vier Kardinaltugenden (und deren Gefolge), Justitia dabei dargestellt mit Waage und Schwert; in der Umrahmung finden sich die Wissenschaften, darunter die Kanonistik (mit Waage und Bibel) und die weltliche Jurisprudentia (mit Waage, Schwert und Gesetzbuch); zusätzlich stehen an den Türen Holzstatuen der vier Fakultäten (darunter auch die Jurisprudentia) von Josef Pöbl (von 1737). Auch in dem Benediktinerkloster Wiblingen finden sich ein Deckenfresko über den Triumph der göttlichen Weisheit, ein Fresko der vier Kardinaltugenden und die Statuen der vier Kardinaltugenden, zusätzlich der vier Mönchstugenden Gehorsam, Weltverachtung, Glauben und Gebet. Für das Stift Florian arbeitete der Maler Daniel Gran (1694-1757) im Jahre 1746 das Programm aus, das die Grundgedanken des Propstes Johann Georg Wiesmayr - Thema: Bündnis von Wissenschaft und Religion - umgestaltete und das 1748 Bartholomäus Altomonte ausführte: darin eingebunden alle Tugenden, alle Wissenschaften, darunter auch Justitia und Juridica. Aus diesen Hinweisen wird deutlich, daß nun allerdings der Schwerpunkt der Darstellung auf den Wissenschaften lag: war doch der Sinn der Ausschmückung die Veranschaulichung der Einheit von Wissenschaft und Religion (bzw. Theologie), die Vereinbarkeit von Erkenntnis und Glauben.

Ebenfalls ein enzyklopädisches Programm hat 1508 bis 1511 Raffael (1483-1520) mit Mitarbeitern an die Wände der Stanza della Segnatura im Vatikan gemalt, damit für einen Raum, der wahrscheinlich als Bibliothek des Papstes Julius II. gedacht war, dann aber - wie der Name ausdrückt - als Ort des Gerichts (oder der Gnadenerweise) Verwendung fand. Es ist anzunehmen, daß dieser Funktionswechsel auch zu manchen Änderungen des Bildpro-

35 Paul Troger, Triumph der göttlichen Weisheit (mit den vier Kardinaltugenden). 1731/32. Deckenfresko im Kloster Melk (Niederösterreich)

gramms führte. Ein Vergleich mit den Entwürfen zeigt, daß das ursprüngliche Programm verändert wurde bzw. daß die endgültig verwirklichte Fassung erst während der Ausführung vollständig entfaltet wurde (weshalb es nur möglich ist, unterschiedliche Quellen dafür zu nennen: z.B. Bonaventura, Tommaso de Sarzana [= Papst Innozenz V.], Papst Julius II. selbst). Auch wenn die Interpretation aus den angeführten Gründen schwierig ist, kann festgehalten werden, daß es um die Darstellung von Tugenden und Wissenschaften geht. Dabei muß von dem Punkt ausgegangen werden, an dem der Sitz das Papstes war: nämlich vor der Wand, auf der im Halbrund die Tugenden dargestellt sind (vgl. Abb. 171 bei P/S): Stärke, Klugheit und Mäßigkeit; die drei Putten meinen die theologischen Tugenden. Es fehlt offenbar die Gerechtigkeit; aber nähere Betrachtung zeigt, daß sie entweder in den beiden Fresken darunter - links: Justinian bestätigt Tribonian die Pandekten (also das weltliche Recht), rechts: Papst Gregor IX. verabschiedet die Dekretalien (also das kirchliche Recht), darunter auf den Sockeln Solon und Moses - oder (entsprechend der Auffassung Platos) in der Geordnetheit und Einheit der sechs dargestellten Tugenden zum Ausdruck kommt; oder in der Darstellung der Justitia an der Decke, die von vier Putten - die den Spruch »ius suum uniquique tribuit« des Corpus Iuris Civilis auf Tafeln halten - umgeben ist (Abb. 36). Doch zeigt ein Blick auf das gesamte Deckenfresko, daß dieses sehr bekannte Bild zumin-

36 Raffael, Detail des Deckenfreskos in der Stanza della Segnatura. 1508-11. Rom, Vatikanische Museen

dest auch die Jurisprudentia meinen soll, die zusammen mit den anderen Fakultäten Theologie, Philosophie und - nach der Theorie des Papstes Nikolaus V. statt der Medizin - Poesie das Gesamte der universitären Bildung und des enzyklopädischen Wissens versinnbildlichen soll.

Zurück zu dem System der Tugenden im Rahmen der christlichen Theologie! Den Zusammenhang der sieben Tugenden (Theologie) und der sieben freien Künste (Philosophie), der bereits in der Spanischen Kapelle zum Aus-

37 Francesco Pesellino und Dominico de Michelino, Die sieben Tugenden. 15. Jh. Öl auf Holz. Birmingham/ Alabama, Museum of Art. Gift of Samuel H. Kress Foundation

druck kam, haben auch zahlreiche andere Künstler in Illustrationen von theologischen Traktaten abgebildet (vgl. Abb. 37, Taf. 8). Dabei wird häufig Justitia mit Schwert und zwei Büchern über den von ihr vernichteten ungerechten Tyrannen Nero thronend dargestellt (Abb. 38), wobei in dem Ambraser Codex, einem italienischen Lobgedicht des Trecento auf König Robert den Weisen von Neapel (gestorben 1343), auch die Titel dieser Bücher zu erkennen sind: das eine (geschlossene) ist beschriftet als »Digest(or)um codex« (meint also das Corpus Iuris Civilis); in dem anderen (geöffneten) Buch stehen die Tochtertugenden der Gerechtigkeit (Abb. 175 bei P/S). Doch darf diese Siebenerreihe der Haupttugenden nicht überschätzt werden. Immer gab es auch andere Zusammenstellungen, zum Teil in durchaus widersprüchlicher Weise. Den Autoren lag im Zeichen des Glaubens und im Rahmen des theologischen Systems nicht allzu viel an Festlegung und Ordnung; und dies galt auch für die Künstler, für die manchmal die Beschaffenheit des Objekts mitentscheidend war. Die Vierzahl (etwa der Kardinaltugenden) bot sich für die Buchmalerei (also für die vier Ecken einer Seite) an, auch für Fresken in Räumen mit vier Wänden. Oder man bezog sich auf ein Mehrfaches davon: so malte 1478 Martino di Bartolomeo an die Decke der Sala di Balio im Palazzo Pubblico in Siena sechzehn Tugenden und verwendete damit dieselbe Zahl, die um 1200 unbekannte Künstler als Mosaike in die Kuppel von S. Marco in Venedig dargestellt hatten, wobei vielleicht auch ein Zu-

38 Justitia mit dem besiegten Nero. Miniatur aus *La canzone delle virtù e delle scienze* von Bartolomeo de Bartoli da Bologna. 14. Jh. Chantilly, Musée Condé, Ms. lat. et ital. 1426, fol. 4r

sammenhang mit den sechzehn Eigenschaften der christlichen Liebesbetätigung nach 1 Kor. 13, 4 ff. von Bedeutung war. An dem 1545 fertiggestellten Prachtkamin im Schöffensaal des Alten Rathauses von Kampen fehlt z.B. die Mäßigkeit; dafür thront über allem die Justitia. Die Mäßigkeit wurde von Taddeo di Bartolo in seiner 1414 gemalten Tugendserie an der Wand des Kapellenvorraums (Anticapella) im Palazzo Pubblico in Siena durch die Magnamitas (Großmut) ersetzt, während die drei theologischen Tugenden auf eine - die »religio« genannt wurde - zusammenschrumpfte und in der Kapelle selbst gemalt war. Dafür standen am Taufbrunnen (aus dem 15. Jahrhundert) im Johannes dem Täufer gewidmeten Baptisterium von Siena die Statuen (aus vergoldeter Bronce) der Tugenden Glaube, Hoffnung, Barmherzigkeit, Vorsehung, Stärke und - geschaffen von Giovanni di Turino -. Gerechtigkeit. Beliebt war überhaupt die Ausdehnung der Tugenden. Man betrachte nur deren stattliche Zahl in der »Concordantiae caritatis« des Ulrich von Lilienfeld (um 1350), die die Seele des Menschen für den Kampf gegen die Laster (und den Teufel) wappnen (vgl. Abb. 131 bei P/S). Die Phantasie mancher Autoren führte nach Otto Zöckler sogar zu einer »schädlichen Überproduktion« und zu »Unkraut«.

Die Stellung der Justitia

Jedenfalls fand sich in diesen Traktaten auch - wie die Abbildungen zeigen - die Justitia eingeordnet. Es liegt auf der Hand, daß sie wegen dieser vielfältigen Bezüge und Zusammenhänge einen sehr weiten, auch durchaus unterschiedlichen Inhalt annehmen konnte. Einige Hinweise müssen hier genügen. Für Laktanz (4. Jh.) war in Nachfolge des Cicero die Gerechtigkeit die Grundtugend, die sich vor allem in Frömmigkeit und Nächstenliebe (aequitas) entfaltete. Ambrosius (gestorben 397) sah die Wurzeln der Gerechtigkeit in Gnade, Hoffnung und Hingebung an Gott (pietas), weshalb er Nächstenliebe, Menschenfreundlichkeit und Wohlwollen als Inhalte der Gerechtigkeit ableitete. Auch für Augustinus (354-430) ruhte die Gerechtigkeit - so wie jede Tugend - in der Liebe zu Gott (und zum Nächsten): deshalb sei sie Anpassung an den Dienst am Geliebten. Alkuin (gestorben 804) bestimmte die Justitia als »Haltung des Geistes, die jedem einzelnen Ding seine eigene Würde verleiht. In ihr werden aufrechterhalten der Kult Gottes, die Rechte der Menschheit und die Aequitas des gesamten Lebens«. Hrabanus Maurus (gestorben 856) umschrieb die Gerechtigkeit als Bewahrung des Rechts: sie sei die Gewohnheit der Seele, jedem Ding das, was ihm gebührt, zukommen zu lassen, wodurch der Mensch Gott die schuldige Achtung und Liebe und dem Nächsten die Liebe erweise. Auch für Petrus Lombardus (gestorben 1164) bestand die

Gerechtigkeit in der Unterstützung Unglücklicher. Und nach dem Nürnberger evangelischen Humanisten Thomas Venatorius (gestorben 1551) lag das Wesentliche der Gerechtigkeit in dem wahren sittlichen Rechtsverhalten gegenüber Gott und dem Nächsten. Zusätzlich fand sich im übrigen häufig auch die dem römischen Recht entnommene Formel von der Gerechtigkeit als »constans et perpetua voluntas ius suum cuique tribuens« (Ulpian, Instit. I,1), die Thomas von Aquin übernahm als »die Haltung, kraft deren einer standhaften und beständigen Willens einem Jeden sein Recht zuerkennt«. Manche Formulierungen erinnern an griechische und römische Philosophen (vor allem Aristoteles und Cicero). - Hinzuweisen ist somit vor allem darauf, daß Justitia als Tugend stets im Zusammenhang mit Aequitas (in der Regel übersetzt mit »Billigkeit«) aufgefaßt wurde, noch mehr: daß manchmal sogar - entsprechend der römischen Auffassung - letztere im Vordergrund stand. Auch dort, wo Justitia dem Herrscher zugeordnet wurde, ist sie in diesem weiten Sinne zu verstehen, verlangt deshalb von diesem, nicht nur »gerecht« zu sein, sondern auch Pietas (gegenüber Gott) und Aequitas (gegenüber den Mitmenschen) zu üben.

Jedenfalls zeigen diese Ausführungen deutlich, daß es unmöglich ist, einen selbständigen, vom Inhalt der anderen Tugenden losgelösten und abgetrennten Begriff der Tugend Gerechtigkeit zu gewinnen. Am Teppich der Justitia aus der Brüsseler Serie (nach Kartons vielleicht von Bernhard von Orley, um 1528) kann dies aufgezeigt werden (Taf. 7). Obwohl ihr - wie jeder anderen Tugend - ein eigener Teppich gewidmet ist, sind unter der Gestalt der Justitia auch Fortitudo und Temperantia dargestellt, auch andere Tugenden (Gratia, Misericordia usw.) kommen vor. Stets ist also der Zusammenhang aller und die Beziehung aller aufeinander in der Einheit »der« Tugend mitzudenken.

Dieser vielfältige Inhalt der Tugend Gerechtigkeit führte dazu, daß in der Regel (und verstärkt mit dem Siegeszug der scholastischen Methode) ihr eine Reihe von Untertugenden (als Töchter) zugesellt wurden. Bedeutend war das stammbaumartige Schema bei Alkuin (gestorben 804): die Iustitia Naturalis umfaßte darin Religio (Gläubigkeit), Pietas (Frömmigkeit, auch Ergebenheit), Gratia (Dankbarkeit), Vindicatio (Ahndung des Unrechts), Observantia (Ehrerbietung) und Veritas (Wahrhaftigkeit); die Iustitia Consuetudionaria umfaßte Pactum (Vertragstreue), Pax (Friedfertigkeit), Iudicatum (Urteilskraft) und Lex (Gesetzestreue). In einer Handschrift »De fructibus carnis et spiritus«, die Hugo von St. Viktor (gestorben 1141) zugeschrieben wird, ist ein Tugendbaum gezeichnet, in dem sich die Justitia verzweigt in: Iudicium (Urteilskraft), Iuris Iurandi Observatio (Einhaltung des Eides), Correctio (Züchtigung), Severitas (Strenge), Veritas, Lex und Aequitas (vgl. Abb. 168, 184 bei P/S). Die Untertugenden, die Thomas von Aquin (gestorben 1274) abgeleitet hat, sind aus der Inschrift des Buches, das die Justitia in dem bereits genannten Ambraser Codex aus dem 14. Jh. hält, ersichtlich, nämlich: Religio, Pietas, Gratia, Vindicatio, Observantia, Veritas, Obedientia, Innocentia (Unschuld), Concordia (Eintracht), Amicitia (Freundlichkeit, Leutseligkeit), Affectus (Mitleid), Humanitas (Menschlichkeit) und Liberalitas (Freigebigkeit). Angemerkt sei, daß auch Cicero (gestorben 43 v.) - dessen Tugendlehre großen Einfluß auf die christliche Ethik hatte - Gerechtigkeit (die darin bestehe, daß man die Gemeinschaft der Menschen schütze und jedem das Seine zuteile) in Verbindung mit Wohltun (Freigebigkeit und Großzügigkeit) dachte, auch mit »aequitas«, worunter er allerdings nur die Gleichberechtigung aller Menschen verstand.

Die Stellung und der Inhalt der Justitia machen es auch unmöglich, den Wert dieser Tugend im Rahmen des theologischen Systems einheitlich und als feststehend anzugeben. Auf der einen Seite wurde ihr ein Rang vergleichbar den theologischen Tugenden zuerkannt. So ist sie auf dem Reliquienschrein des Bischofs Gandulf (um 1160) Spes, Caritas und Fide beigeordnet (vgl. Abb. 182 bei P/S); so thront sie in einer Miniatur in einer Handschrift der »Divinae Institutiones« des Laktanz aus dem 16. Jahrhundert über Pietas und Aequitas (Taf. 9); auch Gaspard Heuvick stellt sie über Glaube und Weisheit dar (Abb. 39). Damit wurde ihr sogar die oberste Stelle eingeräumt, vor allem ihr die Religio (wie auch bei Thomas von Aquin) untergeordnet. Ähnlich ordnete auch Alanus ab Insulis in seinem Traktat »De virtutibus et vitiis« der Justitia die religio unter (und unter diese die drei theologischen Tugenden); Gleiches kann z.B. den Jesuitendramen des 16. und 17. Jahrhunderts, die Elida M. Szarota herausgegeben hat, entnommen werden, wobei sicherlich die Grundlage dafür der Kommentar zur Summa Theologica (1592) des Thomas von Aquin von Gregorius Valencia (1549-1609) bildete. Im System des Bonaventura (gestorben 1274) wurde die Gerechtigkeit aufgeteilt in eine »rectitudo voluntatis ordinam ad alterum« (also bezogen auf den richtigen Willen dem anderen gegenüber) - als eine Kardinaltu-

39 Gaspard Heuvick, Gerechtigkeit, begleitet von Glaube und Weisheit. Öl auf Holz, 150 x 125 cm. Oudenaarde (Belgien), Stedelijk Museum

gend neben den anderen - und in die »rectitudo voluntatis« selbst (also bezogen auf die Richtigkeit des Willens schlechthin), die alle Tugenden (damit auch die theologischen Tugenden) umfaßte; in dieser (im übrigen an Plato erinnernden, auch etwa bei Anselm von Canterbury [gestorben 1109] in vergleichbarer Weise vorliegenden) Gestalt deckte sich die Gerechtigkeit mit Heiligkeit (weshalb sie vollkommen und viereckig - wie der Grundstein der Kirche - vorgestellt wurde); wie auch im »Hirt des Hermas« (um 140) über allen Tugenden der »Engel der Gerechtigkeit« steht.

Auf der anderen Seite wurde (wie ersichtlich z.B. im Tugendbaum) die Theorie vertreten, daß die Wurzel aller Tugenden die Demut (Humilitas) und die höchste Tugend die Liebe (Caritas) seien. Noch mehr: es gab zahlreiche Tugendkataloge, in denen Justitia überhaupt nicht vorkam, vor allem verfaßt von und für Mönche(n). An den Portalen der gotischen Kathedralen von Paris, Amiens und Chartres, die 12 Tugenden zeigen, ist die Justitia durch ihre Untertugend Gehorsam ersetzt; Emile Mâle sieht den Grund darin, daß die Künstler hier nur an das tiefste innerliche Seelenleben dachten und daher nicht die sozialbezogene Tugend der Gerechtigkeit dargestellt haben. Aber auch die Kataloge, die sich an den Gaben des Heiligen Geistes (Jes. 11, 2-3) orientierten, sahen in der Regel die Justitia nicht vor; ebensowenig die Lehre von den Tugenden als Bäumen im Garten des Paradieses. Auch die geistliche Dichtung »Die Erlösung« aus dem 14. Jahrhundert kam ohne Justitia aus. Ebenso finden sich in dem Werk der Hildegard von Bingen (1098-1179), deren Visionen aufgrund ihrer eigenen Angaben illustriert wurden, zahlreiche Tugenden, z.B. siebzehn in ihrem Werk »Ordo virtutum«: die Gerechtigkeit ist freilich nicht darunter (vielleicht, weil sie die Summe aller ist?). Nur in ihrem Hauptwerk »Scivias« (um 1165) beschrieb sie die Vision vom Turm der Kirche (Abb. 40): ihm gegenüber sah sie auf sieben weißen Marmorsäulen die Weisheit stehen, links daneben die Stärke und die dreiköpfige Heilig-

40 Justitia neben dem Turm der Kirche. Miniatur aus *Scivias* der Hildegard von Bingen. Um 1165 (verbrannt, Nachzeichnung). Paris, Bibliothèque Nationale, Ars. 940

keit, rechts daneben die Gerechtigkeit. Letztere erschien ihr so breit wie fünf nebeneinander stehende Menschen und so groß, daß sie über den Turm schauen konnte: »Sie hatte ein großes Haupt und klare Augen und schaute mit durchdringendem Blick zum Himmel empor. Ihre ganze Erscheinung war blendendweiß und helleuchtend wie eine lichte Wolke«, sie rufe allen zu, daß der Turm der Kirche zu errichten sei, damit Gott offenbar werde, der gerecht sei in allem. Diese Gestalt war die Gerechtigkeit Gottes, die Gotteskraft, die in den Menschen wirksam wird und in ihnen jede Gerechtigkeit vollbringt.

41 Der Kampf um die Tugendburg. Miniatur aus *Omnium virtutum et viciorum delineatio.* Beginn des 15. Jh. Rom, Biblioteca Casanatense, Cod. 1404, fol. 26v

Eine ähnliche, eher unbedeutende Rolle spielte die Justitia in der bekannten, durch zahlreiche illustrierte Manuskripte verbreiteten »Psychomachia« des spanischen Dichters Prudentius (348-405), der in diesem Gedicht (um 405) den Kampf der Tugenden und Laster in der Seele schilderte. Die »immer und überall gegenwärtige elende Gerechtigkeit« (Vers 243) wird nur den Gefährten der Demut zugeordnet, die gegen Hoffart (Superbia) anzutreten hat (und deshalb gewinnt, weil ein Gefährte der Hoffart, der Betrug, heimlich und voll Tücke einen Graben ausgeworfen hat, in den nun jene selbst zu Tode fällt). Der »Hortus Deliciarum« (1175-1185) der Äbtissin Herrad von Landsberg nahm diese Motive auf, erkannte aber der Justitia eine höhere Bedeutung zu, indem ein Bild sie selbständig mit ihren Untertugenden in den Kampf gegen die Ungerechtigkeiten ziehen läßt (vgl. Abb. 187 bei P/S). Überhaupt wurde dieser Kampf der Tugenden und Laster häufig, vor allem in Italien und Frankreich, und in vielfältigen Variationen dargestellt (Abb. 41; und im übrigen auch - vor allem im angelsächsischen Raum - als wirkliche Kampfspiele vor höfischem Publikum aufgeführt): z.B. in dem Prosatext »Conflictus virtutum et vitiorum« des Abtes Ambrosius Autpertus um 778 (mit 24 kämpfenden Paaren) oder in der bereits genannten »Scivias«-Schrift der Hildegard von Bingen (mit achtzehn Paaren; vgl. auch Abb. 187, 188 bei P/S). In dem bereits genannten »Welschen Gast« (1215/16) des Thomas von Zerclaere, einem für

Ritter, Ritterfrauen und Kleriker verfaßten Tugendbuch, ruft die Tugend ihre Kinder Standhaftigkeit, Mäßigkeit, Gerechtigkeit (Recht) und Großzügigkeit (Milte) auf zum Kampf gegen die Laster, dessen siegreichen Verlauf eine Miniatur veranschaulicht (vgl. Abb. 189 bei P/S). Auch der Pilger in Guillaume de Deguilevilles allegorischem Gedicht »Pèlerinage de vie humaine« (um 1330) erhält von seiner Helferin »Gottes Gnade« die Ritterrüstung der Kardinaltugenden: das Panzerhemd der Fortitudo, den Helm der Temperantia, den Schild der Prudentia und das Schwert der Gerechtigkeit (das die gerechten Herrscher, auch Roland, Olivier, der heilige Benedikt von Nursia getragen haben). Angemerkt sei schließlich noch, daß manchmal der Kampf der Tugenden und Laster auch in der Weise dargestellt wurde, daß die Gerechtigkeit - entsprechend ihrem von einigen Theoretikern auch zuerkannten höchsten Rang - alleine alle Laster (Todsünden) besiegt (vgl. Abb. 190, 191 bei P/S).

Die Begleiterin der Heiligen

Oben wurde im Zusammenhang mit der Geflügeltheit der Virtutes bereits darauf hingewiesen, daß sie den tugendhaften Menschen hinauf in das himmlische Reich der Seligkeit tragen (sollen). Besser ist es freilich, in dem religiösen (bzw. theologischen) Kontext von »Heiligkeit« zu sprechen: denn die vollkommene Tugendhaftigkeit (manchmal - wie oben gezeigt - auch als »Gerechtigkeit« überhaupt bezeichnet) bedeutete im Rahmen dieser Ideen das endgültige bejahende Urteil Gottes über den betreffenden Menschen im Sinne seiner Annahme und Aufnahme ins Paradies.

Zahlreiche Darstellungen der Virtutes auf Grabdenkmälern, wie sie vor allem für Päpste, Kardinäle, aber auch für Herrscher und bedeutende Juristen errichtet wurden, führen dies nachhaltig vor Augen. Sie wurden als Helfer betrachtet, die - wie Karyatiden - den Sarg hinauf zum ewigen Leben tragen oder die die Bitte um Erlösung unterstützen, die der Verstorbene im letzten Gericht vorträgt (Abb. 42, 43; vgl. auch Abb. 151 bei P/S). Auch die Darstellung der Virtutes sollte Zeugnis von der Heiligkeit des Toten abgeben, wobei sich der Schwerpunkt bald merklich verschob: die bei-

42 Justitia am Grabmal des Duccio degli Alberti. 1336. Venedig, Frari-Kirche

43 Die Kardinaltugenden am Grabmal für Bischof Andrea di Giovanni Baglione. 1451. Perugia, Dom

gegebenen Virtutes (und Artes Liberales) sollten das Leben des Verstorbenen als tugendhaft/ heilig rühmen und der Nachwelt überliefern (vgl. Abb. 153 bei P/S). Andrea Sansovino (1460-1529) übertrug (deshalb) das antike Triumphbogenmotiv (wie es auch in den Festumzügen seiner Zeit verwendet wurde) auf Grabmäler (Abb. 4), wodurch die Darstellung der Virtutes als freistehende Statuen die Aufgabe erfüllte (und erhielt), die Verdienste des Toten zu preisen. Ende des 15. Jahrhunderts wurden solche Grabmäler mit der Darstellung der Tugenden auch außerhalb Italiens errichtet, z.B. von Michel Colombe 1502/07 für Franz II., Herzog der Bretagne, und seine Gemahlin Marguerite de Foix in der Kathedrale von Nantes (Abb. 44), an welchem Grab die Virtutes wie im alten Rom die Götter den Sarg umgeben; oder 1516/31 für König Ludwig XII. und seine Gemahlin Anne de Bretagne von Antonio und Giovanni Giusti (Abb. 45), bei welchem

44 Justitia am Grabmal für Francois II. und Marguerite de Foix von Michel Colombe. 1502-1507. Marmor. Nantes, Kathedrale

45 Justitia von Antonio und Giovanni Giusti, gen. Juste. 1515-1531. Marmor. Paris, ehem. Abteikirche von St. Denis

Grabmal durch die offenen Arkaden über den Kardinaltugenden und unterhalb der Statuen der beiden Verstorbenen der Charakter eines Triumphmonumentes noch deutlicher wird. Die Statuen der Gerechtigkeit und der Freiheit, die Hendrik de Keyer 1614/21 am Grabdenkmal für den Prinzen Wilhelm von Oranien-Nassau aufstellte, sollten schließlich nicht mehr die Tugenden des Toten rühmen, sondern die Ideale sichtbar machen, für die der Verstorbene zeit seines Lebens eingetreten war. Deutlich wird hier die immer weitergehende Verweltlichung der Virtutes und ihr konkreter werdender Bezug auf den individuellen Verstorbenen.

Schließlich sind noch die Grabdenkmäler von Giovanni Lorenzo Bernini (1598-1680) zu erwähnen, die jedes für sich eine durchdachte Komposition darstellen, in der auch die Virtutes eingeordnet (und daher in jedem unterschiedlich zu verstehen) sind. Berühmt ist das Grabmal des Papstes Urban VIII. (gestorben 1644), das Bernini bereits 1628 begann und erst 1647 fertigstellte (Abb. 46). Die bronzene Papstfigur beherrscht alles, selbst der Tod - der den Namen des Verstorbenen in das Buch des Lebens schreibt - hat den letzten Strich noch nicht gezogen; Justitia und Caritas weisen nicht nur den Verstorbenen als Stellvertreter Christi auf Erden aus, sondern sollen nach Catherine Wilkinson als dialektische Einheit von göttlicher Gerechtigkeit - die deshalb wegen der Sündhaftigkeit der Menschen so sorgenvoll dreinblickt - und Gnade Ausdruck der Erlösung des Toten sein. Ähnlich zu verstehen sind sicherlich die Statuen der Caritas, des Glaubens, der Hoffnung und der Justitia - der ein Engel die Rutenbündel weggenommen hat und die nur mehr in Trauer um den Verstorbenen versunken ist - am Grabmal des spanischen Kardinals Domenico Pimentel (geschaffen 1653/54). Das Grabmal des Papstes Alexander VII. (errichtet 1671-1678) sollte eine nachträgliche Rechtfertigung dieses Mannes sein, dessen Leben und Taten von seinen Zeitgenossen nicht allzu positiv gesehen wurde (Taf. 30). Bernini stellt Klugheit und Gerechtigkeit in den Hin-

46 Grabmal für Papst Urban VIII. von Gian Lorenzo Bernini. 1628-47. Marmor. Rom, Petersdom

tergrund, eine die Statue des Verstorbenen im Blick umfassende Caritas in den Vordergrund; und ihr gegenüber die (ursprünglich nackte) Veritas, nicht als Tugend gemeint, sondern als die Wahrheit (des tugendhaften Lebens des Toten), die sich am Jüngsten Tag offenbaren und in Gemeinsamkeit mit der Caritas seine Erlösung bekräftigen wird. Bernini ist der Höhepunkt und in gewisser Weise der Abschluß der Grabmälerkunst, die Virtutes plastisch einbezieht; seine Nachahmer (wie z.B. Filippo della Valle 1746 für Innozenz XII.) kamen an die Wucht und Stringenz seiner Kompositionen nicht (mehr) heran. Als informative Zusammenfassung (und Hinweis auf die Wichtigkeit dieses Motivs) seien die Päpste (mit Sterbedatum) genannt, auf deren Grabmälern eine Justitia dargestellt ist: Clemens II. (1047), Nicolaus IV. (1292), Paul II. (1471), Sixtus IV. (1484), Innozenz VIII. (1491), Hadrian IV. (1523), Paul III. (1549), Paul IV. (1559), Sixtus V. (1590), Gregor XIV. (1591), Urban VIII. (1644), Innozenz X. (1655), Alexander VII. (1667), Clemens X. (1676), Innozenz XI. (1689) und Innozenz XII. (1700). Interessierten Lesern sei das wertvolle Buch von Erwin Panofsky genannt.

Die Auszeichnung von Toten als Heilige durch die Begleitung der Virtutes konnte auch auf andere Weise als durch Darstellung auf Grab(denk)mälern vorgenommen werden; so etwa durch Miniaturen in Handschriften (Abb. 31), auf liturgischen Gegenständen, Medaillons usw. (vgl. Abb. 140-146 bei P/S). Es war im übrigen auch denkbar, daß lebende Menschen als Heilige abgebildet wurden; im 5. Kapitel wird etwa über den heiligen Herrscher (und die ebenfalls diese Auszeichnung beanspruchenden Päpste) berichtet.

Die streitbare Tochter Gottes

Von vornherein religiös bzw. theologisch gedacht wurde die Gerechtigkeit als eine der vier Töchter Gottes, wie sie in der Interpretation des Psalms 85, 11 verstanden wurden. Dort heißt es: »Es begegnen einander Huld und Treue; Gerechtigkeit und Friede küssen sich«; so zumindest die moderne Übersetzung. Das Mittelalter verwendete die lateinischen Worte »misericordia« und »veritas« für die beiden ersten Begriffe und verstand die Vierheit der vier Tugenden (Barmherzigkeit, Wahrheit und Wahrhaftigkeit, Gerechtigkeit, Friede und Friedfertigkeit). Zugleich dachte man die Begegnung und den Kuß als Versöhnung der vier »Töchter Gottes« und folgerte daraus, daß dieser ein Streit vorausgegangen sei. Dieser Streit der vier Töchter Gottes wurde - nach Ansätzen in der jüdischen Bibelauslegung (Midrasch) des 10. Jahrhunderts und bei Hugo von St. Viktor (1097-1141) - in voller theologischer Tiefe und zugleich in einer reich bewegten, seelisch erfüllten Form 1140 von Bernhard von Clairvaux (um 1090-1153), dem Gründer des Zisterzienserordens, ausgestaltet, seither in zahlreichen Bearbeitungen und Neufassungen als Gedicht, Drama, Erzählung, Erbauungsschrift, Predigt vorgelegt und damit geistiger Gemeinbesitz des Abendlandes.

Im Sermo 1 zum Fest der Verkündigung Mariens - für das von der Kirche die Lesung dieses Psalms vorgeschrieben war - sah Bernhard in diesen vier Begriffen die Tugenden des ersten Menschen, die Gott ihm als »Kleider des Heils« (nach Jesaja 61, 10) zugeteilt habe und ohne die er das Heil niemals erlangen könne; doch habe er sie durch den Sündenfall verloren. Nun - so Bernhard weiter - entstand ein Streit zwischen diesen: Wahrhaftigkeit und Gerechtigkeit quälten den Menschen, Barmherzigkeit und Friedfertigkeit wollten ihn schonen. Sie bringen den Streit vor Gottes Thron, die Trinität selbst soll die Entscheidung finden. Diese Szene wurde in zahlreichen Kunstwerken dargestellt (vgl. Abb. 154, 336 bei P/S), wobei manchmal - wie etwa in dem Epitaph des 1578 verstorbenen Sigismund Hassenthaler (Abb. 47) - auch Elemente aus den geistlichen Teufelsspielen eingearbeitet sind, wodurch der Charakter als eines Rechtsprozesses in den Vordergrund tritt. Vor der Trinität liegen auf dem Richtertisch die Beweismittel für den Sündenfall (Gesetzestafeln, Apfel des verbotenen Baumes), mit denen der Teufel seine Klage

47 Der Streit der Töchter Gottes. Darstellung am Epitaph für Sigismund Hassenthaler. 1578. Ansbach, Gumbertus-Kirche

auf Übergabe von Adam und Eva unterstützt. Um den Tisch stehen die vier Tugenden mit ihren dieses Vorbringen unterstützenden bzw. zurückweisenden Argumenten: Gerechtigkeit und Wahrheit treten für den Teufel ein, die beiden anderen Töchter plädieren für Gnade. Die Lösung kann nur der Ratschluß Gottes selbst geben. Bei Bernhard schreibt Gott-Sohn - der mit Salomo gleichgesetzt und damit als personifizierte göttliche Weisheit verstanden wird - auf die Erde: »Die eine sagt: ich bin verloren, wenn Adam nicht stirbt; und die andere sagt: ich bin verloren, wenn er nicht Barmherzigkeit erlangt. Es geschehe ein guter Tod; und jede von beiden hat, was sie will.« Alle staunen bei diesen Worten der Weisheit. Erst allmählich wird ihnen der Sinn klar: es muß jemand sterben aus Liebe, der dem Tode nichts schuldig ist. Aber wo kann dieser liebende Unschuldige gefunden werden? Die Wahrhaftigkeit sucht auf der Erde, die Barmherzigkeit im Himmel; beide finden niemanden. Die Friedfertigkeit sieht die Lösung: wer den Rat gegeben hat, helfe mit der Tat. Bernhard fährt fort: »Der König vernahm, was sie sagten, und sprach: Es ist mir leid, den Menschen gemacht zu haben. Das Leid hält mich; es liegt an mir, das Strafleiden zu büßen, Buße zu tun für den Menschen, den ich geschaffen habe. Also sprach er: Siehe ich komme; denn es kann nicht dieser Becher vorübergehen, ich trinke ihn denn. Und sofort entbot er den Gabriel und sprach: Gehe und sagt der Tochter Zions: siehe, dein König kommt. Jener eilte und sprach: Schmücke dein Gemach, Zion, und nimm den König auf.«

48 Die Töchter Gottes als das Einhorn jagende Hunde. Innenseite eines Altarflügels. Südniedersächsisch um 1500. Marburg, Universitätsmuseum

Der Entschluß zur Menschwerdung bietet somit die Lösung des Streits. »Es begegnen einander Barmherzigkeit und Wahrhaftigkeit; Gerechtigkeit und Friedfertigkeit küssen sich« (Psalm 85, 11). Auch diese Szene wurde in vielen Variationen in Bibel-Ausgaben, Stundenbüchern und Psaltern illustriert (Abb. 7; vgl. Abb. 155-157, 162 bei P/S), oft in Verbindung mit der Darstellung der Verkündigung Mariens (Taf. 10). Bei Bernhard begleiten Gabriel die vier Tugenden und gehen dem künftigen König voraus. Dieses Motiv wurde mit dem Einhorn-Mythos in Beziehung gesetzt. Man nahm an, daß das Einhorn ein so wildes Tier sei, daß es nur zu fangen sei, wenn eine reine Jungfrau in der

Nähe sitze, in deren Schoß es zahm seinen Kopf lege. Seit dem 11. Jahrhundert wurde dieser Gedanke auf Christus und Maria übertragen und in die Form einer Jagderzählung gebracht: Gott als Himmels-Jäger bzw. der Erzengel Gabriel treiben den eingeborenen Sohn in den Schoß der Jungfrau. Dabei wird der Jäger von vier Jagdhunden begleitet: eben den vier Tugenden des Psalm 85, 11, also auch der Justitia (Abb. 48; vgl. Abb. 158 bei P/S). Sie sind es, die um ihrer Versöhnung (und damit um des Heils des Menschen) willen die Menschwerdung Christi »erjagen«. Aber noch mehr: die auch dafür Sorge tragen, daß der »gute Tod« - der die Lösung des Streits ausmacht - wirklich eintritt, indem sie Christus kreuzigen. Diese Vorstellung, daß Christus durch seine eigenen Tugenden (Demut gegenüber dem Spott der Juden, Geduld im Leiden, Gehorsamkeit gegenüber dem Vater und - als höchste - Liebe zu den Menschen) an das Kreuz geschlagen werde, beruhte ebenfalls auf einer Predigt des Bernhard von Clairvaux und ihrer Verbreitung durch Cäsarius von Heisterbach (gestorben 1240). Bald wurde - der allgemeinen theologischen Entwicklung entsprechend - die Reihe der Tugenden bis auf zehn erweitert; jedenfalls war es ein Leichtes, auch die vier Tugenden des Psalm 85, 11 in die Kreuzigungsszene einzubeziehen (Abb. 49), ja diese zu den Kreuzigern selbst zu machen (vgl. Abb. 159, 161 bei P/S). So begegnet auf einem, um 1330 hergestellten Glasfenster im (ehemaligen) Zisterzienserinnenkloster Wienhausen diese Vierzahl der Tugenden, zusätzlich eine Caritas, die dem Gekreuzigten den Todesstoß versetzt: dabei blickt die Justitia - entsprechend Psalm 85, 12 - von oben herab auf die Veritas, die aus der Erde hervorsproßt (weshalb auch das obere Kreuzende mit der Justitia verglichen wurde; vgl. Abb. 160 bei P/S). Anzumerken ist, daß dieses Thema der Kreuzigung Christi durch seine Tugenden nicht allzu beliebt gewesen ist: es war und blieb nicht zuletzt wegen seiner Grausamkeit schwer verständlich; es kann am ehesten vor dem Hintergrund einer Gegenbewegung in den Klöstern (vor allem der Nonnen) gegen die Ket-

49 Die Kreuzigung Christi durch die Tugenden. Miniatur in *Omnium virtutum et viciorum delineatio*. Beginn des 15. Jh. Rom, Biblioteca Casanatense, Cod. 1404, fol. 28r

zer begriffen werden, verbunden mit der Mystik, vielleicht auch mit dem Streben nach Erziehung und Anerziehung von Schuldbewußtsein. Es paßte gut zum Streit der vier Töchter Gottes. Zwar hatte der (alte) Adam diese Tugenden verloren; im neuen Adam, dem Gekreuzigten, aber begegnen sie einander und gehören wieder dem Menschen an, miteinander versöhnt und als Einheit: der Weg des Menschen zum Heil.

Von den vielen Bearbeitungen dieses Themas soll nur die dreiteilige religiös-moralische Traumdichtung des Zisterzienserpriors Guillaume de Deguileville (Guillermus de Deguilevilla; 1295-1358) wegen ihrer Bedeutung für die französische und englische Kunst erwähnt werden. Der Dichter schildert im ersten Roman den Wanderweg des Menschen in der Welt des Diesseits (»Pèlerinage de la vie humaine«, 1330-1332, überarbeitet 1357), im zweiten Roman - »Pèlerinage de l'âme« (1355) - die Jenseitsfahrer der Seele nach dem Tode und im dritten - »Pèlerinage Jhesucrist« (1358) - das vorbildwirksame Leben des Heilands. Der Streit der vier Töchter Gottes wird ausführlich und dichterisch eindrucksvoll im zweiten und dritten Werk geschildert. Zu erinnern ist daran, daß Philippe Verdier dieses Gespräch der (zwei) Töchter Gottes in dem Bild Bellinis (Abb. 11) dargestellt glaubte und daß Gustav Ludwig darin eine Illustration der folgende Szene der »Pèlerinage de l' âme« sehen will. Die Seele, die durch das Eingreifen der Misericordia zum Fegefeuer errettet worden ist (Taf. 12) und nun in Begleitung des Schutzengels in das Fegefeuer eingetreten ist, erblickt eine Ebene (das irdische Paradies) mit zwei Bäumen, den grünenden Apfelbaum des hohen Liedes und den Baum der Erkenntnis, der durch den Sündenfall völlig entblättert und vertrocknet ist. In dem Apfelbaum sitzt Maria, unter den Bäumen steht Justitia (Taf. 11). Die Seele hört nun Streitgespräche zwischen der Gottesmutter (als Misericordia) und der Justitia und auch zwischen den beiden Bäumen. Gottvater entscheidet schließlich, daß der Apfel, den der Baum des hohen Liedes getragen hat (also der menschgewordene Christus als Frucht der Liebe), dem Baum der Erkenntnis zurückerstattet werden muß. Justitia selbst muß als Henkerin auf den Kreuzesstamm, der aus dem letzteren Baum verfertigt ist, hinaufsteigen und Christus anheften (vgl. Abb. 163 bei P/S). Dadurch können beide Bäume wieder erblühen.

Angemerkt sei schließlich noch, daß dieses Motiv der streitenden vier Töchter Gottes in den »Gesta Romanorum« - dessen älteste uns bekannte Handschrift aus dem Jahre 1342 stammt - in verweltlichter Fassung aufgenommen ist. Unter dem Titel »Von der Berufung der sündigen Seele aus der Verbannung« wird hier folgende Geschichte erzählt: »Ein edler König hatte einen schönen, weisen, tapfern, gütigen und wohlgesitteten Sohn und vier Töchter, deren Namen waren: Justitia (Gerechtigkeit), Veritas (Wahrheit),

Misericordia (Erbarmen) und Pax (Frieden). Dieser König wollte nun seinem einzigen Sohne eine Gemahlin geben und bestellte einen Boten, der sich nach einer ehrbaren Jungfrau umsehen sollte. Endlich fand derselbe die schöne Tochter des Königs von Jerusalem, welche seinem Sohne übergeben wurde, und die derselbe gar wundersam liebte. Nun hatte aber dieser Sohn einen Diener, welchem er aus allzu großem Zutrauen die Verwaltung eines Herzogtums übertrug. Dieser Verräter aber verführte und schändete die angetraute Frau seines Herrn und verheerte seine Provinz. Wie nun der Sohn von dem Ehebruch seiner Gattin gehört hatte, wurde er sehr traurig, entließ sie, gab ihr einen Scheidebrief und nahm ihr jegliche Ehre.« So fiel die Frau in das größte Elend, weshalb ihr früherer Ehemann mit ihr Mitleid empfand und sie zu sich zurückrufen wollte. Doch sie hatte Angst und meinte, sie würde nur dann zurückkehren, »wenn mein Herzliebster zu mir träte und mich mit einem Kusse auf meinen Mund küssen wollte«. Er aber kann sich dazu nicht entschließen, sucht bei allen Weisen im Lande um Rat; aber niemand kann ihm helfen. Selbst seine vier Schwestern sind unterschiedlicher Meinung. Die älteste »trat vor den König hin und sprach: ›Herr, Euer Urteilsspruch war gerecht und gut. Ich bin Euere Tochter Justitia: Ihr habt recht gerichtet, daß jene Buhlerin nicht länger die Frau meines Bruders sein sollte, und habt ihr den Scheidungsbrief gegeben. Haltet also die Gerechtigkeit aufrecht, und wenn Ihr dagegen handeln werdet, sage ich Euch, will ich nicht mehr Euere Tochter Justitia sein.‹ Wie sie das gesagt hatte, kam die zweite Tochter oder die Veritas und sprach: ›Mein Vater, der Wahrheit gemäß habt Ihr über jene Buhlerin gerichtet, welche das Bett unseres Bruders durch die Untreue geschändet hat. Wenn Ihr sie wieder nehmen wollt, so handelt Ihr gegen die Wahrheit, und so kann ich ohne Zweifel nicht länger Euere Tochter Veritas heißen.‹ Wie das die dritte Schwester oder die Misericordia hörte, kam sie zu ihrem Vater und sprach: ›Herr, ich bin deine Tochter Misericordia, habe also Erbarmen mit der Sünderin und Verbrecherin, denn ihr Vergehen schmerzt sie sehr, und wenn Ihr nicht Mitleid mit ihr haben werdet, werde ich nicht mehr Euere Tochter Misericordia sein.‹ Wie die vierte Schwester oder die Pax vernommen hatte, daß eine so große Uneinigkeit zwischen ihren Schwestern war, da wollte sie das Land verlassen und begab sich auf die Flucht; worauf Justitia und Veritas ihr Schwert zogen und es dem Könige überreichten, also sprechend: ›Siehe Herr, hier ist das Schwert der Gerechtigkeit, um jene Buhlerin hinzurichten, welche uns und unsern Bruder veruneinigt hat.‹ Wie das die Misericordia sah, riß sie ihnen das Schwert aus den Händen und sprach: ›Ihr habt lange genug hier geherrscht und euern Willen durchgesetzt; es ist nun auch einmal Zeit, daß ich von meinem Vater erhört werde; ich bin seine Tochter so gut wie ihr!‹ Da antwortete die Justitia: ›Es ist wahr, daß wir seit langer Zeit geherrscht haben und immer noch die Herrschaft behaupten wollen. Indessen, da zwischen uns eine so große Uneinigkeit herrscht, so mag unser Bruder herbeigerufen werden, der in allen Dingen einen scharfen Blick hat, zwischen uns zu richten!‹ Und also geschah es. Als aber der Sohn herbeikam und den Streit derselben untereinander vernahm, ... sprach er: ›Teuerste Schwestern, unsere von unserem Vater vielgeliebte Schwester Pax hat wegen euerm Zwist das Königreich verlassen; das will ich aber auf keine Weise leiden, weil ich für meine ungetreue Frau bereit bin, Strafe zu leiden.‹ Da sprach die Justitia: ›Wenn du das tun willst, kann ich nichts dagegen einwenden.‹ Und er antwortete der Misericordia: ›Du bemühst dich also für meine Gemahlin, daß ich sie wieder zu mir nehme? Wenn ich sie nun aber wieder hierher kommen lasse, ist es denn deine Absicht, wenn sie abermals sich Untreue zu Schulden kommen läßt, dich wieder für sie ins Mittel zu schlagen?‹ Jene aber versetzte: ›Nein, nur wenn sie Buße tut.‹ Wie das der Königssohn hörte, führte er seine Schwester Pax wieder zurück und ließ die Schwestern sich gegenseitig küssen. Als nun aber unter ihnen wieder Eintracht herrschte, verließ der Königssohn sein Reich, fing für seine Gemahlin einen Krieg an und führte sie in allen Ehren zum Reich seines Vaters zurück. Und so konnten beide ihr Leben in Frieden beschließen.«

Die verdammende Gerechtigkeit

Die Geschichte vom Streit der Töchter Gottes ist in gewisser Weise für die religiöse bzw. theologische Sicht der Gerechtigkeit ernüchternd. Bezieht man die Gerechtigkeit auf Christus als das Vorbild allen tugendhaft-heiligen Lebens und Handelns, muß beim Menschen Verzweiflung aufkommen, umso mehr, als er sich seiner Freiheit und Gebrochenheit - also seiner Endlichkeit (Sündhaftigkeit) - bewußt wird. Zwar mag die Taufe die Erbsünde aufheben: aber wer kann denn von sich den Anspruch erheben, auf Erden ein gottgefälliges Leben in totaler Tugendhaftigkeit zu leben? Wer kann sich denn selbst als Heiliger anerkennen? Gerechtigkeit und Wahrheit (auch in der Bedeutung von: Wahrhaftigkeit) sagen es dem Menschen vor dem Angesicht Gottes beim letzten Gericht eindeutig ins Gesicht: er hat das Vorbild Christi verfehlt, die Sünde nicht überwunden; er muß seine Verwerfung und Verdammung einsehen!

Es ist hier nicht der Ort, die Idee des Jüngsten Gerichts in ihrer Entwicklung nachzuzeichnen. Deutlich ist jedenfalls, daß die Bilder dieser letzten Entscheidung über das Schicksal der Welt (und der Menschheit) ab 1400 zunehmend schreckenserregender werden. Die Zuversicht der frühen Christen, die sich in der Nähe der Heiligen begraben ließen, um mit ihnen auferstehen zu können, begann um die Jahrtausendwende mit dem allmählichen Bewußtwerden der menschlichen Freiheit - das auch zu den zahlreichen Aufbruchserscheinungen dieser Zeit führte! - zu schwinden. Im Utrecht-Psalter des 9. Jahrhunderts findet sich noch die optimistische Illustration von Psalm 17, 3, in dem der Psalmist sich an Christus wendet mit den Worten: »Prüfst du mein Herz, suchst du mich heim in der Nacht und erprobst mich, dann findest du an mir kein Unrecht«. Deshalb kann der Gerechte Gott die Waage entgegenstrecken: ihre Schalen sind gleichgerichtet, zum Zeichen, daß das Verhältnis zu Gott in Ordnung ist (vgl. Abb. 51 bei P/S). Doch nun wird der Vorgang der Seelenwägung am Jüngsten Tag zunehmend problematischer: die Waagschale mit den sündhaften Taten füllt sich in erschreckendem Maße, die Teufel schleppen immer mehr Material heran und werfen es in die Waagschale, an der sie überdies mit allen Tricks ziehen und zerren (vgl. Abb. 56, 58 bei P/S). Der Erzengel Michael - der ab dem 11. Jahrhundert in den Mittelpunkt des Wägevorganges rückt - muß himmlisch auf die höllische Hinterlist aufpassen! Auf einem Kreuzreliquiar aus dem Maasgebiet (um 1160/70) hält Justitia selbst die Waage (Taf.13). Die Waagschalen sind gleichgerichtet; aber auch nur deshalb, weil sie von Misericordia und Pietas gehalten werden; Veritas und Iudicium (Urteilskraft) blicken mit den Leidenswerkzeugen (Lanze und Schwamm) in den Händen auf diese Szene herab. Wird es wieder zu dem Streit kommen? Noch sind Misericordia und Pietas maßgebend. Lange Zeit dachten die christlichen Theologen die Gerechtigkeit Gottes - in Weiterführung der römischen Anschauung - als Einheit mit Aequitas. Im Stuttgarter Psalter des 9. Jahrhunderts weist die Inschrift über den die Waage haltenden Christus ausdrücklich auf »aequitas« hin (vgl. Abb. 114 bei P/S); in dem Sinne, wie Gregor der Große (540-604) über die Waage Christi geschrieben hatte: »In den beiden Schalen trägt [der Richter] Gerechtigkeit und Barmherzigkeit. Durch die Gerechtigkeit gibt er den Sündern das Urteil, durch die Barmherzigkeit mäßigt er die Strafe der Sünder, indem er den gerechten Wägeentscheid durch Aequitas abändert und durch Mitleid verzeiht«. Zumindest wurde die Beeinflussung des Wägeaktes durch die Gnade Gottes zugrundegelegt: bot nicht die Kirche als von Christus eingesetzte Heilsanstalt mit den Sakramenten und Gaben des Heiligen Geistes die Garantie für diese Gewährung der Gnade? Oder zumindest als Gemeinschaft der Heiligen, die Fürbitte einlegen konnten vor dem göttlichen Richter? In den Lehrbüchern (z.B. »Compendium theologicae veritatis« des Hugo Ripelin von Straßburg [gestorben 1270] oder dem Sentenzenkommentar des Petrus Lombardus [gestorben 1164]) folgte das Jüngste Gericht unmittelbar dem Abschnitt über die sieben Sakramente. Deshalb stellten die Künstler auch Maria und Johannes als Fürbitter dar: in der Überzeugung, daß Christus seiner Mutter (zugleich doch Bild der

Kirche als der Braut Christi) und seinem Lieblingsjünger - der deshalb an den französischen Kathedralen an die Stelle des Täufers trat - diese Bitte nicht abschlagen werde. Überhaupt ging die im 11. Jahrhundert aufblühende Marienverehrung von einem aktiven Heilseingreifen der Gottesmutter aus. Sogar bereits Verstorbene wurden von ihr ins Leben zurückgeholt, um noch die errettende Beichte ablegen zu können. In der deutschen Dichtung »Des Sünders Traum« aus der 2. Hälfte des 13. Jahrhunderts wurde Maria dargestellt, wie sie die Waagschalen der guten Werke mit ihrer Hand einfach tieferdrückt und so den Verstorbenen errettet (vgl. Abb. 111 bei P/S). Auch der Wägungsakt durch Michael wurde in dieser Weise - nämlich als nicht nur strenge Gerechtigkeit - gesehen. Im Wolfenbütteler Evangeliar aus 1194 findet die Wägung in der unteren Zone statt, die rechte Waagschale ist mit einem Klotz (vergleichbar dem Kerbholz als dem Sündenregister) beladen, doch ist der Teufel trotz unterschiedlicher Machinationen chancenlos, da ein Engel in die linke Schale das Blut des Erlösers in einen Kelch gießt, wodurch sich diese nach unten senkt und so die Erlösung des Auferstandenen anzeigt (vgl. Abb. 112 bei P/S). Der Zisterziensermönch Guillaume de Deguileville (gestorben 1358) schilderte in seinem bereits oben erwähnten Gedicht »Pèlerinage de l'ame« die Jenseitsfahrt der Seele nach dem Tod und darin auch die in einen Prozeß (mit Teufel, den Töchtern, Gottes, Heiligen) eingebaute Wägeszene durch Michael (Taf. 12): den letzten Ausschlag für Errettung (d.h. Ermöglichung des Fegefeuers) geben ein in die Waagschale gelegter göttlicher Himmelsbrief und ein Sendschreiben Christi über den Sinn seines Erlösungswerkes.

Dies alles verändert sich nun im Verlaufe der folgenden Jahrhunderte. Das Vertrauen auf die erfolgreiche Fürbitte der Heiligen geht verloren. Bereits in dem Gedicht »Gottes Zukunft« des Heinrich von Neustadt (um 1300) wird Maria zwar als »vorsprech« geschildert; doch bleibt ihre Fürbitte vergebens. Im Eisenacher Spiel von den zehn Jungfrauen (aus 1322) befiehlt Christus seiner fürbittenden Mutter zu schweigen und weist sie zurück. Gegenüber den zu Verdammenden kennt Christus keine Gnade mehr. Der apokalyptische zornige Richter, der »Sol Justitiae« Albrecht Dürers (vgl. Abb. 69 bei P/S), wird immer unbarmherziger und strenger, entwickelt sich immer mehr zum vernichtenden Agenten der Strafrechtspflege (der vergeltenden Gerechtigkeit): auch hierin wird die Parallele zum irdischen (Straf-)Gericht deutlich, das ab dem 11. Jahrhundert in sich steigerndem Maße zum Blut- und Halsgericht wurde. Der Gerichtsgedanke erweist sich auch für Christus bald vom reinen Vergeltungsprinzip her bestimmt, im Verdammungsurteil des Jüngsten Richters findet die von daher (und nun getrennt von der sich gleichfalls verselbständigenden Barmherzigkeit - als der »caritas« oder »misericordia« -) gedachte Gerechtigkeit ihre Erfüllung. In »Des Sünders Traum« (2. Hälfte des 13. Jahrhunderts) verteidigten Wahrheit und Gerechtigkeit noch den Menschen gegen die Anklage des Teufels; in den dem Psalm 85, 11 entnommenen Streit der Töchter Gottes versöhnten sich noch Gerechtigkeit und Barmherzigkeit und umarmten sich. Nun treten in den Weltgerichtsspielen Gerechtigkeit und Barmherzigkeit als Gegenspieler auf; und die Vergeltung und Vernichtung fordernde Gerechtigkeit gewinnt, die Vergebung erbittende Barmherzigkeit unterliegt. Gegenüber einer solchen gnadenlosen (und gnadenlos gewordenen) Gerechtigkeit hat man als sündhafter und sündbewußter Mensch keine Chance mehr; nun kann niemand mehr sicher sein, als Gerechter anerkannt zu werden. Die apokalyptische Stimmung brach erneut aus, diesmal erregender und existentiell erschütternder, da niemand mehr wußte, ob er das Himmlische Jerusalem und den Kranz des Lebens erlangen würde.

Die Marienverehrung vermochte zwar Trost zu spenden, führte aber zu einer problematischen dogmatischen Konsequenz. Das »Speculum Salvationis humanae« (»Heilsspiegel«) - um 1324 in Straßburg entstanden - ging, nach einer Theorie Alberts d. Gr. (gestorben 1280), davon aus, daß Gott sein Reich zweiteile: in ein Reich der Gerechtigkeit (unter seiner Herrschaft) und in ein Reich der Barmherzigkeit (unter der Königin Maria; vgl. Abb. 115, 116 bei P/S). Dogmatisch war dies eine unhaltbare Konstruktion. Auch die Konsequenz, Christus auf den erbarmungslosen Verdammer zu reduzieren, erschien den Christen als nicht akzeptabel: angesichts des Heilandes, der für die Menschen gestorben war. Er selbst mußte diese Gnade und gnädige Liebe sein, wie ihn auch zahlreiche Künstler in Umsetzung theologischer Programme darstellten (vgl. Abb. 117, 337 bei P/S). In diesem Sinne wurde die Lilie, die links aus dem Munde des Weltenrichters führt, nicht mehr auf die geistliche Gerichtsbarkeit bezogen, sondern - entsprechend der Lilie als Symbol Mariens - als Zeichen der Gnade verstanden. Christus mußte Gerechtigkeit und Gnade zugleich sein. Die prachtvolle Teppichreihe über die Erlösung der Menschheit (um 1500) macht dies im ersten und letzten (10.) Teppich deutlich (Abb. 50): die Trinität, deren Sieben-Tage-Werk der Schöpfung illustriert wird, ist von Barmherzigkeit und Gerechtigkeit flankiert; das Urteil Christi, des Jüngsten Richters, wird durch Barmherzigkeit und Gerechtigkeit ausgeführt. Lilie und Schwert sind seine Attribute.

Problematisch war und blieb allerdings, wie Gerechtigkeit und Barmherzigkeit, Schwert und Lilie, Vergeltung und Gnade in einem und demselben Christus vereint gedacht werden konnten. Theoretisch war es möglich, zwischen Menschwerdung aus Gnade und Gericht (nach Vergeltung) zu unterscheiden. Richard Schwarz hat gezeigt, daß in der Liturgie (und der Predigtbelehrung) scharf zwischen dem 1. und dem 2. Advent (Inkarnationsadvent - Gerichtsad-

vent) unterschieden und die Barmherzigkeit Gottes auf den ersteren beschränkt wurde. Die Folge war, daß dadurch das Gericht immer mehr mit Vergeltung zusammenfiel, immer unbarmherziger wurde. Man konnte auch auf die schon seit jeher angenommene Trennung des Gerichtsaktes in gnädiges Sondergericht (nach dem Tod) und vergeltendes Jüngstes Gericht abstellen. Zahlreichen Darstellungen kann man den Streit zwischen Engel und Teufel um die Seele des Verstorbenen entnehmen, oft auch verbunden mit dem Wägungsakt. Das französische Stundenbuch von Rohan (1418) enthält gleichfalls diese Szene: aber erfüllt von Gnade und Hoffnung (vgl. Abb. 119 bei P/S). Einem Verstorbenen, der bereits auf dem Friedhof liegt und dessen Seele schon vom Teufel ergriffen ist, wird im Angesicht seines göttlichen Richters - der trotz des alten Gesichtes aufgrund der Inschrift des Nimbus als Christus aufzufassen ist - die Chance zu einem letzten lateinischen Gebet eröffnet: »In deine Hände lege ich voll Vertrauen meinen Geist; du hast mich erlöst, Herr, du treuer Gott« (Psalm 31, 6). Christus erwidert auf französisch: »Deine Sünden wirst du sühnen. Am Jüngsten Gericht wirst du mit mir im Paradies sein«; und der Engel jagt dem Teufel die Seele wieder ab und geleitet

50 Christus als Jüngster Richter mit Barmherzigkeit und Gerechtigkeit. Teppich aus der Serie über die *Erlösung der Menschheit.* Um 1500, Brüssel. Paris, Louvre

sie in das Fegefeuer. Freilich bleibt für die, die nicht in den Genuß dieses Fegefeuers - und welch menschenfreundliche »Erfindung« war diese Vorstellung! - kommen, das Jüngste Gericht weiterhin die strenge Vergeltung. Ergreifend zeigt der Künstler des Rohan-Stundenbuches, wie der gnädige Christus der oberen Szene bei diesem Vollzug der Strafgerechtigkeit zu sehen ist: nämlich selbst leidend und zerbrechend an dieser Aufgabe, die nicht die seine sein kann (vgl. Abb. 120 bei P/S).

Der letzte Lösungsversuch innerhalb der Theologie des Rechts konnte auch darin liegen, diese durch die geistige Entwicklung der Menschen nun so scharf gewordene Differenz von Gerechtigkeit und Barmherzigkeit in den Gottesbegriff selbst hineinzutragen. Vorreiter waren die dogmatisch unverdächtigen Pestbilder des 16. Jahrhunderts. Der zornige Gottvater schießt zur Mahnung und Vergeltung die Pestpfeile auf die Erde, Christus und Maria legen Fürbitte ein und können dadurch Gottes Zorn besänftigen und das Unheil abwenden (vgl. Abb. 121 bei P/S). Dabei tritt Christus als Typus des Schmerzensmannes auf, wie er sich im Norden herausgebildet hatte, als Umformung der im 12. Jahrhundert in Byzanz entstandenen Vorstellung eines gekreuzigten und begrabenen, also toten Christus. Dieser (lebende) Schmerzensmann war der Inbegriff des milden, liebevollen, vergebenden Gottes und als solcher berufen für die Rolle des Fürsprechers. Wieder war es das »Speculum humanae salvationis«, das diese Idee für die Frage des Gerichts aufgriff und populär machte. Dabei verband es - einer Vision der Mechthild von Magdeburg (gestorben 1280) folgend - das Wirken des Schmerzensmannes Christus mit der Fürbitte Mariens zu der »Heilstreppe« (vgl. Abb. 325-328 bei P/S): Maria zeigt ihrem Sohn die Brüste, die ihn genährt haben, und bittet für die Menschen; dadurch ergriffen, zeigt Christus als Schmerzensmann fürbittend dem Vater seine Narben und Wunden, woraufhin Gottvater Gnade vor Gerechtigkeit ergehen läßt. Dieses Motiv findet sich bald häufig auf Votivtafeln und Sterbebildern. Die Differenz von Vergeltung und Barmherzigkeit war damit in das Verhältnis von Gottvater und Christus hineingelegt, mit der Konsequenz, daß Christus einheitlich als barmherzig und als Heiland gedacht werden konnte; notwendigerweise konnte Christus dann nicht der das Verdammungsurteil aussprechende Richter am Jüngsten Tag sein. Auch in dem berühmtem »Dies irae, dies illa» (13. Jahrhundert), das dem Thomas von Celano zugeschrieben wird, wird Christus als Gnadenbrunnen gepriesen, der Erlösung schenkt, bevor Gottvater das Gericht beginnt. Doch ist festzuhalten: der Weg, Gottvater als Jüngsten Richter zu denken, war zwar im Ansatz des Motivs der Heilstreppe immer angesprochen, kam vielleicht auch dem patriarchalischen (und darin auch politischen) Denken der Zeit entgegen, konnte aber wegen Joh. 5, 22-27 - »Auch richtet der Vater niemand, sondern er hat das Gericht ganz dem Sohn übertragen« - dogmatisch nicht gehalten werden.

Das Ende der theologischen Justitia

Es blieb somit nur die Lösung, die Martin Luther formuliert hat; und die damit in einer echten »reformatio« an die oben berichteten Glaubensinhalte von der »iustitia Dei« als Einheit von Gerechtigkeit und Gnade angeknüpft hat, was freilich nun wegen der in der Zwischenzeit aufgebrochenen Differenz nur durch Distanzierung der Gerechtigkeit möglich war. Christus kann auch und gerade im Gericht allein von der Gnade (Barmherzigkeit) her begriffen werden, die er dem Menschen aus Liebe schenkt, und ist damit notwendig in Einheit mit dem Gekreuzigten vorzustellen (vgl. Abb. 122 bei P/S). Dies brachte einen unbekannten Künstler 1657 dazu, Christus beim Weltgericht über Islam und Heidentum als Frau - also wie Maria, die Mutter der Gnade - darzustellen (vgl. Abb. 123 bei P/S). Das Verhältnis Christi zu den Menschen ist nicht mit rechtlichen und/oder gerichtlichen Kategorien zu begreifen. Die Erkenntnis und das Bewußtsein der menschlichen Sündhaftigkeit

51 Giorgio Vasari, Die Gerechtigkeit wird von der Barmherzigkeit zurückgehalten. 16.Jh. Rom, Villa Albani

brauchen nicht zur Verzweiflung oder Furcht vor Strafe zu führen. Christus schenkt dem sich ihm anvertrauenden Sünder unverdient seine Gnade, was zugleich Lebensmut und Energie im irdischen Leben hervorruft: auch zur Verwirklichung der nun nur noch auf irdische Verhältnisse beschränkten Gerechtigkeit.

Lucas Cranach d. Ä. hat 1529 - wohl auf Anweisung Luthers - diese Konzeption in einem oft kopierten »Merkbild« veranschaulicht (vgl. Abb. 332 bei P/S). Das Gericht gehört - wie Gesetz, Sündenfall und Verdammung - zum Bereich des Alten Testaments; unter dem Neuen Testament Christi, des Siegers über Hölle und Tod durch die Auferstehung, wird der sündige Mensch - worauf ihn Johannes der Täufer hinweist - durch das Blut des Gekreuzigten reingewaschen. Was das Bild offenkundig und deutlicher zeigt, als die Theologen seither zum Ausdruck bringen - die noch immer von »Gericht« und »Gerechtigkeit« Gottes (freilich in Abhebung zum juristischen Verständnis) sprechen -, ist die Erkenntnis, daß für den Gläubigen Christus nicht als Richter erscheinen kann und wird. Gott - und zwar gemäß Joh. 5, 30 auch der Vater - kann und wird nicht Richter sein. Die Waage ist nur mehr Spielzeug in der Hand des Jesuskindes (vgl. Abb. 125 bei P/S). Vor diesem Kind muß die Gerechtigkeit das Knie beugen (vgl. Abb. 126 bei P/S). Sie muß sich von der Barmherzigkeit festhalten lassen, wie es Giorgio Vasari (1511-1574) in der Villa Albani in Rom gemalt hat (Abb. 51) oder wie es der dritte Teppich der bereits genannten Serie »Erlösung der Menschheit« (um 1520) darstellt (Abb. 52). Die Gerechtigkeit hat im Verhältnis zu Gott ihre Rolle ausgespielt, sie steht - besiegt und in die Knie gedrückt - daneben, wenn der Vater den verlorenen Sohn (welche Parabel nun zum häufigen Beispiel wird) liebevoll und unverdienterweise wieder empfängt.

Die auf Christus ausgerichtete Gerechtigkeit ist am Abschluß dieser Entwicklung somit wirklich an ihr Ende gekommen. Die Wahrheit (veritas) des Menschen wurde in seiner Endlichkeit und notwendigen Gebrochenheit erkannt, damit in seiner Freiheit, die ihm niemals bloß Vorgegebenes nachvollziehen läßt, sondern ihm das Leben als aufgegeben auferlegt. Der Teufel hat recht (und damit die Gerechtigkeit auf seiner Seite): wenn man den sich selbst bestimmenden Menschen mit dem Vorbild und Maß der Tugendhaftigkeit (als Heiligkeit) - Christus - vergleicht, muß er als gescheitert beurteilt und verurteilt werden. Dieses Ergebnis - von Wahrheit und Gerechtigkeit als religiöse bzw. theologische Begriffe (als Töchter Gottes) - widerspricht aber fundamental dem christlichen Glauben an einen Gott, der aus Liebe zu den Menschen selbst Mensch wurde. Dadurch hat er auf das Maß der Gerechtigkeit - wie es in der Waage, im Senkblei, in Winkeleisen und Wasserwaage versinnbildlicht wurde - verzichtet und sein Verhältnis zu den Menschen, die seine Brüder und Schwestern sind, durch seinen heiligen Geist - die Liebe - bestimmt. Durch seine Menschwerdung (bis in das Sterben am Kreuz als Vollstreckung eines rechtlichen Urteils hinein) hat im christlichen Glauben Gott selbst die Rechtssphäre - das Gesetz und die Gerechtigkeit - aufgehoben und außer Kraft gesetzt. Auch sein eigenes Gericht am Jüngsten Tag wird nicht Ort des Rechts und der Gerechtigkeit sein.

Dadurch beschränkt Recht und Gerechtigkeit sich auf die Sphäre, die sie immer schon auch betroffen hat(te): nämlich den Bereich des Zusammenlebens der Menschen auf Erden. Die eigentliche Konsequenz der Reformation - die im Grunde auch die katholischen Christen selbst in ihrer Theologie trotz aller Erinnerung an das Naturrecht übernommen haben - war die Freisetzung der allein menschlichen Sinn-Dimension des Rechtlichen, der Auftrag an die Menschen und ihre Vernunft, diese Ordnung des Zusammenlebens »richtig«, d.h. durch positives Recht zu regeln. Darin muß dieses Recht sich auf das äußere Verhalten der Menschen beschränken; die inneren Wünsche, Gesinnungen, der Wille selbst ist aus dem Blickkreis geraten, darüber kann nur der göttliche Richter urteilen. Die menschliche Gerechtigkeit muß dem Inneren des Menschen gegenüber blind werden; was vielleicht der Sinn mancher Bilder ist, die die Gerechtigkeit mit zwei Gesichtern - einmal klaren Auges, dann mit einer Augenbinde - zeigen. Die Waage ist nur mehr ein Sinnbild der vernünftig-sittlichen Entscheidung des Menschen für die Tugend oder das Laster, häufig dargestellt als aus der Antike übernommenes Bild des Herakles/ Herkules auf dem Scheidewege. In den Vordergrund tritt die philosophische Ethik, die begründen will, warum die Schale der Tugend schwerer wiegt und weshalb der Weg der Tugend somit der für den Menschen in seinem irdischen Leben »richtig« bzw. richtungweisend ist.

52 Die Gerechtigkeit wird von der Barmherzigkeit zurückgehalten. Detail aus einem Teppich aus der Serie über die *Erlösung der Menschheit*. Um 1500, flämisch. New York, The Metropolitan Museum of Art. Fletcher Fund 1938 (38. 29)

4 DAS ZUR NACHFOLGE AUFFORDERNDE GERECHTIGKEITSBILD

Im Mittelpunkt der nachfolgenden Ausführungen steht die Gerechtigkeit als eine Tugend, wie sie die philosophische Ethik (Tugendlehre) dargestellt, begründet und entfaltet hat. Dies schließt nicht aus, daß darüber hinaus religiöse bzw. theologische Argumentationen berücksichtigt worden sind: aber nur mehr als Einbindung oder Umrahmung des nun allgemein menschlich Gewordenen, weshalb diese Tugend für Christen und Nichtchristen, Gläubige und Nichtgläubige in gleicher Weise gilt. Zunehmend trat eine Profanisierung und Säkularisierung der Tugendlehre ein. Dabei liegt auf der Hand, daß in diesem Prozeß der antiken Philosophie viel Sprengkraft zukommen mußte; die entscheidenden Impulse gingen daher gerade von ihrer Rezeption (Renaissance) aus. Die Kunst schuf hierfür Vor- und Mahnbilder, Beispiele für gutes und für schlechtes Verhalten, für tugendhafte und lasterhafte Taten, welche die Menschen zur sittlichen Entscheidung für die Tugend motivieren sollten. Das Bild der Gerechtigkeit - als einer dieser Tugenden - hatte wirklich ein Vor-Bild zu sein, das durch seine Schönheit, Geordnetheit, Übersichtlichkeit und Klarheit zur Nachfolge aufzufordern bestimmt war. Neuplatonisch verstanden, sollte in diesen Bildern die Idee der Gerechtigkeit und Tugendhaftigkeit repräsentiert und dadurch sinnlich erfahrbar werden: als unmittelbar überzeugender Imperativ, es dem Dargestellten gleich zu tun. Das Bild der Tugend war zugleich der Weg zur Tugend.

Tugendhaftigkeit und Würde des Menschen

Über die Gerechtigkeit als eine der vier Kardinaltugenden (also neben Stärke, Mäßigkeit und Klugheit) wurde bereits im vorherigen Kapitel berichtet und dabei aufgezeigt, daß diese Tugenden in den religiösen Kosmos und somit theologisch eingebunden waren. Es ist freilich naheliegend, daß mit dem allmählichen Bewußtwerden der von dem religiösen Glauben sich absondernden, eigenständigen Dimension des Ethischen (und damit der Entstehung einer philosophischen Tugendlehre) diese Kardinaltugenden in den Vordergrund treten mußten, wobei der theologische Hintergrund mehr oder weniger ausgeführt wurde. Bei Isidor von Sevilla (gestorben 636) und - vor allem - Alkuin (gestorben 804) gab es Ansätze zu einer Verselbständigung der Kardinaltugenden in dem Sinne, daß innerhalb der Theologie eine eigene »philosophia moralis« ausgearbeitet wurde.

Von immer herausragenderer Bedeutung wurde die Tugendhaftigkeit des Menschen als solche und als einheitliches Ganzes - als »virtus« überhaupt -, die durch Selbst-Bildung zur Humanitas als dem Wesensmerkmal des Menschen führen konnte und sollte: als Aufgabe und Pflicht eines jeden Menschen (und nicht nur des Christen), gerichtet vor allem gegen die zufällige Macht des Schicksals (fortuna) einerseits, gegen die wilde Macht der Leidenschaften und der (leiblichen) Begierden andererseits. Zentrale Bedeutung erhielt der Gedanke von der »Würde« (dignitas) des Menschen, wie sie vor allem 1451 Gianozzo Manetti in seinem Traktat »De dignitate et excellentia hominis« und 1487 Pico della Mirandola in seiner 1496 veröffentlichten Rede »De hominis dignitate« priesen und verkündeten. Unter Heranziehung grundlegender Überlegungen von Cicero, Laktanz, Aristoteles, Albertus Magnus und Thomas von Aquin sowie in Anknüpfung an gnostische Traditionen wurde in diesen beiden (und anschließend in zahlreichen anderen) Werken der Mensch als das Wunder der Schöpfung emphatisch dargestellt: er sei sogar über die Engel zu stellen, da er als Gottes Ebenbild mit Vernunft und einer unsterblichen Seele ausgestattet sei; Christus wäre selbst ohne den Sündenfall von Adam und Eva vom Himmel zur Erde herabgestiegen, um den Menschen durch seine demütige Annahme der menschlichen Gestalt wunderbar, unfaßlich zu ehren und zu verherrlichen; in der Person des Christus sei das menschliche Wesen sogar eins geworden mit dem göttlichen Wesen. Doch trat das christliche Moment eindeutig in den Hintergrund. Pico entnahm viele seiner Gedanken dem »Corpus hermeticum«, das im 2. bis 4. nachchristlichen Jahrhundert im hellenistischen Ägypten des römischen Reiches (unter Aufnahme ägyptischer, griechischer und römischer Vorstellungen) entstanden und 1463 von Marsilio Ficino ins Lateinische übersetzt worden war. In diesem Werk - das auch unter dem Titel »Hermes Trismegistos« oder »Poemander«/ »Poemandres« bekannt ist - wurde der Mensch als Doppelwesen aus Ewigem (Göttlichem) und Sterblichem aufgefaßt. Der Weg zum Erreichen der Einheit mit dem Göttlichen war durch Gewinnung des Wissens um die Welt (Gnosis) vorgezeichnet, was an die Grenze der Selbstvergottung des Menschen und der Menschheit überhaupt geriet und zumindest an die nicht zuletzt rationalistisch geprägte Idee der Selbsterlösung des Menschen im Vertrauen auf die Perfektibilität der menschlichen Natur (als der Vernunft und der vernünftigen Freiheit) erinnert. Pico ließ Gott zum Menschen sagen: »Den übrigen Wesen ist ihre Natur durch die von uns vorgeschriebenen Gesetze bestimmt ... Du bist durch keinerlei unüberwindliche Schranken gehemmt, sondern du sollst nach deinem eigenen freien Willen, in dessen Hand ich dein

Geschick gelegt habe, sogar jene Natur dir selbst vorherbestimmen ... Wir haben dich weder als einen Himmlischen noch als einen Irdischen, weder als einen Sterblichen noch als einen Unsterblichen geschaffen, damit du als dein eigener, vollkommen frei und ehrenhalber schaltender Bildhauer und Dichter dir selbst die Form bestimmst, in der du zu leben wünscht. Es steht dir frei, in die Unterwelt des Viehes zu entarten. Es steht dir ebenso frei, in die höhere Welt des Göttlichen dich durch den Entschluß deines eigenen Geistes zu erheben«. Der Gedanke der unendlichen Freiheit und damit der aufgegebenen Aktivität des Menschen konnte und kann nicht schärfer zum Ausdruck gebracht werden als in dem neuen Wort für diese Aufgabe: »virtu«, das - entsprechend dem deutschen Wort »Tugend« (von »Tüchtigkeit«) - den Sinn von Tatkraft, Stärke und Mut aufweist.

Die mögliche Verwirklichung der Tugendhaftigkeit (und in diesem Rahmen auch der Kardinaltugenden) gestand man nun auch den Heiden zu. Doch bezeichnete man diese vier Tugenden im Unterschied zu den einzig den Christen vorbehaltenen drei theologischen »virtutes infusae« (eingeflößte Tugenden) nun als »virtutes acquisitae« (erworbene Tugenden), was zugleich bedeutete, daß sie nicht mehr von oben her (vom Himmel) kommend gedacht wurden, sondern als im Inneren des Menschen sich entfaltende und wirkende Seelenkräfte galten. Weiterhin wurden sie in der Einheit der »virtus« (oder »virtu«) vor- und dargestellt, die etwa in der »Iconologia« des Cesare Ripa durch die Sonne (nämlich: der Gerechtigkeit) auf der Brust ausgezeichnet war. Dennoch blieb die Grenze zur Theologie lange fließend, weil es dieser gelang (vor allem im System von Thomas von Aquin), die philophische Tugendlehre (im wesentlichen der Griechen und Römer) in ihr System einzubauen. So konnte z.B. die Göttin Minerva an die Stelle der Kardinaltugend Prudentia oder Sapientia treten (vgl. Abb. 192 bei P/S), ja sogar die Stelle der »virtus« selbst einnehmen.

Es ist daher eine Sache des Blickwinkels, ob man die im folgenden vorgestellten Bilder entweder der Theologie oder aber der Philosophie (Ethik) oder möglicherweise beiden Bereichen zuordnet. Doch wird im Rahmen der vorliegenden Untersuchung der Unterschied zur Theologie betont: auch um darauf aufmerksam zu machen, daß sich im Rahmen der Theologie selbst (freilich meist ohne ausdrückliche Diskussion des Problems, weshalb keine dogmatische Bindung eintrat) ein philosophisches System von Tugenden herausbildete, das beanspruchte, für alle Menschen - unabhängig vom religiösen Glauben - zu gelten, weil es von allen vernünftigen Wesen als richtig und notwendig einzusehen war. Große Bedeutung kam auch der Dichtung zu. Man denke etwa an das Ritterethos, das auch die Heiden umfaßte und eine Einheit des ritterlich tugendhaften Lebens schuf: es war mit dem Christentum ohne weiteres vereinbar, konnte aber auch von Nicht-Christen akzeptiert werden. Oder anders gesagt: die theologische Einbindung solcher Inhalte war möglich, ja sogar üblich, aber nicht notwendig. Jedenfalls waren diese Miniaturen für die Entwicklung der Tugendlehre fundamental; und außerdem sind sie einfach wunderschön!

Gerechtigkeit als Kardinaltugend

Zunächst soll - wenn auch nur in Umrissen - ein Blick auf die Entwicklung dieser Theorie der Kardinaltugenden geworfen werden; für alle weiteren Informationen sei der interessierte Leser auf die kenntnisreiche und detailgenaue Arbeit von Johannes Stelzenberger verwiesen. Nach vereinzeltem Auftauchen bei den Sophisten und Sokrates entwickelte Plato (gestorben 348/7 v. Chr.) die Quadratur der Tugenden in der Reihenfolge Weisheit (als sophia), Tapferkeit, Maßhaltung und Gerechtigkeit: erstere als die Vernunft mit klarer Einsicht, dann die Indifferenz gegen Lust, Schmerz und äußere Gefahren, sodann die Besonnenheit und Subordination der Begierde unter die Vernunft und - schließlich - eben die Gerechtigkeit, die durch Erfüllung der jedem einzelnen Seelenteil zukommenden Aufgabe die Harmonie des Ganzen herstellen soll, weshalb sie als eine Art Dachtugend über die anderen trat. Aristoteles (gestorben 322 v. Chr.) kannte diese Kardinaltugenden seines Lehrers, ordnete sie aber in sein Gesamtbild des tugendhaften Lebens überhaupt ein und stellte neben sie andere Tugenden (wie Klugheit, Freigebigkeit, Hochherzigkeit, Sanftmut). Die Stoa - vor allem Chrysippos (gestorben 209 v. Ch.) - knüpfte an Plato an und erhob dessen Schema zu einem wesentlichen Lehrelement, freilich nicht ohne inhaltliche Änderungen zu setzen. So wurde statt der Weisheit die Klugheit (praktische Vernunft, Einsicht, Phronesis) genannt - als Wissen von dem, was gut, schlecht oder gleichgültig ist -, ferner Gerechtigkeit als die Bereitschaft umschrieben, jedem das Gebührende zuzuteilen. In diesem Inhalt lagen die vier Kadinaltugenden auch dem biblischen Buch der Weisheit (des Salomo - 8,7) zugrunde. Über Cicero (gestorben 43 v. Chr.) und Philo von Alexandrien (gestorben 50 n. Chr.) wurde diese Quadratur den Kirchenvätern im Westen und Osten vermittelt, bei manchen (z.B. Origines [gestorben 252]) mit platonischer Färbung. Ambrosius (gestorben 397) und Hieronymus (gestorben 420) arbeiteten die Kardinaltugenden in das theologische System des Christentums ein, Augustinus (gestorben 430) sah in ihnen überhaupt nur (mehr) Variationen der einen Liebe zu Gott. Thomas von Aquin (gestorben 1274) übernahm schließlich die überkommenen Formeln und durchsetzte sie mit aristotelischen und neuplatonischen Elementen, was in der Folgezeit die Ablösung der theologischen durch eine philosophische Ethik begünstigte.

Ein Wort sei noch zu dem Problem des Verhältnisses der Kardinaltugenden zueinander angemerkt. Zunächst ist davon auszugehen, daß sie stets in Einheit und damit in einem Aufeinanderbezogensein gedacht (und deshalb auch zusammen dargestellt) wurden. Doch vertraten manche Autoren eine Rangordnung und räumten entweder der Klugheit (später dann oft unter neuplatonischem Einfluß ersetzt durch die Weisheit), vorwiegend aber - Platon, Aristoteles, Cicero folgend - der Gerechtigkeit den obersten Platz ein.

Aber nun zu den bereits angekündigten schönen und wichtigen Darstellungen der Kardinaltugenden! Sie sind im wesentlichen als Einheit von Bild und Text entwickelt worden, weshalb die Bilder nicht isoliert, sondern nur im Zusammenhang mit den philosophischen bzw. theologischen Ausführungen gesehen werden dürfen. Sie finden sich in Handschriften, die man vielfach studierte, kopierte und tradierte, wodurch das Bild der Kardinaltugenden in ganz Europa Verbreitung gefunden hat.

Eines der berühmtesten und bedeutendsten Bücher des 13. Jahrhunderts, das in zahlreichen - insgesamt 79 - Handschriften überliefert wurde, ist das Kompendium des christlichen Glaubens, das 1279 der Beichtvater von Philipp III. dem Kühnen von Frankreich, der Dominikaner Lorens (Laurent du Bois, Laurent d' Orleans), unter dem Titel »Somme le roi« verfaßte und in dem der Schwerpunkt der Lehre der Tugenden und Laster - nach dem Vorbild der »Summa de vitiis et virtutibus« des Wilhelm Peraldus (Guillaume Peyrault; um 1236/49) - galt. Dabei legte der Verfasser großen Wert auf stimmige Illustration; und die Vielfalt und Stringenz gerade der letzteren waren mit ein Grund für den großen Erfolg dieser Handschriften, die bis in das 16. Jahrhundert nachgeschrieben worden sind. Zum Programm der Illustrationen gehören u.a. Darstellungen des Gartens der sieben Tugenden - unter denen allerdings Justitia nicht erscheint -, des Weltgerichts als dem Abschluß der Theorie der sieben Todsünden, Bilder der vier Kardinaltugenden und Darbietungen mehrerer Gegenüberstellungen von Tugenden und Lastern, unter denen wiederum Justitia nicht vorkommt. Interessant sind daher in unserem Zusammenhang die Miniaturen der Kardinaltugenden, die einen kurzen Exkurs des Verfassers über dieses Thema illustrieren und im Laufe der Zeit unterschiedlich ausgestaltet worden sind; einige sind hier abgebildet, nicht zuletzt um dem Leser auch einmal einen vergleichenden Blick zu ermöglichen (Taf. 14, 15; Abb. 53-56); Ellen V. Kosmer hat alle erhaltenen Handschriften zusammengestellt und besprochen. Die Argumente sind (noch) theologisch eingebunden: der Verfasser folgte Augustinus und sah in den Kardinaltugenden nur den Einfluß der Liebe (zu Gott) überhaupt. In der ursprünglichen Fassung wurden Prudentia und Temperantia in Aktion gezeigt, Fortitudo und Justitia in der traditionellen Weise dargestellt; doch traten im Laufe der Zeit Variationen auf, wobei

53 Die vier Kardinaltugenden. Miniatur aus *Somme le roi* (1279) des Laurent du Bois. Handschrift, um 1300. London, The British Museum, Add. ms. 28162, fol. 4v

54 Die vier Kardinaltugenden. Miniatur aus *Somme le roi* (1279) des Laurent du Bois. Handschrift, frühes 14. Jh. Mailand, Biblioteca Ambrosiana, Ms. H. 106 Sup., fol. 41v

55 Die vier Kardinaltugenden. Miniatur aus *Somme le roi* (1279) des Laurent du Bois. Handschrift, spätes 14. Jh. Rom, Biblioteca Apostolica Vaticana, Barb. Lat. 3984, fol. 52v

56 Die vier Kardinaltugenden. Miniatur aus *Somme le roi* (1279) des Laurent du Bois. Handschrift, 1415. Brüssel, Bibliothèque Royale, Ms. 11041, fol. 65v

sich zunächst die enge Bindung an den Text zunehmend lockerte, was zur Konsequenz hatte, daß dem Bild mehr Bedeutung und eigene Aussagekraft zugesprochen wurde.

Bedeutend war auch eine Arbeit »De quatuor virtutibus cardinalibus«, die man Seneca zuschrieb, aber höchstwahrscheinlich der Bischof Martin von Bracara (oder: Braga) im 6. Jahrhundert verfaßt hat. Genauer: maßgebend war die französische Übersetzung (und damit die Übersetzung in die Sprache der damals geistig führenden Region Europas) durch Jean Courtecuise (1403), dem Herzog Jean de Berry gewidmet. Die Handschriften enthalten auch eine Miniatur (Abb. 57), welche die vier Tugenden zeigt: Justitia dabei in ungewohnter Form, mit Waage und zwei Schwertern, dahinter ein Bett und auf diesem ein Kissen. Manche Fassungen enthalten eine erklärende Inschrift (vgl. Abb. 194 bei P/S): »Das Schwert des souveränen Richters ist über demjenigen, der über andere richtet. Um die Wahrheit aufrechtzuerhalten, muß man das Schwert in der Hand behalten. Die Waage teilt jedem das Seine zu. Das Bett zeigt an, daß der Richter in vollständiger Ruhe seinen Urteilsvorschlag vorbereiten soll. So wie das Kopfkissen vorteilhaft für das Bett ist, so

57 Die vier Kardinaltugenden. Miniatur aus *De quator virtutibus cardinalibus* (franz. Übersetzung von 1403). Handschrift, 1. Hälfte des 15. Jh. Dresden, Sächsische Landesbibliothek, Ms. Dresd. Oc 79, fol. 68r

ist es die Barmherzigkeit für die Gerechtigkeit.« Dies heißt: das von oben herabgleitende Schwert soll die Unterworfenheit des Richters unter das Weltgericht verdeutlichen; das Bett wiederum soll das zum Ausdruck bringen, was die deutsche Rechtstradition mit der Sitzhaltung des Richters (nämlich mit gekreuzten Beinen) ansprach; das Kopfkissen zeigt, daß Justitia als Kardinaltugend niemals in isolierter Strenge, sondern eingebunden in das Ganze der Tugend und damit auch als Barmherzigkeit zu verstehen ist; das (zweite) Schwert ist bloß als Zeichen der Wahrheitsfindung zu begreifen. Trotzdem ist interessant, daß die gesamte Darstellung der Justitia bereits auf den Richter bezogen ist, fast (nur mehr) eine Richtertugend meint, worauf im Abschnitt über das legitimierende Gerechtigkeitsbild näher eingegangen wird.

Zu vergegenwärtigen ist hier auch die umfassende Darstellung der Heils- und Weltgeschichte, die Jehan (Jean) Mansel 1454 und 1467 unter dem Titel »Fleur des histoires« vorlegte. In diesem gigantischen Opus findet sich auch eine Lehre von den Kardinaltugenden, die Mansel im wesentlichen aus dem »Breviloquium de virtutibus« (um 1200) des Franziskaners John von Wales übernahm (Taf. 17); und damit indirekt auf die ethischen Lehren von Cicero, Macrobius, Seneca und auch Aristoteles zurückgriff. Justitia war so unterteilt in Liberalitas und Severitas, aber auch weiter bestimmt in die im 3. Kapitel bereits erwähnten Untertugenden Innocentia, Amicitia, Concordia, Pietas, Religio, Affectus und Humilitas (oft ersetzt durch Humanitas). Die Miniatur in einer Brüsseler Handschrift - von dem berühmten Simon Marmion (1425/40-1489) - zeigen die vier Kardinaltugenden in individuell unterschiedlicher Gestalt und Ausstattung (Taf. 16).

Ferner muß in diesem Zusammenhang unbedingt Christine de Pizan (1365-1430) genannt werden, die erste Frau, die nach dem Tod ihres Gatten (1390) den Lebensunterhalt für sich und ihre Familie durch schriftstellerische Arbeit (religiöse und weltliche Lyrik, Geschichtsschreibung, Lehrdichtung, Streitschriften) verdiente, die aber auch als Philosophin von einer Bedeutung war, die man heute noch gar nicht richtig einschätzen kann. Ihr Buch »Epistre d' Othéa« aus dem Jahr 1402 ist bereits erwähnt worden (vgl. auch Abb. 197 bei P/S); angeführt werden sollen auch das »Livre du Chemin de long estude« aus den Jahren 1402/03 - die Traumvision einer phantastischen Reise in das Land des Wissens und des Lernens - und ihr Werk »Livre du corps de policie« aus den Jahren 1406/07, in dem sie unter dem Einfluß des Aristoteles und des Johannes von Salisbury (1120-1180) das staatliche Gemeinwesen darstellte und ethische Forderungen an den König und die Stände ableitete. Für den Herzog von Orleans übersetzte sie die oben erwähnte Schrift »De quatuor virtutibus« des Pseudo-Seneca (als »Le Livre du Prudence«), sie kannte jedenfalls die überlieferte Ethik der vier Kardinaltugenden. So werden diese in ihrem bereits genannten Werk »Epistre d'Othéa« (also: Brief der Othéa; 1402) - in welchem die Göttin der Weisheit (eben: Othéa) dem 15-jährigen Hektor von Troja hundert Ratschläge mitteilt, um ihn zu einem guten, ritterlichen Fürsten und Helden zu erziehen (Adressat war vermutlich der englische Thronfolger Heinrich V.) - als erste Grundlagen genannt; es folgen sodann die sieben Gaben des Heiligen Geistes, die drei theologischen Tugenden und zahlreiche Beispiele tugend- und lasterhaften Lebens aus der Astrologie und der griechischen und römischen Mythologie. Eine überaus wichtige Stellung verleiht Christine der »Frau Gerechtigkeit« in ihrem »Livre de la Cité des Dames« (also: Buch von der Stadt der Frauen; 1405) und in der daraus entwickelten Erziehungsschrift »Livre de trois vertus« (also: Buch der drei Tugenden; 1408).

Die Verfasserin erzählt zu Beginn des erstgenannten Werkes, daß ihr - wie sie nach der Lektüre des frauen- und ehefeindlichen Buches des Matheolus in Resignation und Selbstzweifel verfallen sei - drei edle gekrönte Frauen erschienen seien (Taf. 19): Raison (Vernunft; mit Spiegel), Droiture (Rechtschaffenheit; mit Lot) und Justice (Gerechtigkeit; mit Waagschale). Die drei Tugenden sprechen ihr Mut zu und kündigen ihr den gemeinsamen Bau einer Stadt der Frauen an, eines Ortes der Zuflucht und des Schutzes gegen die Verleumder der Frauen. Die folgenden Gespräche von Christine mit den Tugenden lassen die Vorurteile der Männer hervortreten und zeigen mit vielen Beispielen aus der Geschichte, der Bibel und der Mythologie die Qualitäten der Frauen. Jedes dieser positiven Argumente stellt einen Baustein dar, bis schließlich die Stadt vollendet ist und in sie die Gottesmutter Maria (als ihre Herrscherin) und andere weibliche Heilige einziehen (vgl. Abb. 198b bei P/S). Interessant sind die Ausführungen, mit denen sich die Justitia vorstellt: »Ich bin Gerechtigkeit, die einzigartige Tochter Gottes, deren Wesen in Ihm seinen unmittelbaren Ursprung besitzt. Mein Aufenthaltsort ist der Himmel, die Erde und die Hölle: der Himmel, zum Ruhme der Heiligen und der Seelen der Glückseligen; die Erde, um einem jeden den ihm zustehenden Anteil an Gut und Böse zuzuteilen und zu geben; die Hölle, zwecks Bestrafung der Bösen. Ich bin in jeder Hinsicht unnachgiebig und besitze weder Freund noch Feind, und mein Wille schwankt nicht. Weder vermag mich Mitleid zu überzeugen noch Grausamkeit zu bewegen. Meine einzige Aufgabe besteht darin, zu urteilen, zu schlichten und Frieden nach dem gerechten Verdienst eines jeden zu stiften. Ich sorge dafür, daß jedes Ding an seinem Platz bleibt, und ohne mich wäre nichts von Dauer. Ich bin in Gott, Gott ist in mir, und wir sind Eins. Wer mir folgt, kann nicht fehlen, denn mein Weg ist sicher. Ich lehre jeden vernunftbegabten Mann und jede vernunftbegabte Frau, der oder die mir Glauben schenken will, zunächst sich selbst zu bessern, zu erkennen und sich wieder in die Gewalt zu bekommen, dem Mitmenschen das zuzufügen, was man selbst erfahren möchte, alles gerecht aufzuteilen, die Wahrheit zu sagen, die Lüge zu meiden und zu hassen und alles Lasterhafte von sich zu weisen... Ich nehme eine Sonderstellung unter allen Tugenden ein, weil sie sich alle auf mich beziehen«. Gerechtigkeit wird die Gebäude der Stadt der Frauen aus Gold errichten, die Stadtmauern festigen und mit dem Einzug der Frauen auch die vornehmste Königin - die Gottesmutter Maria - herbeiführen.

Als von ihr unterschiedene Tugend stellt Christine ihr die »droiture« (Rechtschaffenheit) gegenüber: »Ich werde Rechtschaffenheit genannt, und meine Bleibe ist eher im Himmel als auf Erden. Aber als Strahl und Abglanz Gottes, als Botin seiner Güte, verkehre ich mit den gerechtigkeitsliebenden Menschen und halte sie dazu an, das Gute zu tun, jedem nach bestem Vermögen das Seinige zu verschaffen, die Wahrheit zu verkünden und zu unterstützen, den Armen und Unschuldigen zu ihrem Recht zu verhelfen, dem Mitmenschen keinen Kummer durch Drangsalierung zu bereiten und den Leumund der zu Unrecht Angeklagten zu verteidigen. Ich bin der Schild und die Hilfe der Gefolgsleute Gottes; ich schiebe der Macht und dem Einfluß der Bösen einen Riegel vor. Ich verschaffe den Arbeitenden Lohn und den Wohltätern Verdienste. Seinen Freunden offenbart Gott über mich seine Geheimnisse; ich bin im Himmel ihre Anwältin«. Diese Tugend wird ihr Attribut - das Lot - als Richtscheit nehmen und die Berechnungen für den Bau der Stadt der Frauen durchführen. Die dritte Tugend »raison« (Vernunft) schließlich sorgt für haltbaren unverfälschten Mörtel. Sie trägt den Spiegel in der Hand, um den Menschen ihre Pflichten und Pflichtverletzungen vor Augen zu halten; besteht ihre Aufgabe doch darin, »diejenigen Männer und Frauen, die die Orientierung verloren haben, aufzurichten und wieder auf den rechten Weg zu bringen. Und wenn sie im Irrtum befangen sind, so nähere ich mich ihnen (vorausgesetzt, sie sind klug genug, mich zu erkennen) insgeheim über ihren Verstand, wirke auf sie ein und predige ihnen, indem ich ihnen ihren Irrtum und ihre Fehlschlüsse vor Augen halte und ihnen die Ursachen dafür nenne. Ferner lehre ich sie, das Sinnvolle zu tun und das Tadelnswerte zu meiden«. - Das Charakteristische dieser philosophischen Tugendlehre wird in dem Text, aber auch in den Miniaturen (deren Herstellung sicherlich auch von Christine angeleitet wurde) deutlich. Die drei Tugenden sind zunächst - in den Worten der Gerechtigkeit selbst - »wie ein einziges Wesen, denn die eine kommt nicht ohne die andere aus«. Dies hat zur Konsequenz, daß die Attribute jeder einzelnen Tugend sekundär werden. In der 1497 hergestellten Fassung der Schrift über die drei Tugenden werden Vernunft mit Waage, Rechtschaffenheit mit Buch und Gerechtigkeit (nur) mit Schwert dargestellt (Abb. 58). Die Unterschiede sind vor allem zwischen Gerechtigkeit und Rechtschaffenheit gering; wobei anzumerken bleibt, daß diese individuelle Tugend der »rectitudo« sich nur bei wenigen (zeitgenössischen) Autoren findet. Die theologische Einbindung zeigt sich in der Eigenschaft der Tugenden als Töchter Gottes, aber dies stellt eigentlich nur den Rahmen dar. Denn ihre Aufgabe wird von ihnen selbst dahingehend bestimmt, »in dieser Welt, inmitten der Menschen zu wirken« und »die von uns nach göttlichem Willen in den verschiedenen Bereichen geschaffenen Einrichtungen in Ordnung und Gerechtigkeit zu erhalten«. Im Grunde sind alle drei Tugenden nur Ausformungen der Gerechtigkeit (wie sie ja auch selbst sagt); was auch nur konsequent für das Thema des Buches ist: für die Frage der Errichtung der Stadt der Frauen - also eines (politischen) Gemeinwesens - ist die Gerechtigkeit fundierend (worauf noch einzugehen ist)!

58 Die drei Tugenden vor Christine. Miniatur aus *Le livre des trois vertus* (Handschrift etwa 1460/70) der Christine de Pizan. Wien, Österreichische Nationalbibliothek, Inc. 3 D 19, fol. 1v

Wegen dieser bereits angesprochenen Unabgeschlossenheit der Tugendlehre ergab sich für die schöne Kunst ein Spielraum für Variationen und Erfindungen. Es lassen sich zahlreiche literarische Werke aus dem französischen Umkreis der genannten Schriftsteller nennen, in denen auch Tugenden beschrieben werden, ohne aber die Gerechtigkeit einzubeziehen; wie etwa das »Breviari d'Amors« von Matfre Ermengan (aus dem 14. Jh.), der »Roman de la Rose« von Guillaume de Lorris und Jean de Meun (aus 1360/70) und der »Livre du Cuer d'Amours espris« des René d'Anjou aus dem 15. Jh. Als Beispiel eines Romans, der dagegen auch von Gerechtigkeit handelt, sei auf den »Le songe du vieil pèlerin« (also: Traum des alten Pilgers) (1389) hingewiesen, den Philippe de Mézières (1325/27-1405) verfaßt hat. Darin begibt sich der Verfasser, der anfangs Berater des französischen Königs Karl V. gewesen war und sich nach dessen Tod in das Cölestinerkloster zu Paris zurückgezogen hatte, als der alte Pilger

(»Ardent Désir«, also »Brennendes Verlangen« genannt) unter Führung des Schutzgenius »Gute Hoffnung und Wille« auf eine Wanderung zu den Königinnen Charité (Nächstenliebe), Sapience (Weisheit) und Verité (Wahrheit), die auf die Erde zurückkehren sollen, um die Welt zu reformieren. Verité erklärt sich dazu bereit; und zusammen mit den Tugenden des Psalm 85, 11 - also Gerechtigkeit, Friedfertigkeit und Barmherzigkeit - unternimmt sie in Begleitung des Pilgers eine lange Reise (Abb. 59), in deren Verlauf sie sich von den beklagenswerten Zuständen in allen Gebieten der Erde und bei allen Ständen der Gesellschaft (Papst und Klerus inbegriffen) überzeugen kann. Unter anderem präsidiert sie in Paris eine Parlamentsversammlung (vgl. Abb. 199 bei P/S): neben ihr Gerechtigkeit und Barmherzigkeit, rechts - neben Friedfertigkeit - König Karl VI. (unterstützt von Demut und Geduld) und Ludwig von Orleans; alle (auch die Mitglieder des Parlaments, die Tugendbegleiterinnen der Verité - zu ihren Füßen - und der alte Pilger mit seinem Schutzgenius im Vordergrund) hören dem Disput zwischen Hardiesse (Kühnheit) - auch aus dem Gefolge der Verité - und einem Vertreter des Parlaments zu, in dem Finanzhierarchie und Justiz kritisiert und Reformvorschläge unterbreitet werden. Danach erfolgt eine ausgedehnte Belehrung des Königs durch Verité, an die sich die Apotheose Karls VI. anschließt. Im Epilog freilich folgt die Ernüchterung: Der alte Pilger muß feststellen, daß alles nur ein Traum war und die politischen Wirren in Frankreich fortdauern.

59 Aufbruch des Pilgers zu seiner Wanderung zur Wahrheit. Miniatur aus *Songe de vieil pèlerin* (1389) des Philippe de Mézières. Handschrift, Paris um 1470. Wien, Österreichische Nationalbibliothek, Cod. 2551, fol. 10r

Die Dar- bzw. Vorstellung der Gerechtigkeit in den genannten Werken leitet bereits zu ihrem Verständnis als einer politischen Tugend über (genauer: zu einer Tugend der politisch Mächtigen, der Herrschenden). Doch eigentlich - und dies heißt: von ihrer Begründung her - bezieht sich Gerechtigkeit als Kardinaltugend auf jedermann (und allmählich auch auf jedefrau), ist somit eine allgemeinmenschliche Tugend. Noch Daniel Gran (1694-1757) hat dies gewußt, wenn er in dem Programm zur Ausmalung der Bibliothek im Kloster St. Florian ausführte (und die vorgeschlagenen Attribute der Justitia erläuterte): »Sie hält in der Hand eine Waage, um ihre selbsteigenen Aktionen wohl und genau zu erwägen«; die Krone auf ihrem Haupt zeige, »daß ein Gerechter sich selbst zu beherrschen weiß«; das Auge auf der Brust deute an, daß »ein gerechter Mensch über sein eigenes Tun und Lassen mehr Absicht hat als anderer Leute«. Man denke in diesem Zusammenhang auch an die zahlreichen Untertugenden der Gerechtigkeit, wie sie die Ethik entwickelt hat, etwa Freigebigkeit, Freundlichkeit, Höflichkeit; oder an die Umschreibung, die das Werk »Somme le roi« von der Gerechtigkeit gibt: sie sei die Rechtschaffenheit - von der ja auch Christine de Pizan sprach! -, die den Menschen in die rechte Ordnung und den rechten Stand (Verhältnis) zu sich und zu den anderen setze und dadurch ermögliche, daß er unter den anderen und mit ihnen ordentlich leben könne, weshalb sie eine Tugend darstelle, die einen Menschen arbeiten und leben lasse, wie er solle: verbunden mit Ehrfurcht gegenüber den Höheren, Liebe zu den Gleichen und Gnade gegenüber den Niederen. Aus diesem Grund finden sich zahlreiche (und hier nicht näher zu dokumentierende) Darstellungen der Gerechtigkeit und der anderen Kardinaltugenden auch auf Gegenständen des Alltags, wie z.B. auf Truhen, Schränken, Kaminen, Trinkgläsern, Fensterscheiben, Tischbestecken.

Gerechtigkeit als politische Tugend

Freilich muß hier berücksichtigt werden, daß trotz der für lange Zeit anzutreffenden Einbindung der Gerechtigkeit sowohl in das Ganze der Tugenden als auch in umfassende philosophische oder theologische Überlegungen von Anfang an der Keim zur Selbständigkeit und zu einer Isolierung - die sie aus der Tugendreihe heraushob - sowie (zugleich) eine Beschränkung auf bestimmte Menschen in exponierter Stellung, nämlich auf die politisch Mächtigen, festgestellt werden kann; was nun kurz verdeutlicht werden soll.

Zwar ist die Gerechtigkeit zunächst eine Tugend wie jede andere auch: bezogen auf den Willen oder genauer auf die Haltung (habitus) und den Charakter des einzelnen; und damit ausgerichtet auf den Handelnden selbst. Vor allem Platon hat diesbezüglich dargelegt, daß der gerechte Mensch derjenige ist, der sich im Gleichgewicht mit sich selbst befindet, der nicht unüberlegt handelt, sondern zwischen den Motiven und Zielen sorgfältig abzuwägen und sich für das Gute zu entscheiden weiß: jeder Seelenteil - so formulierte er - soll das Seine erhalten! Der Gerechte ist mit sich im Reinen und will ausgewogen handeln. Das Bild der Waage paßt daher gut. Auch 1746 sandte der Maler Daniel Gran (1694-1757) ja dem Abt von St. Florian ein ausführliches Programm für das Bibliotheksfresko - das dann Bartholomäus Altomonte

1747 ausführte -, in dem er über Justitia, wie gesagt, schrieb: »Sie hält in der Hand eine Waage, um ihre eigenen Aktionen wohl und genau zu erwägen«; sie trägt nach Gran auch eine Krone, um »anzudeuten, daß ein Gerechter sich selbst zu beherrschen weiß«; und: »Auf der Brust hat sie ein Auge in Form eines Geschmuckes, weil ein gerechter Mensch über sein eigenes Tun und Lassen mehr Absicht hat als anderer Leute«. Von daher ist auch verständlich, warum die Gerechtigkeit für viele Autoren die höchste Tugend war. Sie entspricht eigentlich überhaupt dem tugendhaften, wir würden heute sagen: gewissenhaften Handeln. Auch in religiöser (christlicher) Sicht steht eine solche Gerechtigkeit untrennbar mit Liebe, Glaube und Hoffnung an oberster Stelle, ja - wie erwähnt - wurden häufig Religio und Pietas der Justitia, die in manchem sogar der Heiligkeit entspricht, untergeordnet. Allerdings liegt und lag gerade darin das Problem: denn mit der Unterscheidung von religiöser und moralisch-sittlicher Sphäre muß(te) diese hohe Bestimmung der Gerechtigkeit zunehmend fraglich werden! Daß sie trotzdem nicht vergessen wurde, zeigt das Beispiel Gran, der aber auch als Ausnahme anzusehen ist.

Die Entwicklung ging denn auch den Weg des Aristoteles, der im 5. Buch seiner »Nikomachischen Ethik« (4. Jh. v. Chr.) die Gerechtigkeit für die bedeutendste und vollendete Tugend deshalb erklärte, weil sie als einzige auch gegenüber dem anderen, ja gegenüber allen auszuüben sei. Deshalb sei derjenige gerecht, der in der Gemeinschaft aller das Beste der Menschen hervorbringt und erhält. In gleicher Richtung verstanden Cicero, auch das römische Recht und viele Kirchenväter die Justitia: als den Willen, jedem das Seine zuzuerkennen. Deshalb waren Freigebigkeit, Mildtätigkeit, auch Frömmigkeit usw. die Untertugenden der Gerechtigkeit. Wieder paßt das Bild der Waage: als jedem das Seine Hingeben, das Ausgleichen, das Verteilen der Güter. Und wieder ist diese Gerechtigkeit (zunächst) im Grunde die Tugend selbst und zur Gänze, zumindest was den sozialen Bereich (aber auch den Bereich der Natur und ebenfalls Gott, also jedes Gegenüber des Menschen) betrifft. Und erneut stellt sich das Problem der Abgrenzung z.B. gegenüber Caritas.

Aristoteles unterschied deshalb von dieser allgemeinen Gerechtigkeit (lateinisch: iustitia generalis) die partikuläre Gerechtigkeit, die nur auf das äußere Verhältnis der Menschen zu beziehen sei: die austeilende (verteilende, distributive) Gerechtigkeit betreffe die Zuteilung von Ehren, Geld, Gütern sowie Würde und Verdienst (also Gleichheit in der Ungleichheit oder nach geometrischer Proportion); die ausgleichende (berichtigende, anpassende, wiedergutmachende, kommunative) Gerechtigkeit betreffe die Regelung des Verkehrs der einzelnen (freiwillig durch Geschäfte, unfreiwillig durch Delikte) untereinander, indem sie alle arithmetisch gleich behandelt. Auch für diese beiden Formen der partikulären Gerechtigkeit ist das Bild der Waage der geeignete Ausdruck der Gleichheit, die beiden zugrundeliegt. Und die Gerechtigkeit ist auch in dieser Fassung eine allgemeine, einem jeden Menschen obliegende Tugend, die er im Verhältnis zu den anderen auszuüben hat. Doch ist nun eine bedeutende Veränderung zu verzeichnen, die im Verlaufe der Auseinandersetzung mit Aristoteles in den Kommentaren der Scholastiker immer deutlicher hervortrat. Der Bezug der Gerechtigkeit auf den anderen (alle anderen) verschob den Schwerpunkt von dem Willen und der Haltung auf das äußere Verhalten diesen anderen gegenüber. Die Frage, was denn gerecht sei, konnte auf die Handlung bezogen werden, die in äußerer Gestalt die anderen tangierte. Sie konnte von außen her und auch von einem unbeteiligten Dritten, ja vielleicht sogar am besten durch diesen, beantwortet werden. Zwar war es möglich, zwischen Gerecht-Sein und Gerecht-Handeln zu unterscheiden, aber die Entwicklung konzentrierte sich auf das letztere Problem, nämlich auf die Frage, wie Gerechtigkeit zu verwirklichen sei, welches Verhältnis der Menschen gerecht, welche Ordnung gerecht sei; und auch hierin konnte man Aristoteles folgen, der sowohl die allgemeine auch als auch die partikuläre Gerechtigkeit immer im Zusammenhang mit Gesetz und Polis thematisiert hatte. Es ist hier nicht der Ort, genauer über die Begriffe von »lex«, »polis«, auch nicht über die aristotelische Unterscheidung und Vermittlung von politischem und natürlichem Recht und deren Beziehung zur Billigkeit zu philosophieren. Entscheidend ist, daß in Nachfolge der »Nikomachischen Ethik« die Theologen und Humanisten die Gerechtigkeit immer mehr mit dem Staat - als »status« der Ordnung - in Beziehung setzten; wie es im übrigen auch der höchst einflußreiche Cicero getan hatte. Diesen Weg beschritten nicht nur Theologen oder Philosophen, sondern auch Dichter (soferne man diesen Unterschied überhaupt machen will). Man denke nur an die oben genannten Werke des Laurent du Bois, der Christine de Pizan oder des Philippe de Mézières! Anders gesagt: Gerade weil die Prozesse der Herausbildung des (modernen) Staates eingesetzt hatten und das Bedürfnis entstanden war, jenes Werden zu begreifen, griff man auf Aristoteles (und die römische Philosophie, auch das römische Recht) und auf die Vorstellung von Gerechtigkeit als Staats- und Rechtsthema zurück, was durchaus geeignet war, diese Prozesse zu fördern und zu beschleunigen.

So wurde Gerechtigkeit zunehmend als die politische (auf das Gemeinwesen bezogene) Tugend verstanden und zum Inhalt einer neuen Disziplin, der »Politik«. In diesem Zusammenhang ist Brunetto Latini (gestorben 1294) zu nennen, der zumindest als Lehrer Dantes und als wegen Sodomie Verdammter im 15. Gesang (Inferno) von dessen »Divina Commedia« bekannt ist. Er war Jurist, Lehrer der Rhetorik und Politiker der Stadtkommune von Florenz, in welcher Eigenschaft er zwischen den Guelfen seiner Stadt und den Ghibellinen von Siena vermittelte. Als Botschafter von Florenz nach Spanien gesandt, mußte er nach Ausbruch des Krieges zwischen diesen beiden Gruppen im Exil in Frankreich bleiben. Dort verfaßte er zwischen 1260 und 1266 sein systematisches Werk in französischer Sprache (»Li Livres dou Trésor« [Die Bücher vom Schatz]), das er später ins Italienische übersetzte. In drei Büchern vermittelt diese Enzyklopädie das damalige Allgemeinwissen: im ersten Buch wird die Grundbildung mit Universalgeschichte, Theologie, Astronomie, Geographie und Naturkunde gelehrt; das zweite Buch enthält eine paraphrasierende Übertragung der »Nikomachischen Ethik« des Aristoteles und ihre Verarbeitung, indem der (damals neuentdeckte) Text - der scholastischen Methode folgend - an bekannten römischen Texten (vor allem des Cicero) überprüft wird; das dritte Buch schließlich bringt eine Übersetzung der Rhetorikschrift des Cicero und legt einen Entwurf für die politische Wissenschaft vor, der alle anderen Disziplinen dienen sollten. Denn »ohne Zweifel ist [die Politik] die höchste Wissenschaft und edelste Beschäftigung, die es unter den Menschen gibt, denn sie lehrt ..., ein Volk und eine Kommune in Zeiten des Friedens und in Zeiten des Krieges nach Vernunft und Recht zu regieren«. Das Frontizpiz des 2. Buches in einer Handschrift des 15. Jahrhunderts (Taf. 18) zeigt erhöht in der Mitte die thronende Philosophie. Sie überreicht ihren Töchtern »Pratique« und »Logique« eine geöffnete Schatztruhe. Die drei Frauen sitzen in einem gotischen Architekturgehäuse, das nach hinten durch einen Wandteppich und Fenster abgegrenzt und nach vorn zum Betrachter geöffnet ist. Der Raum ist durch seine Größe und goldene Rahmung hervorgehoben und steht im Zentrum einer Stadt, deren Häuser er zum Teil verdeckt. Diese Stadt ist von einer Mauer mit vier Türmen umgeben, vor denen jeweils eine Tugend sitzt: links oben Prudentia, rechts Temperantia, Fortitudo und Justitia sitzen darunter. Letztere hält ein Schwert, ihre Waage hängt an dem ihr zugeordneten Turm. Alle Tugenden präsentieren einen Edelstein (Justitia einen Smaragd), die - wie überhaupt der Hinweis auf die Schatztruhe - die Metaphorik des Latini zum Ausdruck bringen: »Dieses Buch wird ›Trésor‹ genannt, denn wie der Herrscher, der an kleinem Ort Dinge von außerordentlichem Wert aufhäufen will, nicht allein zu seinem Vergnügen, sondern zur Vergrößerung seiner Macht und zur Sicherung seines Staates in Krieg und Frieden, dort die teuersten Dinge und kostbaren Juwelen nach Kräften und guter Absicht verwahrt, ebenso ist die Substanz dieses Buches zusammengetragen aus der Weisheit«, also insgesamt ein politischer Schatz. Dabei vergleicht Latini das erste Buch der Einleitung mit dem Geld, das zweite Buch über die Tugenden mit den Edelsteinen (die den Menschen Vergnügen und Kräfte verleihen) und das dritte Buch über die Regierungskunst - dessen Titelbild eine städtische Ratsversammlung zeigt - mit dem Gold. Dieser Enzyklopädie schickte im übrigen Latini eine allegorische Erzählung voraus - »Tresoretto« (Kleiner Schatz) -, mit der er seine Leser in leicht verständlichen Worten zur politischen Bildung (und damit zur Lektüre des »Trésor«) hinführen möchte. Er berichtet - erschüttert durch die kriegerischen Auseinandersetzungen seiner Zeit - von seiner Wanderung durch drei Reiche, das Reich der Natur, der Philosophie und des Amor.

In ersterem sei er getröstet worden; in dem zweiten Reich habe er die »Kaiserin Tugend« erblickt: »Sie ist das Haupt und das Heil aller guten Gepflogenheiten, der reinen Sitten und der guten Regierung unter Gesetzen, nach denen die Menschen leben«, und wird begleitet von ihrer Töchtern, den vier Kardinaltugenden. Latini schwärmt: »Diese heilige Tugend, wo immer sie regiert, führt dazu, daß sich viele Seelen einig sind und so zu einem Zweck vereinigt, ernennen sie das Gemeinwohl zu ihrem Herrn; und dieser wird, um den Staat zu regieren, niemals seine Augen von den strahlenden Gesichtern der Tugenden wenden, die um ihn herum sitzen«. Dabei anerkennt der Autor die Sonderstellung der Justitia: sie stehe gekrönt an oberster Stelle, weil sie als soziale Tugend das Zusammenleben der Menschen regele; Gerechtigkeit sei schöner als Sonne und Sterne, denn in ihr seien alle Tugenden vereint. Latini folgt hier ausdrücklich Aristoteles und Cicero, auch in deren Unterteilung in die Untertugenden Severitas (Strenge) und Liberalitas (Freigebigkeit) und in der Betonung der gemeinschaftsbezogenen Tugend der Concordia (Eintracht), die als Freundschaft unter den Bürgern bestimmt wird: »alle gemeinsam an einem Seile ziehend«. Schließlich gelange - so der »Tresoretto« weiter! - der Reisende in das Reich des Amor, worin das Ziel einer guten Politik als glückliches Leben in Wohlstand, Freude und Liebe geschildert wird.

Deutlich wird auch an diesem Werk des Brunetto Latini: Gerechtigkeit ist zentriert auf den Bereich des Politischen, wodurch sie sich in der Tat als die höchste aller Tugenden herausstellt, noch mehr: sogar als die einzige Tugend (in Verbindung mit der Weisheit). Oder anders formuliert: für den politischen Menschen - vor allem den Bürger einer Stadt - war sie die wesentliche und bestimmende Virtus. In dieser Weise kann man z.B. den Frankfurter Römerbrunnen verstehen: über den vier Kardinaltugenden (darunter herkömmlich auch die Gerechtigkeit) - 1542/43 errichtet - wurde die Statue des Herkules 1610/11 durch eine diese überragende Justitia ersetzt und am Fries die Begründung angebracht: »Justitia in toto virtutum maxima mundo« (also: die Gerechtigkeit ist in der ganzen Welt die Höchste der Tugenden; Abb. 60). Zahlreiche städtische Brunnen mit einer solchen Justitia-Statue sollten die Bürger an ihre politische Tugend erinnern: etwa der Nürnberger Tugendbrunnen, den Benedikt Wurzelbauer 1585/89 schuf mit der überragenden Figur der Justitia (mit dem Kranich) und darunter sechs Knaben mit Stadt- und

60 Gerechtigkeitsbrunnen. Frankfurt am Main (Aufnahme 1950)

Reichswappen und sechs Tugenden (vgl. Abb. 204 bei P/S).

Deutlich wird auch, daß die Interpretation des Aristoteles als vereinbar mit der Konzeption der vier Kardinaltugenden - also der Philosophie vor allem Platos - gehalten wurde. Dies zeigt auch eine Miniatur in der um 1500 von Reginaldus Piramus für Andrea Matteo III. Acquaviva, den Herzog von Atri (1458-1529), hergestellten Übersetzung der Ethik des Aristoteles (Taf. 20). Dargestellt wird hinter einem Triumphbogen auf einer goldstrahlenden Wolke in golddurchwirktem Purpurgewand und pelzgefüttertem Goldbrokatmantel die - im übrigen in Aufarbeitung des Aristoteles erstmals als einheitlicher abstrakter Begriff personifizierte - Tugend selbst: sie ist wohl nicht die Vernunft (ratio), die die Tugenden empfängt, sondern (zumindest auch) die allgemeine Gerechtigkeit, die für Aristoteles die gesamte Tugend ist, unter die alle anderen Tugenden sich einordnen: soviel also Aristoteles-Wiedergabe. Aber die Tugenden, die zur »Muttertugend« eilen, sind die von Plato übernommenen traditionellen vier Kardinaltugenden (darunter - mit Schwert - auch die partikuläre Gerechtigkeit als Untertugend). In den Zwickeln sind die Büsten von Aristoteles und Plato angebracht, wohl auch oben die himmlischen Ideen (Plato), unten rund um den Triumphbogen herum Beispiele für tugendhafte (d.h. die wahre Gerechtigkeit erreichende) Menschen (links Kleobis und Biton, die ihre Mutter zum Heratempel ziehen; links oben Tellus) und zur Illustration des aristotelischen Satzes - daß auch glücklichen Menschen ein Unheil widerfahren könne, das der Tugendsame aber hinnehme - wird rechts oben und unten die Geschichte des Krösus abgebildet.

Jedenfalls ging es stets um eine Interpretation des Aristoteles und damit um dessen Aktualisierung und Modernisierung. Seine ethischen und politischen Schriften waren seit langem im Original bekannt, 1260 wurden sie ins Lateinische übersetzt und damit der gebildeten Welt erstmals kundgetan. Als entscheidende Wegbereiter der Aristoteles-Rezeption ist - neben den bereits Genannten - auch Gilles de Rome (Aegidius Romanus; 1247-1316) mit dem

Buch »De regimine principum« zu nennen. Der Durchbruch gelang mit der Übersetzung ins Französische, also der damaligen Weltsprache der Humanisten, durch den Dekan der Kathedrale von Rouen, Nicole Oresme (1320-1382), die dieser 1370/75 für Karl V. unter Einarbeitung der Kommentare der Scholastik herstellte. Seine Interpretation schlug sich auch in den prachtvollen Miniaturen nieder, die er malen ließ. So zeigt eines der Bilder (Taf. 22) die Justitia generalis (als »judice legal« bezeichnet), dargestellt wie die Schutzmantelmadonna (Maria), gekrönt wie diese und zugleich dadurch ausgezeichnet als Königin der Tugenden, auf der Brust den Stern (Morgen- und Abendstern), dessen Licht sie mit ihrer Schönheit noch überstrahlt. Unter ihrem Mantel knien sechs Töchter, von denen die vier, die das Gesetz der Polis vorschreibt - welche ihrerseits durch die umrahmende Stadtmauer gekennzeichnet ist -, genannt werden: Tapferkeit (mit Palmzweig), Justitia particularis (mit Schwert), Mildtätigkeit (mit Ringgabe) und Sanftmütigkeit (mit Hund). Darunter sind die zwei Formen der partikulären Gerechtigkeit zu sehen: links die austeilende Gerechtigkeit, die nach (wörtlich genommenen) unterschiedlichen Maßstäben (6:3, 4:2) Urkunden und Schätze verteilt; rechts die ausgleichende Gerechtigkeit, die vor Waage, Rute und Stockpranger dem einen nimmt und dem anderen gibt und sich dem Betrachter dadurch als Vermittler (und Richter) zu erkennen gibt.

Freilich konnte man bei Aristoteles, der im 4. vorchristlichen Jahrhundert philosophiert hatte, nicht stehenbleiben. Manches mußte umgeschrieben und neu gedacht werden, was die moderne Entwicklung des Politischen bzw. des Staates zum Begreifen vorlebte, vor allem das seit dem 12. Jahrhundert immer mehr aufkommende peinliche (blutige) Strafrecht, das die alten Wiedergutmachungs- und Sühneverhandlungen ablöste. Die Strafe war von Aristoteles noch im traditionellen Sinn eher bei der ausgleichenden Gerechtigkeit und damit privatrechtlich gedacht worden. Moderne Kommentatoren, z.B. Domenico Cavalca mit seiner »Spectio de' Croce« (1300), fügten der iustitia commutativa und distributiva als dritte die »iustitia punitiva« hinzu oder ordneten die Strafgewalt der iustitia distributiva zu, die sie an die vordere Stelle setzten. Das Bild der Waage paßte für diese Strafgewalt allerdings nicht (mehr), ergänzend und zum Teil in den Vordergrund trat das Schwert (oder traten Beil und Rutenbündel).

Zu erwähnen ist in diesem Zusammenhang die Darstellung der Gerechtigkeit (und Ungerechtigkeit) im Rahmen einer Tugend- und Lasterreihe (und eines Jüngsten Gerichts), die Giotto 1305 als Freskenzyklus in der Arenakapelle in Padua herstellte; im Auftrag des Bankiers Enrico Scrovegni, der auf dem Grundstück des ehemaligen römischen Amphitheaters (»Arena«) eine Hauskirche errichten ließ, um die Sünde des wucherischen Geldverleihens -

deren sich vor allem sein Vater, aber auch er selbst schuldig gemacht hatten - zu sühnen und für sich ein Grabmal zu bauen. Zwischen vorgetäuschten gemaserten Marmorplatten in leicht vorspringender Rahmung stehen - in Grisaille gemalt und die Wirkung eines Basisreflies aus Marmor erzeugend - die Figuren der Tugenden und Laster, hingeordnet zu dem überragenden Bild des Weltgerichts, für das sie die wesentliche Bedeutung haben. Somit nichts Neues! Wenn da nicht die Darstellung der Tugenden und Laster wäre! Diese sind in einer (auch von Giotto selbst) nie wieder erreichten Einzigartigkeit gearbeitet. Vor allem bezüglich der Gerechtigkeit und Ungerechtigkeit wird deutlich, daß Giotto die Theorien von Cicero, Thomas von Aquin (und - vermittelt -Aristoteles) kannte und hier zum Bild werden ließ. Dieser Einfluß zeigt sich bereits darin, daß Gerechtigkeit und Ungerechtigkeit jeweils in der Mitte der Tugenden bzw. Laster stehen und größer dargestellt sind als die übrigen: Justitia (Abb. 61) sitzt auch auf einem Thron und trägt die Krone. Sie ist in Aktion und selbst als Waage (und nur als iustitia commutativa) gemalt. In der rechten Hand (Waagschale) hält sie eine Nike-ähnliche Gestalt, die krönt; in der Linken eine Gestalt, die - wahrscheinlich - mit dem Schwert einen Missetäter tötet; insgesamt wohl nach dem Vorbild der Statuen der Göttin Roma komponiert. Darunter sind tanzende Mädchen und friedliche Reiter dargestellt: Szenen des gerechten Regiments. Gegenüber ist das Laster der Ungerechtigkeit als (männlicher) Richter - durch die Mütze der Paduaner gekennzeichnet - gemalt (vgl. Abb. 205b bei P/S), der bereits durch seine Attribute entlarvt wird. Statt des traditionellen Stabes und des erhobenen Richterschwertes trägt er eine Hellebarde (oder einen Fischhaken) und das umgegürtete Kriegsschwert, unter dem Hemd wird die Rüstung sichtbar; er schlägt den linken Fuß über den rechten (also gegen die Vorschrift). Dadurch erweist er sich als Tyrann, als Ge-

61 Giotto, Iustitia. Detail eines Freskos. 1305. Padua, Capella della Scrovegni

waltherrscher - vielleicht dachte Giotto dabei an Friedrich II. oder dessen Vertreter Ezelino -, was sich im halbzerstörten Stadttor, im Fries darunter (mit Gewaltszenen) und in der hochwuchernden Waldwildnis zeigt.

Die zunehmende Bedeutung der Strafgewalt, ja ihre Betonung - die auch mit den damaligen Verhältnissen (vor allem Italiens) zusammenhing -, setzte in der Entwicklung des Gerechtigkeitsbegriffs einen neuen Akzent, der erneut zu einer Veränderung seines Inhalts führte. Die politische Tugend der gerechten Bürger kam dafür von vornherein nicht in Betracht: sie hatten sich im Gegenteil sogar jeder Gewalt zu enthalten! Das Subjekt der punitiven Gerechtigkeit konnte nur der Staat selbst sein; und war er nicht bei näherer Betrachtung der Entfaltung der Verhältnisse auch derjenige, der distributiv und kommutativ gerecht zu werden hatte? Hatte nicht nur er auch die Macht, diese gerechte Ordnung durchzusetzen und so Frieden und Sicherheit (securitas) herzustellen, also die Inhalte, die vor allem Cicero und Sallust betont hatten? Die Frage zu stellen, bedeutete bereits die bejahende Antwort; stand doch bereits bei Aristoteles zu lesen: »Zum Richter gehen heißt soviel als zur Gerechtigkeit gehen, da der Richter gleichsam die lebendige Gerechtigkeit sein soll!« Und Richter konnte nur mehr der Staat sein. So entwickelte sich aus der politischen Tugend aller Bürger die Gerechtigkeit als Tugend der Polis, der Machtträger des Staates, als Tugend des Standes der herrschenden Mächtigen. Das gerechte Handeln der Bürger wandelte sich zum Gehorsam und zur Folge- und Hilfspflicht (auch bezüglich Steuern und Hilfsdienst) der Untertanen: und war damit als eigenständige Tugend der Gerechtigkeit aufgehoben. Die »Ethik« des Aristoteles war daher nur der erste Teil der Übersetzung des Oresme; unmittelbar darauf folgte die »Politik« mit einer Darstellung der guten und der schlechten Staatsformen. Auch die Handschrift für Herzog Andrea Matteo III. Acquaviva (um 1500) leitete die Darstellung der Ethik - nämlich als Bild des das Gute erfassenden Philosophen - über zum Bild der Stadt Athen, dem Vorbild des staatlichen Gemeinwesens.

Das gute (gerechte) Regiment

Das Wesentliche dieser Entwicklung war bereits Mitte des 14. Jahrhunderts klar und hatte auch schon eine herausragende künstlerische Gestaltung in dem Freskenzyklus gefunden, den Ambrogio Lorenzetti 1337/39 in der Sala dei Nove (heute: Sala della Pace) des Palazzo Pubblico in Siena malte. Dabei knüpfte er an die Tradition der Darstellung der Gottesmutter Maria - die seit dem feierlichen Unterwerfungsakt der Bürger im Jahre 1260 als Stadtherrin angesehen und verehrt wurde - und konkret an das Bild der »Maiesta« von Simone Martini aus dem Jahr 1315 (von ihm selbst restauriert 1321) an. Dieses

Bild war - trotz des ersten Eindruckes als einer Darstellung von Gottesmutter und Jesuskind - auf Maria als Stadtherrin bezogen, war also selbst Darstellung der durch das vom Jesuskind gehaltenen Spruchband mit dem Hinweis auf »Diligite iustitiam qui iudicatis terram« (nach Weisheit 1, 1) verdeutlichten gerechten Herrschaft. Lorenzetti setzte in dem rechten Teil des Freskos an die Stelle der Gottesmutter (freilich ihr durchaus vergleichbar) nun die Kommune von Siena und links daneben Justitia selbst (Taf. 21). Letztere sitzt gekrönt auf dem Thron, umrahmt von der bekannten Inschrift »Diligite (iustitiam) Q(ui) iudicatis terram«, den Blick erhoben zur (göttlichen) Sapientia (Weisheit) - ihrer Führerin - und zum Buch des Rechts in deren Hand über ihr, die die Waage hält, die Justitia ins Gleichgewicht bringt. In den Waagschalen personifizieren zwei Engel die distributive und kommutative Gerechtigkeit: der linke rotgekleidete Engel schlägt einem Mann den Kopf ab und nimmt dem anderen (Tyrannen) - beide haben die Schwerter weggelegt - die Krone (oder er übergibt ihm die Krone); der rechte weißgekleidete Engel gibt zwei Bürgern Geld und Waffen (oder nimmt von einem Geld an und übergibt es zur Wiedergutmachung dem anderen, dem er dafür die Waffen der Privatrache abnimmt). Von den Waagschalen führen eine rote und eine weiße Schnur zur Concordia (Eintracht) - mit dem Hobel, um die Ehrgeizigen glatt zu hobeln -, die sie verspinnt und das Seil an die 24 Mitglieder des Obersten Rates der Stadt übergibt, die es wiederum der großen männlichen Gestalt weiterreichen. Dieser alte (senus = Siena) Mann, zu dessen Füßen Aschius und Penius, die Söhne des Remulus - auf deren Gründung (und damit auf das alte Rom) Siena sich zurückführte -, neben der Wölfin spielen, personifiziert die Stadt als Kommune selbst, wie aus der Inschrift des sein Haupt umgebenden Nimbus (CSCCV = Comune Senarum Civitatis Virginis) und seiner Kleidung in den Farben der Stadt ersichtlich ist. Er hält Schild (mit der Darstellung der Stadtherrin Maria mit dem Jesuskind wie im Stadtsiegel) sowie Zepter und ist umgeben von den drei theologischen Tugenden (oben) und den vier Kardinaltugenden - wobei die rot gekleidete Justitia (als besondere Tugend der Kommune und damit als konkretes Bild des Rechts der Strafgewalt) neben dem Schwert einen abgeschlagenen Kopf und eine Krone auf dem Schoß hält -, umgeben auch von Magnanimitas (Hochherzigkeit) - zu deren Füßen (und zu deren der Fortitudo) Wachen und Soldaten Gefangene beaufsichtigen - und von der als Bindeglied zur linken, allgemeinen Gerechtigkeit nach dem Vorbild einer antiken Göttin dargestellten Pax.

Dieses Programm des gerechten und daher guten, auch am Gemeinwohl (als dessen Personifikation die Gestalt des Mannes oft aufgefaßt wird) orientierten Regiments hatte zahlreiche Quellen, z.B. Aristoteles, Thomas von Aquin, auch die Tradition des Augustinus und der Fürstenspiegel, besonders die Werke »De Bono Comuni« des Remigio de' Girolami und »Specchio de' Croce« (aus 1300) des Domenico Cavalca, aber auch Cicero, Sallust, Macrobius (mit dem »Somnium Scipio«) und den bereits genannten Traktat des Pseudo-Seneca (Martin von Braga). Unmittelbare Vorlage für den Künstler war aber wohl nach der überzeugenden Arbeit von Mechthild Modersohn der ins Italienische übersetzte »Trésor« des Brunetto Latini, auf den bereits ausführlich eingegangen wurde. Von ihm her leitet sich die Betonung des Friedens als der Rechtssicherheit (securitas) ab, die mit staatlicher Waffengewalt herzustellen ist, und von der alleine das glückliche Leben in der Stadt abhängt; aber Latini steht auch für den von Lorenzetti gemalten Hinweis auf die politische Disziplin, die eine Kommune lehre, »in Zeiten des Friedens und in Zeichen des Krieges nach Vernunft und Recht zu regieren«. Denn unterhalb des Siena-Herrschers ist eine Zweiteilung offensichtlich: links der größere Raum des Lebens in Frieden (unter der Gestalt der Pax), rechts der kleinere Raum für einen Krieg, der aber nach den Regeln der Vernunft zu führen ist (was etwa bedeutet: nicht selbst gewalttätig anzugreifen und im Verteidigungsfalle so zu kämpfen, daß man danach in Frieden leben kann, ohne Unrecht getan zu haben). Lorenzetti stellt deshalb eigentlich - wie es in der frühesten Erwähnung der Fresken in einer Chronik von 1350 hieß - »Friede« und »Krieg« dar; die heute gerne verwendete Umschreibung als »Die Auswirkungen des guten bzw. schlechten Regiments« ist nicht zutreffend. Irreführend waren diesbezüglich wohl die beiden anderen Bilder, die unterhalb zu sehen sind. Das erste Fresko (vgl. Abb. 207 bei P/S), in dem Lorenzetti eine engelhafte Securitas mit einem unübersehbaren Galgen in der Hand zeigt, repräsentiert das Leben, wenn der Staat von Gerechtigkeit (unter Führung der Weisheit und der Tugenden) geführt wird: Bauern bestellen ihr Feld, Kaufleute bevölkern die Wege, Mädchen tanzen in der Stadt, insgesamt das Bild einer glücklichen, für Liebe offenen Ideal-Stadt (des Reiches eines Amor in Latinis »Tresoretto«, vielleicht sogar auch des Gottesreiches auf Erden). Das zweite Fresko (vgl. Abb. 208 bei P/S) zeigt den Gegenentwurf der unvernünftigen, maßlosen, bösen Tyrannis als das Leben dort, wo Gerechtigkeit mit zerbrochenen Waagschalen unter den Füßen des Gewaltherrschers liegt, der als schielendes Monster mit Stoßzähnen und Hörnern, beim Fuß einen Ziegenbock, in Rüstung und blutrotem Mantel, mit Trinkkelch und Messer in den Händen dargestellt ist: ein Abbild der Bestialitas - umgeben von Lastern -, wohl mehr noch: ein Bild des höllischen Babylon. Hier herrscht Timor (Furcht); und mit ihm regieren Gewalt und Chaos.

Dieses Konzept vom gerechten Regiment (und damit von der Gerechtigkeit als Tugend der Polis und ihrer Machthaber, die zwar noch theologisch eingebunden war, aber doch bereits als säkularisiert bezeichnet werden muß) fand seinen Ausdruck in zahlreichen weiteren Darstellungen, zunächst in Siena selbst. Lorenzetti stellte in dieser Weise die Kommune von Siena noch im Jahr 1344 als Holzeinband eines Buches dar. 1426 schmückte Mattia di Bernacchino (oder Domenico di Niccolo' dei Cori) die Holztäfelung eines Tisches im Palazzo Pubblico mit einer hinrichtenden und krönenden Justitia (Abb. 62). Schon vorher -1414 - hatte Taddeo di Bartolo die Antecapella und Capellai des Palazzo ausgemalt: ebenfalls mit Tugenden, darunter - als bedeu-

62 Domenico di Niccolo' dei Cori, Justitia. Holzeinlagearbeit, 1. Hälfte 15. Jh. Siena, Palazzo Pubblico

tendste und neben der Lunette mit dem Bild des Aristoteles dargestellt - zwei Justitiae mit Schwert, Büchern und Schild (mit dem Erdkreis; vgl. Abb. 135 bei P/S), dazu mit bedeutenden römischen Helden als Vorbilder gerechten Handelns. Zusätzlich malte er neben der einen Justitia auch die Magnamitas (Mächtigkeit), in einer Gestalt, die an Lorenzettis Justitia (als Einheit von kommutativer und distributiver Gerechtigkeit) erinnert und die ebenfalls von gerechten Männern umgeben ist. Schließlich stellte 1529 bis 1535 Domenico Beccafumi an der Decke der Sala del Consistoro des Palazzo Pubblico eine alles überragende, auf einem von einem Putto gehaltenen Schriftband (»per me reges regnant« [also: Durch mich herrschen die Könige]) und auf Wolken thronende Justitia dar (vgl. Abb. 200i bei P/S). Umrahmt wird sie von vier Bildern, die nach dem Konzept des bereits genannten Cavalca ihre beiden Seiten verdeutlichen: die distributive Gerechtigkeit in den Bildern eines alten Königs mit abgeschlagenem Kopf und einer Frau mit Schwert und Krone, die kommutative Gerechtigkeit in den Bildern eines Geld zählenden alten Mannes und einer Frau mit Waage und Kompaß.

Aber auch über Siena hinaus wurde das Programm des Palazzo Pubblico aufgenommen. In Prato (bei Florenz) malte Pietro di Miniato 1415 im Salone del Consiglio des Rathauses - neben dem Bild der Madonna - eine Justitia (mit sechseckigem Nimbus), die ein Putto mit dem Wappen von Prato krönt (Abb. 63). Sie stellt - wie die Inschrift ausdrückt - »Justitia militante« (also: kämpferische Gerechtigkeit) dar, die die Ungerechtigkeit haßt (»Dilexi iusticiam et odi iniquitatem«). In der Kapelle des Gefängnisses im Palazzo del Comune von S. Gimignano wurde eine solche Justitia sogar in männlicher Gestalt dargestellt: die Falschheit zertrampelnd (und dabei von Prudentia und Veritas begleitet). Andere toskanische Städte folgten: Anghiari, Certaldo (bei Florenz), Volterra mit einem Fresko einer Justitia von Daniele da Volterra aus dem Jahr 1532 (vgl. Abb. 224 bei P/S); worüber eine sehr informative Arbeit von Edna C. Southard unterrichtet. Bald führte der Siegeszug dieser neuen Auffassung über die Grenzen der Toskana und Italiens hinaus.

Die Strukturen dieses neuen, richtungweisenden Programms wurden oben schon angegeben. Gerechtigkeit ist nun nicht mehr eine Tugend unter anderen, sondern sie wird her-

63 Pietro di Miniato, Iustitia militans. Um 1415. Fresko. Prato, Palazzo Comunale, Salone del Consiglio

64 Crispin de Passe, Justitia. 17. Jh. Amsterdam, Rijksmuseum

ausgehoben und es charakterisieren sie selbständige Züge, insofern sie in erster Linie auf die politische Sphäre bezogen und hier auf die Ordnung des Staates konzentriert wird. Das Gemeinwesen wird nicht mehr von allen vier Kardinaltugenden geordnet und getragen; vielmehr sitzt jetzt - wie etwa bei Crispin de Passe (1594-1670; Abb. 64) - Justitia alleine bei der Stadtmauer. Sie trägt die alleinige Verantwortung dafür, daß der Bau der Stadt gelingt, wie es z.B. in der »Civitas veri« (Paris 1609) des Bartolommeo Delbene zu sehen ist (Abb. 65). Man kann auch formulieren: die Gerechtigkeit hört überhaupt auf, eine Tugend von Menschen zu sein; sie wird zunehmend zu der Qualität einer Ordnung, nämlich des geordneten und sicheren Zustandes, eines »status«: des Staates.

65 Der Palast der Gerechtigkeit. Stich aus *Civitas veri* des Bartolommeo Delbene (Paris 1609). Herzog August Bibliothek, Wolfenbüttel

Gerechtigkeit und Frieden

In dieser Bedeutung trat die Gerechtigkeit in Beziehung zu einer anderen Tugend, nämlich zur Pax, die eine vergleichbare Veränderung durchgemacht hatte. Denn auch diese war nun nicht mehr - trotz der immer wieder anzutreffenden Hinweise - die Tugend des Psalm 85, 11 (also: die Friedfertigkeit), sondern nun der Frieden als Zustand der staatlichen Ordnung, Produkt somit einer Tugend, die mit Gehorsam gegenüber den Gesetzen der Obrigkeit, Verzicht auf Gewalt und Selbstjustiz u.ä. verbunden ist. Gerechtigkeit und Frieden stellen nun die Ordnung selbst dar, meinen die Qualität des Gemeinwesens (und von dieser her die Qualität derer, die es regieren). Ein Stich in dem »Thesaurus philo-politicus« (1628) des Daniel Meisner veranschaulicht dieses neue Verständnis (Abb. 66). Es gibt zahlreiche Abbildungen dieses Paares wie z.B. aus Mitte des 16. Jahrhunderts von Vincent Sellaert (Taf. 28) oder von Otto van Veen aus dem Jahre 1575 (vgl. Abb. 210 bei P/S) oder von Theodor van Thulden aus dem Jahre 1639 (Abb. 113); für das Rathaus von Nürnberg lieferten Albrecht Dürer (Abb. 67) und Christoph Murer entsprechende Darstellungen. Dabei wird auch die Verwandtschaft der beiden nun politisch verstandenen Begriffe deutlich. So trägt in einem um 1575 geschaffenen Kupferstich von Jean Wierix (gestochen nach Marten de Vos) die Pax das Schwert oder auf einer Medaille zum Westfälischen Frieden (um 1700) Waage und Palmzweig. Auch die positiven Folgen von Ge-

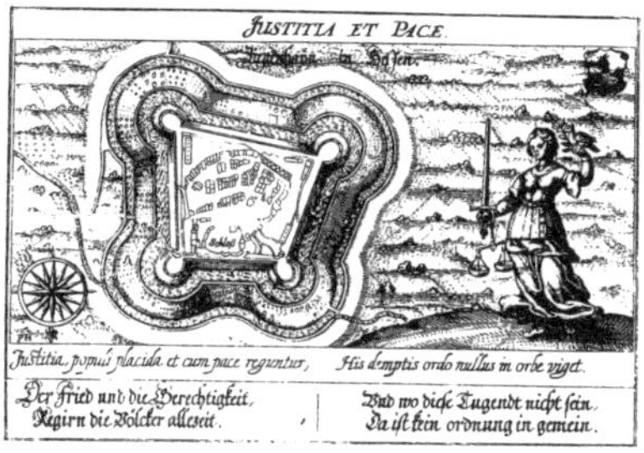

66 Gerechtigkeit und Frieden. Stich aus *Thesaurus philo-politicus. Das ist politisches Schatzkästlein guter Herzen und bestendiger Freund* des Daniel Meisner (1628)

67 Albrecht Dürer, Gerechtigkeit und Frieden. Kopie nach einem Entwurf von 1520/21 für den Rathaussaal des alten Rathauses von Nürnberg

rechtigkeit (und Frieden) werden zu Bildthemen: Überfluß und Wohlstand, wie sie als Abundantia und Opulentia - verdeutlicht durch Füllhorn und Kornähre - zu den Füßen der Justitia (1652) in dem Gemälde von Samuel de Rameru (vgl. Abb. 211 bei P/S). In einem Stich aus dem Jahre 1655 wird neben dem Rathaus zu Köln die Trias dargestellt, die für die Stadt maßgebend sind: Justitia, Temperantia, Abundantia (Abb. 68).

68 Das Kölner Rathaus. Stich von Toussyn 1655.

Eindeutig zeigt sich der Bezug zum Gemeinwesen (Staat) in den Bildern des »guten Regiments«, wie sie - letztlich in Nachfolge Lorenzettis - in manchen Rathäusern angebracht wurden. Bekannte Beispiele sind die Bilder von Daniel Freese (um 1780) im Lüneburger Rathaus (Abb. 69), von Hans Vredeman de Vries (1527-1604) in Danzig (vgl. Abb. 212 bei P/S) oder von Isaac Schwendtner in der ehemaligen Ratsstube des Alten Rathauses von Regensburg aus dem Jahre 1592 (Abb. 70). Justitita ist immer dabei, und zwar in zentralem Rang; daneben findet sich häufig auch Concordia (Eintracht), die in der Bedeutung von Gehorsam und Gewaltverzicht zunehmend an Bedeutung gewinnt. Sehr eindrucksvoll brachte Rembrandt van Rijn (1606-1669) diesen Zusammenhang von Gerechtigkeit und Eintracht zum Ausdruck (vgl. Abb. 214 bei P/S). Auch der Bologneser Maler und Kenner der venezianischen Kunst, Stefano Torelli, schuf 1759 im Auftrag des Rates für das Lübecker Rathaus zehn Gemälde der Tugenden, wobei er sich im wesentlichen an Ripas »Iconologia« orientierte; darunter eine Gerechtigkeit (gemeinsam mit Frieden) und eine Eintracht (mit den Attributen Schüssel mit Granatapfel, blumengeschmücktem Zepter, Myrtenstrauch, Füllhorn und Ähren; vgl. Abb. 218 bei P/S). Aber überhaupt und allgemein wurden in den Rathäusern Bilder angebracht, die die Bürger zur Einheit mahnen sollten (vgl. Abb. 215, 216 bei P/S).

69 Daniel Freese, Das gute Regiment. Um 1580. Lüneburg, Rathaus

70 Isaac Schwendtner, Das gute Regiment. 1592. Gemälde. Regensburg, Rathaus, ehem. Ratsstube

Gerechtigkeit als staatliche Macht

Ebenfalls dort, wo der Bezug auf die Ordnung des Staates nicht so unmittelbar ersichtlich ist, veränderte die Justitia ihre Erscheinung. Sie wurde aktiv, gebrauchte ihr Schwert und ihre Kraft, wurde selbst »iustitia militans«, wie sie Pietro di Miniato 1415 in dem bereits besprochenen Fresko im Salone del Consiglio des Palazzo Pubblico von Prato darstellte (Abb. 63). Diese Justitia brauchte die Beigesellung der Fortitudo nicht mehr, sondern sie konnte ihre neue Aufgabe - einerseits den Schwachen, Unterdrückten und den von unrechter Gewalt (Verbrechen) Getroffenen zur Hilfe zu eilen, andererseits diese unrechte Gewalt niederzukämpfen - aus sich selbst als der Tugend der Herrschenden (und der Mächtigen) erfüllen. Eine kämpfende Gerechtigkeit als Kardinaltugend ist uns oben im Zusammenhang mit den Lastern begegnet, was ihrem Charakter als allgemein menschlicher Tugend auch entsprach. In diesem Sinn malte Hans von Aachen noch 1598 einen »Sieg der [nackten] Wahrheit« über das betrügerische Laster unter tätiger Mithilfe der löwenbegleiteten Justitia (Taf. 29); doch sollen die drei Frauen im Hintergrund vielleicht schon auf die politische Dimension hinweisen, derart daß durch diesen Sieg ein harmonisches Zusammenleben ermöglicht werde. Nun kämpft Justitia vordringlich für die Ordnung und den Frieden und den Staat, der nur aufrechterhalten werden kann, wenn Gewalt und Zwang vernichtet und verhindert werden; wenn die einzige Gewalt, die ausgeübt werden darf, ihre eigene, die rechtliche Macht des Staates, ist. Ihre Kraft ist zugleich die Schwäche und Ohnmacht der Untertanen, die ihren Schutz zur Aufgabe des Staates werden lassen. So greift die Gerechtigkeit auf das Rutenbündel zurück, das bereits im alten Rom das Zeichen der staatlichen Macht über Leben und Tod war. Auch das Schwert als ihr Attribut gewinnt aggressiven Sinn; dies zeigen auch die häufig werdenden Darstellungen Justitias mit einem abgeschlagenen Kopf im Schoß. Francesco Salviati etwa stellte Justitia in dieser Weise im 16. Jahrhundert dar (vgl. Abb. 220 bei P/S), ähnlich auch Giacomo Rigozzi (gestorben 1632) in einem Kupferstich (Abb. 71). Auch Gabriel Metsu (1629-1667) - oder Isaak Mes (1622-1668) - griff im 17. Jh. für das Mauritshuis in Den Haag (vgl. Abb. 219 bei P/S) dieses Thema auf: in seinem Bild besiegt die Gerechtigkeit die Ungerechtigkeit bzw. den Betrug (mit entlarvter Maske); ein Putto hält der Besiegten - die auf falschen Münzen und einem Kasten mit falschen Gewichten liegt - gefälschte Rechnungen vor, während dahinter mit Dankesgebärde Witwe und Kind stehen; von oben herab krönt ein Engel die siegreiche Gerechtigkeit.

Eine solche Gerechtigkeit wird auch in dieser harten, kämpferischen, vernichtenden und zugleich schützenden Funktion in den amtlichen Ausgaben

71 Giacomo Rigozzi, Die Gerechtigkeit besiegt die Gewalt. Federzeichnung. 17. Jh. Wien, Albertina

der Gesetze und Verordnungen sowie in den wissenschaftlichen Kommentaren der entsprechenden Rechtsvorschriften abgebildet. Zumindest wird Justitia in steigendem Maße mit dem rechtlichen Verfahren vor Gericht - also mit der »Justiz« - in Verbindung gebracht. Der Prozeß gegen Jesus Christus und gegen Susanna, Gerichtsszenen überhaupt werden durch eine Statue der Justitia gekennzeichnet (vgl. Abb. 221, 222 bei P/S). Auch der Kupferstich aus der Tugendreihe des Pieter Bruegel (1558), der als Flugblatt große Verbreitung und Bedeutung gewann, zeigt solche Gerichtsszenen (vgl. Abb. 223 bei P/S). Es liegt auf der Hand, daß dort, wo Gericht gehalten und Recht gesprochen, wo die Justiz konkret tätig wurde, Darstellungen der Justitia ihren Platz fanden: nämlich in und allmählich auch auf dem Rathaus der Städte, später auf den (anderen) Justizgebäuden und -palästen. Man schmückte die Gerichtssäle mit Bildern der Justitia, wie sie mit Schwert und Waage, auch mit dem Rechtsbuch, würdevoll und kämpferisch aufrecht steht oder majestätisch und streng auf dem Richterstuhl sitzt. Es finden sich Gemälde, Statuen, Holzschnitzereien, Reliefs an Wänden, Kaminen, Sitzbänken, Türrahmen, Stiegengeländern usw., zuweilen ist eine regelrechte Inflation von Justitiae zu verzeichnen. Otto Rudolf Kissel und Christian-Nils Robert haben zahlreiche dieser Darstellungen zusammengestellt und beschrieben.

Zugleich wird darin der Verlust und Verfall der Ethik der Gerechtigkeit deutlich. Denn zusehends verstanden sich die Darstellungen der Gerechtigkeit nicht (mehr) als moralische Mahnbilder oder vorbildliche Exempla tugendhaften Verhaltens. Immer mehr trat der Charakter als Legitimationszeichen in den Vordergrund: daß nämlich das urteilende Gericht, die bestehende Herrschaft, das vorhandene Gemeinwesen diese Gerechtigkeit - die als Bild, Statue, Zeichen daneben steht - auch tatsächlich verwirklichen. Diesem Abschluß der Entwicklung der Gerechtigkeitsvorstellung - von einer religiösen bzw. theologischen über eine moralische bzw. ethische Idee hin zu einem bloßen Legitimationszeichen für staatliche Herrschaft (»Justiz«) - ist ein eigenes, nun folgendes Kapitel zu widmen. Gleichsam als Zusammenfassung der obigen Ausführungen bleibt hier darauf hinzuweisen, daß in der Ausgabe der Ikonologie Ripas bei Härtel (1760) eine Frauengestalt mit Schwert und Rutenbündel abgebildet ist, die auf den ersten Blick wie Justitia aussieht; sie steht aber für »Politia«, übersetzt mit »Polizey« und ist mit dem Sprüchlein versehen: »Wo die Übelthat zu straffen/ gut das Regiment beschaffen«, was durch eine Hinrichtungsszene im Hintergrund verdeutlicht wird. Zusätzlich findet sich eine weitere Frauengestalt mit Waage in der Hand; jedoch auch diese wird nun als »Ars politica«, d.h. »Staats Klugheit«, bezeichnet und erhält einen Hinweis auf die Notwendigkeit des Gesetzesgehorsam, veranschaulicht durch den griechischen Gesetzgeber Lykurg.

5 DAS LEGITIMIERENDE GERECHTIGKEITSBILD

Obwohl die der Justitia lange Zeit eigentümliche ethische Dimension allmählich zugunsten ihrer Bedeutung als Legitimationszeichen für staatliche Herrschaft (»Justiz«) zurücktrat, blieb zunächst der Bezug zur Tugend bestehen. Denn das, was das Zeichen ausdrücken sollte, war eben gerade die Auszeichnung der die politischen Verhältnisse ordnenden staatlichen Organe (bzw. der diese Ämter ausübenden Menschen) als gerecht und damit tugendhaft; weshalb man ihnen auch gehorchen mußte und moralisch-sittlich verpflichtet war zur Anerkennung des Untertanenstatus. Die Darstellungen der Justitia richteten sich deshalb nicht (mehr) an die Herrschenden - von ihnen aus gesehen waren sie Selbstdarstellung! -, sondern an das Volk, das von ihnen regiert wurde. Deshalb sind sie hinter dem Rücken der Richter und Regierenden und vor den Augen der dort rechtssuchenden Menschen angebracht worden und haben also ihren Platz in öffentlich zugänglichen Räumen. Sie wandten sich immer mehr nach außen an das Publikum und rückten zunehmend an die Front der Gebäude zum Zeichen dafür, daß dort in den dahinter liegenden Räumen Gerechtigkeit verwaltet und Rechtspflege betrieben wurde. Zudem entschwanden die Darstellungen in die Höhe: das Volk mußte zu ihnen hinaufblicken und dadurch sinnlich anerkennen, daß es den Höheren untertan ist. Unpassend wurden die Darstellungen von ungerechter Herrschaft, also der Tyrannis, als Warnung und Mahnung an die Herrschenden und als (mögliche) Grundlage der Kritik durch die Beherrschten. Das Programm des Lorenzetti im Palazzo Pubblico von Siena hatte seine Zeit gehabt!

Die Gerechtigkeit des gottbezogenen Herrschers

Nun darf freilich nicht übersehen werden, daß in den früheren Zeiten der Theologie bzw. Ethik der Gerechtigkeit und ihrer künstlerischen Gestaltung stets auch eine solche Legitimationswirkung zugekommen war; aber eben nicht als bloßes Zeichen, sondern immer auch zugleich als Abbild der geglaubten oder als notwendig deduzierten Wirklichkeit oder als sinnliche Repräsentation der Idee. Zudem fehlte es an den technischen Möglichkeiten, solche in vereinzelten Handschriften aufgenommene Bilder öffentlich als legitimierende Zeichen einzusetzen. Wichtiger waren in diesem Rahmen die Predigten, Erzählungen, Legenden, die von den Wundertaten des Herrschers erzählten und von seiner gottbezogenen Stellung auf Erden.

Dabei konnte es im Christentum die wohl ursprünglichste Herrschervorstellung - die des Gottkönigs oder des vergöttlichten Herrschers - nicht geben, da vom Alten Testament her Gott als der Schöpfer immer transzendent war und blieb. Gestalten wie den altägyptischen Pharao findet man in der christlich geprägten Geschichte Europas nicht, obwohl die Römer nach der Eroberung Ägyptens durchaus einige Wesenszüge dieses Herrschergottes auf ihren ebenfalls vergöttlichten Kaiser bezogen. Dann ist dieses Individuum als immer wieder geborene Einheit von Gott und Mensch der Garant und/oder der Grund für die Ordnung der Welt und die Lebensmacht schlechthin, gerne dargestellt als Sonne, die den Rhythmus von Tag und Nacht (bis hinein in die Scheidung von Himmel und Unterwelt, Leben und Tod) und den regelmäßigen Wechsel der Jahreszeiten bestimmt. Für einen solchen Herrscher stellt sich kein Problem der Gerechtigkeit: der Gott ist als unmittelbare individuelle Repräsentation der Weltordnung notwendig gerecht.

Das Christentum kannte und kennt nur einen menschlichen und stets menschlich bleibenden Herrscher, der allerdings in höchster Vollendung der Sohn Gottes sein kann. Dies ist selbstverständlich Jesus Christus, dem als Menschensohn der göttliche Vater die Herrschaft am Jüngsten Gericht übergeben hat (Joh. 5, 1 ff.). In dieser Weise und eindeutig wie Christus wurde aber auch Otto III. (980-1002) in dem bekannten Aachener Liuthar-Evangeliar aus der Zeit knapp vor 1000 dargestellt (Abb. 72): in der Mandorla auf dem von Atlas getragenen Weltenthron sitzend, den Leib durch ein von den vier Symboltieren der Evangelisten gehaltenes Spruchband über der Brust unterteilt in eine untere weltliche und eine obere göttliche Sphäre, die letztere zusätzlich durch die ihn krönende Hand Gottes charakterisiert. Otto ist hier eindeutig als Stellvertreter Christi auf Erden und als sein leibliches Ebenbild als Sohn Gottes aufgefaßt. Doch konnte diese von den Mönchen auf Reichenau entwickelte und abgebildete Auffassung - die einen ausdrücklichen Hinweis auf Gerechtigkeit wegen Selbstverständlichkeit

72 Otto III. als Christus triumphans. Rechte Seite des Dedikationsbildes im *Liuthar-Evangeliar*. Reichenau, um 990. Aachen, Münster

entbehren konnte - vor der theologischen Reflexion nicht bestehen: Jesus Christus ist danach doch der menschgewordene Gott, der in einer Beziehung zum Vater steht, die kein anderer Mensch erreichen kann. Denn er ist »Christus-Logos« und damit die zweite Person Gottes, der von daher immer schon - seit Ewigkeit - das Verhältnis von Vater und Sohn mit einschließt, wobei letzterer der eigentliche Grund alles Geschaffenen ist (wie der Prolog des Johannes-Evangeliums verkündet). Für den christlichen Theologen bedeutet Gott ein Verhältnis der Differenz, die aber weiterhin in der Einheit gebunden ist, weshalb es eines Dritten bedarf, der diese Beziehung der in sich differenzierten Einheit begründet und so die eigentlich trinitarische Gottheit repräsentiert: der Geist. Er ist es, der vom Vater ausgeht und diesen mit dem Sohn verbindet und seit Ewigkeit her verbunden hat. Dieser göttliche Geist ist es auch, der nach dem notwendigen Sterben des menschgewordenen Gottessohnes Jesus von Nazareth bestimmend blieb auf Erden: als der Glaube an dieses Verhältnis von Gott und Mensch, wie es in Jesus Christus individuelle Wirklichkeit geworden war.

73 Heinrich II. als thronender Herrscher. Miniatur in einem *Evangeliar aus Monte Cassino.* Regensburg, 1. Hälfte des 11. Jh. Rom, Biblioteca Apostolica Vaticana, Cod. Ottob. lat. 74, fol. 193v

So mußte sich die Vorstellung des Herrschers verändern. Er konnte nicht mehr auf Jesus Christus und auf Gottessohnschaft bezogen werden, sondern war als Verweis auf den göttlichen Geist zu begreifen, der ihn als menschliches Individuum erfüllte und dadurch zum Herrscher machte. Die Differenz von Mensch zu Gott war damit bewußt (geworden): der Herrscher war nicht mehr wie Jesus Christus, sondern ein von Gottes Geist erfüllter Mensch, der durch diese Kraft dem Gottessohn auf Erden nachzufolgen vermochte in dem Glauben an ihn. In diesem Sinne wurde etwa Heinrich II. (973-1024) in einem Evangeliar aus der Zeit um 1014/22 dargestellt (Abb. 73). Von oben fliegt die Taube des göttlichen Geistes auf ihn herab, der als gekrönter Herrscher in der

Mitte der in Kreuzform angeordneten Kreise sitzt: als der die Ordnung der Welt zusammenhaltende und garantierende Herrscher, dem auch als Richter (nach dem Vorbild des Weltenrichters Christus) die Macht über Leben und Tod gegeben ist (wie die Hinrichtungsszene im unteren Kreis verdeutlicht) und dem nach dem Vorbild des römischen Herrschers die Ordnungsmacht von »lex« und »ius« zukommt. Seine Qualität als wirklicher Herrscher zeigt sich in der Zuordnung von Pietas (Glaube, Frömmigkeit) und Justitia - oben abgebildet - und von Sapientia (Weisheit) und Prudentia (Klugheit) - als Halbfiguren in den Kreisen rechts und links neben ihm dargestellt -.

Mit diesem Typus eines christlich gefaßten Herrschaftsbegriffs fand das Freiheitsbewußtsein des Menschen einen ersten Niederschlag und damit die Anerkennung der nicht aufzuhebenden Differenz des Menschen zu Gott, die zwar durch den menschgewordenen Gottessohn Jesus Christus zu vermitteln war, aber nur auf der Grundlage gläubiger Nachfolge. Dies bedeutete zugleich, daß das Reich Gottes (das Neue Jerusalem der Apokalpyse) unter einem menschlichen Herrscher und damit auf Erden nicht errichtet werden konnte. Doch blieb diese Vorstellung für lange Zeit das stets aufgegebene Vorbild, eine Vision und ein sehnsüchtiger Traum, eine Bestimmung und ein moralischer bzw. politischer Imperativ für den Herrscher, der an dieser Aufgabe zu messen und zu bewerten war. Die Gerechtigkeit wurde zunehmend wichtig für diese Bewertung, weshalb man ihre Abbildung in menschlicher Gestalt dem Bildnis des Herrschers zuordnete und ihm beigesellte. Dies gewann im Laufe der weiteren Entwicklung des Freiheitsbewußtseins folgerichtig immer mehr an Bedeutung.

Denn bis jetzt kam der göttliche Geist vom Himmel herab und erfüllte den Menschen als unmittelbar lebenden Leib, der dafür in der Art eines Gefäßes gedacht wurde, in sich noch selbst unbestimmt und leer; die Freiheit des Menschen konnte - wenn überhaupt - nur als Sich-Öffnen für dieses Erfülltwerden vorgestellt werden. Dann wurde dieser Leib eigentlich von dem göttlichen Geist belebt und gelenkt zu den Handlungen, in denen sich die Qualität des Herrschers allen zeigte: wie etwa in heilbringenden Taten (z.B. Wunderheilungen) oder in gerechten Urteilssprüchen (die in letztem Sinne »Gottesurteile« waren). Doch wurde die Differenz zwischen Mensch und Gott bald auch auf den Geist bezogen. Der Vater und der auferstandene Sohn, der bis zu seiner Wiederkunft am Jüngsten Tag zu seiner Rechten sitzt, waren bereits in den Himmel entrückt; auch der sie zur Einheit verbindende göttliche Geist mußte in derselben Weise transzendent gedacht werden. Die Welt und alles Irdische verlor dadurch den unmittelbaren Bezug zu Gott; manche Theoretiker - die man später gerne »Ketzer« nannte! - sprachen sogar von dem Irdischen als der Schöpfung eines Anti-Gottes, des Teufels (Luzifers). Bewußt wurde ein Unterschied von Leib und Seele, wobei der letzteren alleine der Bezug zum Göttlichen zugesprochen wurde, weshalb sie als ewige Instanz dem Leib übergeordnet wurde. Der Leib war und blieb als solcher bloße irdische Materie und mußte - ohne die Seele als dem alleinigen Lebensprinzip im höheren Sinne - verfaulen und zerfallen. In einen solchen Leib konnte der göttliche Geist nicht mehr fließen: er blieb im Himmel der Trinität.

Der neue Typus des Herrschers wurde nun der heilige Herrscher, worunter zu verstehen war: der vollkommene Mensch, dem Gott die seelische Kraft verliehen hatte, ein Leben zu führen, das ihn reif machen konnte für das ewige Leben an seiner Seite im Himmel. Diese Kraft wurde als Engelkategorie gedacht, nämlich als die »virtutes«, die wir bereits aus dem 3. Kapitel kennen. Sie kamen von oben herab und stärkten die dem materiellen Leib verhaftete und daher gefährdete Seele des von Gott auserwählten Menschen für seine Bestimmung und Aufgabe, nämlich die irdische Welt nach dem unendlich aufgegebenen Vorbild des Reiches Gottes zu ordnen. Zugleich bestimmten sie das Bild des Herrschers, weshalb sie in der Darstellung zu seinem Bildnis als Individuum dazutraten, es in sich aufnahmen und einrahmten.

Das Vorbild für diese Vorstellung waren die alttestamentlichen Psalmen, auch wenn sie christlich-neutestamentlich uminterpretiert werden mußten. Die Psalmen 2 und 110 nennen König David (1000-961) den Gesalbten Gottes und den von Gott eingesetzten priesterlichen König, der als Sohn und Vertreter Gottes dessen Ordnung im irdischen Bereich zu vertreten hatte und diese Aufgabe in vollkommener Weise erfüllte; weshalb sich die späteren Menschen einen neuen David (oder seinen Sohn) herbeisehnten. Für die Christen war dieser Gottessohn mit Jesus Christus bereits geboren worden; David konnte nur der alttestamentliche »Typus Christi« sein, genauer: er mußte zu einem solchen heiligen Herrscher werden. Eine Miniatur in der vom Laienabt von Saint-Martain - Vivian - beauftragten und in Tours um 845 hergestellten Bibel für Karl den Kahlen zeigt David als Psalmisten, eingerahmt durch die vier Kar-

74 Die vier Kardinaltugenden um David. Um 845, Tours. Paris, Bibliothèque Nationale, Ms. lat. I, fol. 215v

dinaltugenden (rechts oben die Justitia; Abb. 74). Psalm 72 besingt das Wirken des mit Batseba gezeugten Sohnes Davids, des Friedenskönigs Salomo (961-931), der den Gebeugten Recht verschaffte und dem Volke Frieden, weil Gott ihm auf seine Bitte die Weisheit - als »die Einsicht, um auf das Recht zu hören« (1 Könige 3, 11), die Meisterin aller Dinge - und mit ihr seinen heiligen Geist (Weisheit 1, 5) geschenkt hatte, der ihm »Maß und Klugheit, Gerechtigkeit und Tapferkeit, die Tugenden, die im Leben der Menschen nützlicher sind als alles andere« (Weisheit 7, 7) gelehrt hatte. Deshalb wurde auch Salomo - nun verstanden als heiliger Herrscher - mit den vier Kardinaltugenden abgebildet, wie z.B. in der um 1075 hergestellten Bibel des Klosters von Saint-Vaast (wobei rechts oben die Justitia - fälschlich als Fortitudo bezeichnet - ausnahmsweise in männlicher Gestalt [eben als Engel] dargeboten ist; Abb. 75). Wegen seiner Weisheit, die er im berühmten Urteil - das uns im Abschnitt über das erzählende Gerechtigkeitsbild begegnen wird - bewiesen hatte, wurde Salomo durch lange Zeit als Typus des gerechten Richters überhaupt (und auch des Weltenrichters Christus) angesehen.

Von daher ist es plausibel, daß sowohl David als auch Salomo Vorbilder der mittelalterlichen Herrscher waren. Bekannt ist, daß Karl der Große sich als neuer David sah, sich sogar so anreden ließ und mit aller Kraft danach

75 Salomon als Typus Christi, umgeben von den Kardinaltugenden. Miniatur aus der *Bibel von Saint-Vaast*. Um 1075. Arras, Bibliothèque Municipale, Ms. 59, Vol. III, fol. 1

trachtete, das Volk der Franken - das neue Israel - im Gottesreich zu vereinen. Der deutsche König Wenzel (1361-1419) ließ sich in der Pfalz zu Forchheim als neuer David darstellen; Lucas d'Heere malte 1559 Philipp II. als König Salomo (und die Niederlande als König von Saba). Auch James I. von England identifizierte sich mit Salomo als Friedensfürst. Schließlich können noch die Habsburger genannt werden, die sich als Nachfolger der beiden alttestamentlichen Könige verstanden, worauf auch schon die Reichskrone mit ihren diese beiden abbildenden Medaillons bezugnahm. Bezeichnend ist eine Miniatur in einer Handschrift der »Lex Alemannorum« aus der 2. Hälfte des 12. Jahrhunderts, in der Salomo als Kaiser des deutschen Reiches (auf dem Kopf die Reichskrone) und als gerechter Herrscher - deshalb mit dem Zeichen der göttlichen Gerechtigkeit [der im Gleichgewicht befindlichen Waage] über ihm - mit je einem Vertreter der Schutzbefohlenen (Bischof, Fürst, Ritter, Kleriker, Frau, Jude) zu sehen ist.

Freilich wurde bei manchen Darstellungen des heiligen Herrschers die Grenze zu dem von göttlichem Geist erfüllten Herrscher verwischt, aus Unkenntnis oder vielleicht auch aus bewußt ideologischen Gründen. Zudem kamen auch die Virtutes vom Himmel herab, wie früher der göttliche Geist selbst. So wurde die Heiligkeit eines Herrschers nicht nur dadurch zum Ausdruck gebracht, daß er den Nimbus (Heiligenschein) trug, und zwar nicht - wie sonst bei Lebenden üblich - in viereckiger Form, sondern als runde Scheibe (so wie er als Attribut der römischen Gottkaiser seit Konstantin auch für christliche Herrscher übernommen worden war), sondern auch durch den Hinweis auf die vom Himmel herabkommende Hand Gottes. Anzumerken ist in diesem Zusammenhang allerdings, daß nicht jede Krönung durch Gott (Christus) im Sinne einer Herrscherbestimmung verstanden werden darf. Viel häufiger meint diese Szene die Bekränzung des gerechten und daher für das ewige Leben geretteten Menschen durch die »Krone der Schönheit des Gerechten« (nach Weisheit 4, 16; 2 Tim. 4, 8).

Dabei konnte »Herrscher« nicht nur den Kaiser (oder König) meinen, sondern zugleich den - lange Zeit bekanntlich auch weltliche Macht anstrebenden und besitzenden - Papst: auch dieser heilige Herr verstand sich ursprünglich als Stellvertreter Christi auf Erden, wodurch die bekannte Konkurrenzsituation zum Kaiser (König) entstand, die dann im Investiturstreit eskalierte. Theoretisch wurde der Streit als Frage geführt, wem Christus das Schwert der Herrschaft nun überreicht habe. Die Auffassung, wonach er beide Schwerter (der geistlichen und weltlichen Macht) dem Papst übergeben habe und dieser eines davon dem Kaiser weiterreiche - der damit sein Lehensmann geworden wäre -, vermochte sich nicht durchzusetzen. Erfolgreicher wurde die Zweischwertertheorie, der zufolge Christus beiden je ein Schwert in die Hände gebe (vgl. Abb. 141 bei P/S); sie lag auch dem bedeutenden Sachsenspiegel des 13. Jahrhunderts zugrunde. Mit Erstarken der weltlichen Macht des Kaisers (und der Landesherren) wurde die göttliche Einsetzung selbst differenziert: der weltliche Herrscher erhielt das Schwert, der Papst das Rechtsbuch oder die Schlüssel der geistlichen Gewalt. Mit Bewußtwerden der nicht aufzuhebenden Differenz von göttlicher und irdischer Macht mußte freilich diese Vorstellung einer Einsetzung durch Christus - den im übrigen die Theologie nur als Jüngsten Richter, nicht aber als irgendeinen göttlichen Herrscher kennt! - an Überzeugungskraft verlieren. Doch ist anzumerken, daß dieser Gedanke in späteren Zeiten auf die Gerechtigkeit selbst bezogen wurde. Als Beispiel sei einer der Teppiche mit der Darstellung der Tugenden genannt, welche die Gerechtigkeit auf dem Thron über der Szene des Salomonischen Urteils zeigt und auch die Überreichung des Schwertes durch Gott (vgl. Abb. 147 bei P/S); oder man betrachte das Gemälde, das Jacob Jordaens (1593-1678) 1665 für die Antwerpener Akademie gestiftet hat (und das als Kopie im Gerichtshof von Den Haag und im Hulster Landhaus aufgehängt war; Taf. 23): es zeigt Justitia auf dem Löwen, der von oben das Schwert und von einem Engel die Waage überreicht wird, links daneben Moses und Aaron, der auf Deut. 1,16 mit dem Stab zeigt, um anzudeuten, daß die menschliche Gerechtigkeit nur in der göttlichen Gerechtigkeit begründet sein kann.

Die Grenzen der unterschiedlichen Typen von gottbezogenen Herrschern wurden auch in anderer Beziehung gerne und eindeutig in ideologischer Absicht verwischt. So verband man mit dem heiligen Herrscher beispielsweise gerne die Vorstellung, daß sein Reich, in dem er das von Gott gegebene Schwert der Macht zum Heil aller gebrauchte, wirklich das Gottesreich (das himmlische Jerusalem, zumindest das vorher errichtete Tausendjährige Reich) auf Erden darstellte bzw. dessen Verwirklichung einleitete. Der Sternenmantel Heinrichs II. (1014) zeigt darüber hinaus sogar, daß der Kaiser sich als Herr des gesamten Weltalls verstehen wollte, was weit über die Bedeutung als heiliger Herrscher hinausging. Aber auch in späterer Zeit beanspruchten die selbstbewußten Städte (Stadtstaaten) Italiens gleichfalls, in ihren Mauern das himmlische Jerusalem errichtet zu haben; auch das Fresko des Guten Regiments von Ambrogio Lorenzetti im Palazzo Pubblico in Siena kann wohl nicht ohne diesen Anspruch vollständig verstanden werden. Selbst Humanismus und Säkularisation änderte an der ideologischen Überzeugungskraft dieser Vorstellung als solcher nichts. Im 17. Jahrhundert wurden die Städte, in die der Herrscher Einzug hielt, oft als Abbilder des himmlischen Jerusalems aufgefaßt, wie auch der Palast des absoluten Herrschers überhaupt. Doch sollte man sich von diesem scheinbaren Weiterleben der gottbezogenen Herrschervorstellung nicht täuschen lassen; zunehmend traten die Unterschiede hervor, auch wenn ideologisch immer wieder versucht wurde, sie rückgängig zu machen und sie zu verschleiern. Die folgenden Ausführungen wollen einige Klärungen bieten.

Die Gerechtigkeit des tugendhaften Herrschers

Zunächst ist daran zu erinnern, daß jedenfalls diesem heiligen Herrscher selbstverständlich auch die Gerechtigkeit als eine der Virtutes neben den anderen im Rahmen seiner Heiligkeit zukam. Sie hatte für dieses Herrscherbild auch die Bedeutung, wie sie im Abschnitt über das auf Christus ausgerichtete Gerechtigkeitsbild skizziert ist: nämlich eine untergeordnete. Wichtig(er) war die Gläubigkeit (und im Kampf mit dem Papst: die Rechtgläubigkeit) des Herrschers, seine Freigebigkeit und Menschenfreundlichkeit, daher auch seine Aequitas, wie sie die römische Philosophie ausgearbeitet hatte als Eingehen auf die Besonderheiten des Einzelfalls, um die wirklich angemessene (»billige«) Lösung zu finden. Gerechtigkeit war immer in Einheit mit dieser Billigkeit gedacht - wie auch für das Bild von Christus selbst -, daher auch in der Praxis verbunden mit Gnade, Erbarmen, Versöhnung durch Ausgleich usw. Als besonderes Legitimationszeichen eignet(e) sich eine solche Gerechtigkeitsvorstellung innerhalb der allumfassenden Heiligkeit vom Inhaltlichen her nicht; von den bereits genannten technischen Schwierigkeiten des Einsatzes als Propagandamittel einmal abgesehen. Es galt vielmehr, den Herrscher als heiligen Wundertäter zu preisen.

Daran änderte auch der allmähliche Ablösungsprozeß nichts Wesentliches, bei dem das theologische Verständnis der Gerechtigkeit durch die philosophische Ethik der Kardinaltugenden ersetzt wurde. Der Grundgedanke ist im 4. Kapitel skizziert worden. Auf das oben Gesagte bezogen kann festgehalten werden, daß diesem neuen Verständnis eine geänderte Sichtweise der Seele zugrundelag. Sie hatte im Selbstbewußtsein der damals lebenden Menschen ihre Schwäche gegenüber dem Leib überwunden - der oft neuplatonisch als ihr Kerker aufgefaßt worden war - und erwies sich als mögliche Siegerin über das Materielle. Sie konnte deshalb aus sich heraus - als Kraftzentrum (lokalisiert im Herzen, in der Zunge, im Kopf) - nach sittlichem Leben streben. Die Virtutes verwandelten sich zu den ethischen Tugenden, damit also zu Vorbildern, die ein Sollen des Menschen zum Ausdruck brachten: dahingehend, daß er ihnen nachfolgen, ihrem Rat folgen, sich mit ihnen verein(ig)en sollte. Auf diese Weise wurden die Tugenden zunehmend als verführerische Frauen dargestellt, die von den Männern als Geliebte zur Ehe begehrt werden sollten, wodurch sie dann endgültig ihren Charakter als Virtutes (Engel) einbüßen mußten.

76 Heinrich VI. mit den Kardinaltugenden. Miniatur aus *Carmen de rebus siculis* des Petrus Ansolinus de Ebulo. Um 1196. Bern, Burgerbibliothek, Cod. 120, fol. 146

Der Herrscher wurde so zu einem Menschen, in dem diese Vereinigung mit den Tugenden im wesentlichen gelungen war: als der sittlich-vollkommene Herrscher. Sein Bildnis als individueller Mensch und die Tugenden als Bild der Vollkommenheit (und Herrschaft) traten als Einheit in einem wechselseitigen Bezug nebeneinander; wie in der Darstellung Heinrichs VI. (1165-1197) ersichtlich (Abb. 76). Sie treten wie intime Berater an seinen Thron heran oder stehen wie eine Gattin an seiner Seite, wobei sicherlich Livia - die Gattin des Augustus, die auf Münzen der Kaiserzeit als Justitia abgebildet wurde (Abb. 111) - als Vorbild diente. Durch diese ihre Anwesenheit machten die Tugenden die gelebte und in Handlungen bewährte sittliche Vollkommenheit dieses Menschen deutlich. Zugleich verlor die Heiligkeit den Bezug zum Herrscher: jeder Mensch konnte nun heilig werden, wenn er Christus nachfolgte im Glauben, in der Hoffnung und in der Liebe. Die drei theologischen Tugenden Fides, Spes und Caritas waren in der Dimension des göttlichen Geistes (als »virtutes infusae«) zu bestimmen, wodurch sich unweigerlich ihre Differenz zu den nun auch den Heiden offenstehenden ethischen Tugenden trotz ihres einheitlichen Bezuges zum guten (sittlichen) Leben verfestigte.

Die Gerechtigkeit stand zunächst weiterhin im Hintergrund. Sie war eingeordnet in die Viererreihe der Kardinaltugenden, sofern nicht überhaupt umfangreichere Tugendkonzepte ausgearbeitet wurden. Zentral blieb die Tugendhaftigkeit als Ganzes, die »virtus« des Menschen. Doch kam es - wie im 4. Kapitel skizziert - in zunehmendem Maße zur Herausstellung der Gerechtigkeit als der eigentlich politischen Tugend. Der Grund dafür lag in der Verlagerung des Schwerpunktes des guten (sittlichen) Lebens in das Innere der Seele des Menschen, genauer und eigentlich: in den »Geist«, den man über den materiellen Leib und der immateriellen Seele - die nun als leibbezogenes Bewußtsein und Gefühlsleben gedacht wurde - stellte. Während die Heiligkeit weiterhin göttliche Gabe (sacra mens) blieb, wurde die Tugendhaftigkeit nun rein irdisch verstanden, was zweierlei bedeutete. Einerseits wurde sie als die

Leistung des freien menschlichen Geistes begriffen, der sie aus sich selbst heraus in seinem seelischen Wollen und leiblichen Handeln verwirklichte; wodurch sich die Tugenden in ihrer Darstellung von den geliebten Gattinnen zu den gezeugten und ins Leben gerufenen Töchtern (und damit zu Jungfrauen) entwickelten. Als diese jungfräulichen Gestalten brachten sie andererseits die Tugendhaftigkeit als reines Sollen zum Ausdruck, das niemals in Vereinigung erreicht werden konnte. Niemand konnte mehr von sich beanspruchen, die Tugend auf Erden zu verwirklichen; aber sie erhoben weiterhin - im Unterschied zu den von Gott geschenkten Virtutes - einen Anspruch an den Menschen, von ihm im Leben und Handeln realisiert zu werden. Sie rückten damit in unbestimmte Ferne - freilich nicht des Himmels, sondern des Ideals - und wurden zu Postulaten einer philosophischen Ethik. Zugleich verloren die Tugenden insgesamt ebenfalls ihren Bezug auf den Herrscher: sie galten nun als Sollen für alle Menschen. Einen Wirklichkeitsbezug konnten sie nur mehr beanspruchen, wenn sie sich in einer Handlung des Betreffenden auch niederschlugen. Doch waren sie ihrem Ursprung nach in das geistige Innere des sich frei bestimmenden Individuums verlagert (worden). Wie sollte nun die Tugendhaftigkeit nicht bloß in theoretischen Traktaten postuliert, sondern in der praktischen Realität festgestellt und bewertet werden? In diesem Dilemma bot sich die Gerechtigkeit als die durch eine Besonderheit ausgezeichnete Tugend an: sie war stets (auch) auf das Verhalten gegenüber anderen ausgerichtet, wodurch ein geordnetes Verhältnis der gesellschaftlich lebenden Menschen als Werk des gerechten Handelns mitgedacht war.

So entstand die Vorstellung des gerechten Herrschers: nämlich des Herrschers, der diese Aufgabe der Ordnung des gesellschaftlichen Verhältnisses - wie sie in Fürstenspiegeln und anderen politisch-ethischen Traktaten entwickelt wurde - erfüllen sollte und durch sein Handeln auch verwirklichen konnte. Er war einerseits (noch) der tugendhaft-gerechte Herrscher, andererseits aber (bereits) der das gerechte Werk vollbringende, nämlich die gerechte Ordnung herstellende Herrscher. So wurde sein Bildnis als menschliches Individuum darstellerisch mit seinem Werk verbunden: als Versinnbildlichung des gerechten und die Gerechtigkeit verwirklichenden Herrschers.

Wegweisend war für diese Vorstellung sicherlich der als Neuerer und Ketzer berühmte Friedrich II. (1194-1250), der ihr im Triumphtor von Capua (errichtet 1234-1239) anschaulichen Ausdruck gab (Abb. 77). Den Mittelpunkt bildet die auf einer Thronbank sitzende, im Typ dem herkömmlichen Herrschersiegel entsprechende Statue des Kaisers. Dominierend aber ist der in einem Rund unter seinen Füßen angebrachte überlebensgroße Frauenkopf, der die von Friedrich in seinen Staatsschreiben häufig angesprochene »iustitia Caesaris« (oder »imperialis«) versinnlicht. Sie ist als Sprecherin der Verse zu

77 Das Triumphtor in Capua, errichtet 1234-39. Rekonstruktionszeichnung von Carl A. Willemsen

denken, die als Inschrift in dem sie umgebenden Kreise angebracht sind: »Auf des Caesars Geheiß bin ich des Königreichs Wächter! Stürzen werd' ich in Schmach, die ich veränderlich weiß«. Die beiden männlichen Köpfe - in etwas kleineren runden Nischen schräg rechts und links von ihr angebracht - sind Bildnisse zweier hoher Richter, in deren Mund die sie umgebenden, den Spruch der Justitia ausführenden Verse gelegt werden: »Sicher schreite hindurch, wer fehllos zu leben gewillt ist, aber der Untreue fürcht' Bann und im Kerker den Tod«. Als Umrahmung stehen Figuren von rechtlichen Tugenden: entweder die Personifikationen der zu Friedrichs Justitia-Auffassung gehörenden »ratio«, »provisio« und »lex« oder die Personifikationen der Eigenschaften, die den Herrscher lenken sollen, also Sapientia, Clementia, Prudentia und Pietas. Insgesamt deutete die offensichtliche Einheit von Kaiserbildnis und Justitia-Bild auf die Formel hin, die Friedrichs Selbsteinschätzung ausmachte: er sei »pater et filius iustitiae«. Damit sollte gesagt werden, daß er einerseits der die Gerechtigkeit verwirklichende und schaffende Vater sei (was sich in seiner gesetzgebenden Tätigkeit [im Sinne der »lex regia«] zeigte, mit der er lenkend in die Ordnung des Zusammenlebens einzugreifen pflegte und dadurch bekanntlich in Sizilien den ersten modernen, auf römischem Recht beruhenden Beamtenstaat errichtete); daß er andererseits aber auch der Mann sei, der sich der Aufgabe ihres Schutzes und ihrer Erfüllung (als »lex digna«) verpflichtet und sich ihrem Dienst als Sohn unterworfen habe. Offenkundig ist die Anspielung an das christliche Gottesverständnis, die aber nun bereits einerseits unter römischrechtlichem Einfluß säkularisiert war, andererseits wegen der Einarbeitung der römischen Kaiservorstellung Züge der Vergöttlichung annahm, zwar nicht des Individuums Friedrich selbst, sondern der Gerechtigkeit (die er repräsentierte). Darin folgte Friedrich u.a. dem führenden, 1192 verstorbenen Juristen Placentius, der in dem Prolog zu dem Werk »Quaestiones de iuris subtilitatibus« den »Templum Iustitiae« beschrieb, den er in einem Hain auf einem Berge entdeckt habe

1 Die Tugend der partikulären Gerechtigkeit. Miniatur aus der Handschrift des Regionaldus Piramus nach der Ethik des Aristoteles. Um 1500. Wien, Österreichische Nationalbibliothek, Cod. Phil. gr. 4, fol. 36

2 Lamm Gottes, umgeben von den vier Evangelisten, den vier Paradiesströmen und den vier Kardinaltugenden.
Aus einem Kollektar aus Zwiefalten. 12. Jh. Brev. 128, fol. 10v

3 Salvator Rosa, Die Wiederkehr der Astraea (Ausschnitt). Um 1645. Öl auf Leinwand, 138 x 209 cm. Wien, Kunsthistorisches Museum

4 Agnolo Bronzino, Felicitas publica florentina. 1565-70.
Öl auf Kupfer, 40 x 30 cm. Florenz, Uffizien

5 Peter Paul Rubens, Die glückliche Regentschaft der Maria de Medici. 1622. Öl auf Leinwand, 394 x 295 cm. Paris, Louvre

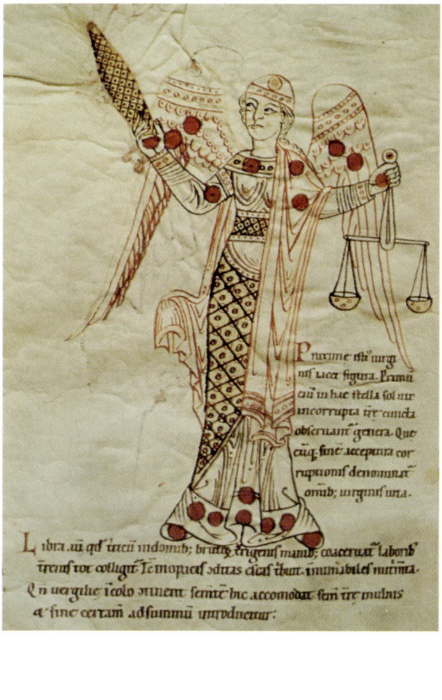

6 Astraea als Sternbild der Jungfrau. Federzeichnung aus Beda, *De natura rerum*. 12. Jh. Stiftsbibliothek Klosterneuburg Nr. 685

7 Justitia. Wandteppich aus der Serie *Los Honores* (Ausschnitt), hergestellt in Brüssel von Pieter van Aelst. 1520. Gold- und Silberfäden, Seide und Wolle, je 500 x 850 cm. San Ildefonso/ Segovia, La Granja

8 Die Tugenden und die artes liberales. Miniatur aus Niccolo di Giacomo da Bologna, *Le virtu et le scienze*. 1354.
Mailand, Bibl. Ambrosiana, Ms. B. 42 inf., fol. 1

9 Autorbild und die drei Tugenden. Miniatur in einer französischen Übersetzung von Lactantius' *Divinae Institutiones*. Um 1525. Paris, Bibliothèque Nationale, Cod. lat. 1671, fol. 127v

10 Justitia und Pax umarmen sich. Aus dem *Stundenbuch des Kardinals Alessandro Farnese*. 1546. New York, The Pierpont Morgan Library, Ms. 69, fol. 18

11 Justitia und die Gottesmutter Maria im Apfelbaum. Miniatur aus einer Handschrift von Guillaume de Deguileville, *Pèlerinage de l'âme* (1355).1393. Paris, Bibliothèque Nationale, Cod. fr. 823, fol. 133v

12 Die Errettung der Seele ins Fegefeuer. Miniatur aus dem *Stundenbuch von Rouen*. 16. Jh. Cherbourg, Bibliothèque, Ms. 5, fol. 67r

13 Justitia als Seelenwägerin. Um 1160-70. Kreuzreliquiar aus dem Maasgebiet. Privatsammlung, New York

14 Die vier Kardinaltugenden. Miniatur aus dem *Somme le roi* (1279) des Laurent du Bois. Handschrift Paris 1311. Paris Bibliothèque Nationale, Ars. 6329, fol. 96v

15 Die vier Kardinaltugenden. Miniatur aus dem *Somme le roi* (1279) des Laurent du Boi. Handschrift, 14. Jh. Hannover, Landesbibliothek, Ms. I 8, fol. 86v

16/17 Die vier Kardinaltugenden. Miniaturen aus *Fleur de histoires* (1454, 1467) des Jean Mansel. Brüssel, Bibliothèque Royle Albert I., Ms. 9232, fol. 448v; London, British Library, Add. Ms. 6797, fol. 276r

43

rande recōmendation
et loenge ont les an
ciens princes et phi
losophes lesquelz non
enluminez de foy no
affermez desperance
ne de charite ordenez furent tant ver
tueux es euvres des quatre vertus car

dinales tant de maulz et de paines
en souffrirent quilz en sont adez
mis en exemple a tous ceulz qui ap̄s
eulz sont venus. Et vrayement en re
mirant leurs vertueux faiz se doit
ung chascun efforcier de les ensieu
uir esdites euvres de vertu en referant
toutesvoies les bonnes euvres non

18 Die Philosophie und die vier Kardinaltugenden. Miniatur aus *Li Livres dou Trésor* (1284) des Brunetto Latini. Handschrift, 1460-70. Genf, Universitätsbibliothek, Ms. fr. 160

19 Die drei Tugenden vor Christine. Miniatur aus dem *Livre de la Cité des Dames* (1405) der Christine de Pizan. Nordfranz. Handschrift, um 1460-70. Wien, Österreichische Nationalbibliothek, Cod. 2605, fol. 3

20 Die Vernunft und die Tugenden. Miniatur aus der Handschrift des Regionaldus Piramus nach der Ethik des Aristoteles. Um 1500. Wien, Österreichische Nationalbibliothek, Cod. Phil. gr. 4, fol. 1r

21 Ambrogio Lorenzetti, Das gute Regiment (Krieg und Frieden). 1337-39. Fresko. Siena, Palazzo Pubblico

FIDES
SPES
PRUDENTIA

22 Die Formen der Gerechtigkeit. Miniatur aus der Handschrift des Nicole Oresme, franz. Übersetzung der *Nikomachischen Ethik* des Aristoteles. 1370-75. Brüssel, Bibliothèque Royale Albert I., Ms. 9505, fol. 89r

23 Jacob Jordaens, Das menschliche Gesetz basiert auf dem göttlichen. 1665. Öl auf Leinwand, 230 x 230 cm. Antwerpen, Koninklijk Museum voor Schone Kunsten

24 Marten de Vos, Die gerechten Richter von Brabant. 1590. Gemälde, 157 x 215 cm. Antwerpen, Rockoxhuis

25 Jacobello del Fiore, Venezia als Gerechtigkeit, auf der mittleren Tafel eines Triptychons. 1421. Venedig, Galleria dell' Accademia

26 Triumph der Gerechtigkeit. Teppich aus der Serie *Triumph der sieben Tugenden.* Um 1535, flämisch. Wolle und Seide, 440 x 556 cm. San Francisco, The Fine Arts Museum

27 Hyacinthe Rigaud, Ludwig XIV. Um 1701/02. Öl auf Leinwand, 279 x 190 cm. Paris, Musée National du Louvre

28 Vincent Sellaert, Frieden und Gerechtigkeit. Mitte 16. Jh.
Öl auf Holz, 77 x 121 cm. Düsseldorf, Kunstmuseum

29 Hans von Aachen,
Sieg der Wahrheit. 1598.
Gemälde auf Kupfer,
56 x 47 cm. München,
Alte Pinakothek

30 Das Grabmal für Alexander VII. von Gian Lorenzo Bernini in der Peterskirche zu Rom. 1671-1678

und in dem Ratio, Justitia und Aequitas mit sechs weiteren Tugenden wohnen würden. Zentrale Figur sei dabei die Justitia, die »in all ihrer Würde ... mit vielen Seufzern die Angelegenheiten Gottes und der Menschen beobachtete«; sie habe ihre Tochter Aequitas umarmt, die mit lächelndem Gesicht die Waage ihrer Mutter im Gleichgewicht zu halten suchte. Placentinus erwähnte dann noch eine »nicht zu bescheidene Zahl ehrenwerter Männer«, die als Rechtslehrer die »Diener« dieser göttlichen Justitia seien.

Mit Zerfall der Herrschaft Friedrichs II. im Interregnum erlitt auch diese Vorstellung des gerechten Herrschers eine Veränderung. Deutlich wurde sie in dem im 4. Kapitel ausführlich besprochenen Fresko des Lorenzetti im Palazzo Pubblico in Siena (Taf. 21). Siena (als alter Mann) und Justitia sind dabei einerseits wie Mann und Frau nebeneinander abgebildet; aber daneben finden sich die Tugenden (darunter auch eine »kleine« Justitia) als Töchter zu seinen Füßen. Offenkundig ist die Verbindung der Stadtherrschaft zu den 24 Mächtigen gezeigt, die in Eintracht und Freundschaft die Regierung zum Wohle der Stadtbevölkerung führen sollen. Das Fresko insgesamt ist als Mahnung und Vorbild der politisch Herrschenden zu verstehen; und doch auch schon als Zeichen dafür, daß in Siena dieses gute Regiment verwirklicht sei. Den Tugenden an den Stufen des Herrschersitzes kommt bereits eine Funktion im Rahmen des Bildes zu: sie sollen Herrschaft als gerecht, friedlich, Wohlstand begründend ausweisen und damit legitimieren.

Nicht ohne Grund bezog sich Lorenzettis Fresko auf die Gemeinschaft der Mächtigen in Siena; und nicht auf ein einzelnes Individuum. Auch die Herren von Brabant ließen sich in dieser Weise gemeinsam mit Justitia abbilden (Taf. 24), ebenso die Schöffen von Brüssel (Abb. 78). In letztem Grunde lag dieser Vorstellung der Gedanke zugrunde, daß eine gerechte Ordnung nicht (mehr) allein das Werk eines einzelnen sein könne, sondern daß sie Struktur des Gemeinwesens selbst zu sein hatte. Die Menschen mußten insgesamt gerecht sein, um ein friedliches und geordnetes Zusammenleben führen zu können. Dadurch bedeutet die Tugend der Gerechtigkeit zunehmend Gesetzestreue, Gehorsam gegenüber der Obrigkeit, Anerkennung des Untertanenstatus. Es blieb aber weiterhin das Erfordernis einer Obrigkeit, einer Instanz, die dieses zwar gemeinsam zu tragende Werk des geordneten »status« - also des Staates - ins Leben rief und am einheitlichen Leben hielt. Erforderlich war ein Individuum, das das Lebensgesetz dieses staatlichen Gemeinwesens verwirklichen konnte: nicht primär als gesetzgebende Tätigkeit (wie sie Friedrich II. in seinem Anknüpfen an römischrechtliche Ideen mit »lex« verbunden hatte), sondern als die Einheit des Gemeinwesens - das als »Leib« (corpus) vorgestellt wurde - tragende und lebendigmachende Gesetzmäßigkeit, die als »Seele« dieses Staatsleibes angesehen werden kann.

78 Anton van Dyck, Die Brüsseler Schöffen um Justitia. Grisaille-Modello eines Gemäldes (1634/35) für das Brüsseler Rathaus. Paris, Ecole Nationale Supérieure des Beaux-Arts

Der virtuose Herrscher als Seele des gerechten Staatsleibes

Seit dem Buch über »The King's Two Bodies« des Ernst H. Kantorowicz aus dem Jahre 1957 (deutsch 1990) ist die vor allem in England ausgearbeitete Theorie von dem Unterschied und der vermittelten Einheit des natürlichen »corpus« (body) des Menschen und des politischen »corpus« (body) des Herrschers berühmt; doch wird zuwenig die Vieldeutigkeit dieses Wortes beachtet. Zunächst sollte damit der »Leib« erfaßt werden, der in sich einen lebendigen, von der Seele gelenkten Organismus meinte. Die Theorie stellte somit den Leib des menschlichen Individuums dem Leib des Gemeinwesens gegenüber und sah die verbindende Einheit in seiner herrscherlichen Stellung, nämlich seine menschliche Individualität zugleich als lenkende und gestaltende Seele der politischen Ordnung. Das menschliche Herrscherindividuum war zugleich das Lebensprinzip (»Gesetz«) des Gemeinwesens.

Diese theoretische Konzeption war bildlich nicht unmittelbar darstellbar; es sei denn, daß man den politischen Leib selbst individualisierte und als Gerechtigkeit abbildete. Dies konnte dort gelingen, wo das Gemeinwesen sich als Frauengestalt verstehen konnte. Vorbild war das Stadtregiment von Venedig: Venezia.

Auch dem heutigen Besucher der Lagunenstadt und besonders des Dogenpalastes - der Regierungsgebäude, Justizpalast und Wohnung des Dogen in einem war - begegnen auf Schritt und Tritt Darstellungen der Justitia. Ihre Gestalt thront über dem Tor, sie blickt von den Wänden herab, sie dominiert alles Leben in den öffentlichen Räumen. Wolfgang Wolters hat in mehreren Büchern diesen Bilderschmuck zusammengestellt und interpretiert. Die Grundlage ist dabei offensichtlich: Justitia ist Venezia selbst, welche Einheit bereits 1421 Jacobello del Fiore künstlerisch zum Ausdruck brachte (Taf. 25). Die Stadtherrschaft zeigt sich der Menschheit - die sie als Weltenherrscherin regiert (und darin an die Darstellung der Himmelskönigin Maria erinnert) - mit Waage und Schwert, gekrönt auf dem Löwenthron oder der Erdkugel sitzend (Abb. 79). Die Tugenden sind in ihrem Reich selbstverständlich verwirklicht, weshalb sie - wie Justitia und Pax in dem Gemälde des Paolo Veronese aus den Jahren 1575/78 (vgl. Abb. 230 bei P/S) - ihr demütig nahen: sie legen ihr Waage und Ölzweig zu Füßen, ihr, die unberührt von diesen Gesten als wahre Herrin über alles in die Ferne und die Zukunft blickt. Venezia wird von den Tugenden nicht angesprochen oder gar aufgefordert, sie zeigt sich von deren moralischer Kraft nicht getroffen oder berührt. Die Tugenden haben ihre Stellung im Rahmen einer Ethik, ja sogar innerhalb einer Lehre von der gerechten Politik verloren. Sie sind nur mehr dazu da, der weiblichen Stadtherrschaft zu huldigen und sie zu rühmen. Wie Hofdamen preisen sie die Herrlichkeit Venezias, die über ihnen steht und der sie dienen, dienen müssen, da sie überwältigt sind von der Pracht und dem Ruhm dieser Herrschaft, ein Ruhm, der über die Gegenwart hinausgeht und die Nachwelt, aber auch die Vorzeit beeindruckt. Es treten deshalb auch die antiken Gottheiten auf, denen die Herrin - wenn überhaupt, am ehesten - vergleichbar ist; am besten Astraea, wie sie eine Frau, die für die Wiederkehr des Goldenen Zeitalters steht (vgl. Kapitel 2). Die Grenzen von antiker Göttin und Stadtherrin verschwimmen in einem Jubel über das gerechte Gemeinwesen. Die Hinweise auf den christlichen Gott werden in eben diesem Sinne verstanden: als Darstellung seines göttlichen Segens für diese daher den Menschen so segensreiche Herrschaft des Goldenen Zeitalters.

79 Giovanni und Bartolomeo Bon, Gerechtigkeit (Venedig als Astraea). Statue auf der Porta della Carta. Um 1440. Venedig, Palazzo Ducale

Venedigs Bilderschmuck und Programm wurden das Vorbild für viele andere Herrschaften; und auch für männliche Herrscher, denen freilich die unmittelbare Selbstdarstellung als (weibliche) Justitia verschlossen war. Es galt daher, eine vergleichbare Form der Versinnlichung der theoretischen Grundlegung vom Herrscher als dem Lebensprinzip des Gemeinwesens zu finden. Dabei stand der Ausgangspunkt fest: Gefordert war nicht mehr eigens die Tugendhaftigkeit (Gerechtigkeit) dieses Herrscherindividuums; sie war mit der Qualität als Lebensprinzip des Staatswesens mit Notwendigkeit vorauszusetzen. Gesucht wurde das große Individuum, das - wie einst die Heroen - die Macht besaß, die Menschen zu dem die gerechte Ordnung herstellenden Handeln zu leiten: der Mensch mit »virtu«, mit Tatkraft, Energie und Würde; es waren die Humanisten, die im Anschluß an die klassische Philosophie der Griechen und Römer und unter Aufnahme gnostischer Ideen begannen, den Menschen zu verherrlichen.

Im Zentrum des italienischen Humanismus stand das große (männliche) Individuum, das einerseits - getrieben von Leidenschaften und Begehren - drohte, zu großen Taten hingerissen zu werden, das andererseits aber durch Klugheit und Selbstdisziplin diese Kräfte zu bändigen wußte und in selbstbestimmter Freiheit handelnd diese zu bändigen vermochte. Erinnerungen an das heroische Zeitalter, von dem der Grieche Hesiod im 7. vorchristlichen Jahrhundert gesprochen hatte (darin das Vorbild für die großen römischen Dichter Vergil und Ovid) und dabei an die Kämpfe vor Theben und Troja gedacht hatte (was die Römer auf ihren Aeneas bezogen), waren bestimmend; die Gestalt des Herkules/Herakles diente als Vorbild: nicht nur wegen seiner ungeheuren Stärke, sondern auch - wie die Geschichte seiner Entscheidung am Scheidewege für den harten und steinigen Weg der Tugend (und gegen den weichen, aber sumpfigen Weg des Lasters) zeigte - wegen seiner Klugheit und Vollkommenheit. Der wahre Mann hatte von daher die Kraft (virtu), die Laster zu vertreiben und sein Leben in die eigene Freiheit zu nehmen, was auch bedeutete: Fortuna (der Gottheit des Glücks, auch des blinden Zufalls) nicht zu folgen.

Jedenfalls wird deutlich, daß der Begriff der »virtu« in seinem Bezug zur »Würde« (dignitas) des Menschen (qua Menschheit) an die Stelle der theologischen »Heiligkeit« und der philosophischen »sittlichen Vollkommenheit« trat, und zwar auch in seinem umfassenden Bezug auf die Totalität des Lebens (und sogar des Sterbens, also für die Nachwelt). Neu war die Ausrichtung nach außen, der Blick auf die anderen, das Begehren, sich in den anderen zu spiegeln und dadurch seine eigene Größe vermittelt durch diese anderen zu erfahren; neu war insbesondere auch die Sehnsucht nach Ruhm. Sogar die Heiligkeit selbst und als solche wurde von diesem Streben ergriffen und verändert: es ging nun auch darum, seine tiefe Gläubigkeit den anderen mitzuteilen, sich vor den anderen zu geißeln und zu kasteien, jedenfalls die Nachfolge Christi in Keuschheit und Armut allen sichtbar werden zu lassen. Auch diese neuen Heiligen strebten nach dem Ruhm im Leben wie nach dem Tode in der Erinnerung der Nachwelt. Der Herrscher konnte aber ein solcher Heiliger nicht mehr sein: wie auch Christus schon lange nicht mehr als Herr der Welt und als Sieger über Tod und Teufel geglaubt wurde, sondern als der leidende, die Tiefen des Menschseins nachlebender Bruder, als der Arme, als jeder Arme nach Matthäus 25, 40: »Was ihr für einen meiner geringsten Brüder getan habt, das habt ihr mir getan«. So konnte auch der Ruhm des Herrschers nicht mehr in einer solchen Heiligkeit liegen, auch nicht mehr in sittlicher Vollkommenheit, sondern mußte durch große Taten in der Welt geschaffen werden. Der virtuose Herrscher war der mächtige Mann, der Fürst im Sinne des Nicolo Macchiavelli (1469-1527).

Die Gerechtigkeit war eingebunden in dieses Programm der Virtu, dafür nicht mehr ausschlaggebend, nur mehr selbstverständlich auf den Mächtigen bezogen, der es schaffte, Lebensprinzip der gerechten Ordnung zu sein. Gerechte Taten konnten zwar auch den Ruhm des Herrschers begründen; aber maßgebend war das Nach-außen-Treten dieser Taten, die Inszenierung dieser Gerechtigkeit, wodurch der Herrscher sich als der große Staatsmann in all der Prächtigkeit und Monumentalität erwies. Die Gerechtigkeit der von dem Herrscher repräsentierten Ordnung mußte in Pracht und Herrlichkeit nach außen treten, in Triumphzügen, Festspielen, Hymnen auf seine Größe und Tugendhaftigkeit. Der Herrscher mußte seine Herrschaft selbst inszenieren; er war selbst ein Kunstwerk, das den künstlerisch gestalteten und geordneten Staatsleib sinnlich zum Ausdruck brachte.

Volker Breidecker hat am Beispiel der Medici in Florenz dieses neue humanistische Konzept von Herrschaft dargestellt: als Inszenierung in einem Gesamtkunstwerk, das die Sinne (und Sinnlichkeit) aller erregte, anzog und überzeugte. Politisches Leben war ein Fest für Augen und Ohren, zeigte sich in lebendigen Bildern voller Tanz, Klang, dichterischer Sprache, auch ein Fest für den Magen und die sexuelle Phantasie. Grundlegend war das rhetorische Anliegen, die Menschen von der Größe der Herrschaft durch die Prachtentfaltung des Herrschers zu überzeugen: durch eine sinnliche Rhetorik, die sich nicht mehr nur (und nicht einmal vordringlich) der Worte bediente, sondern Bilder, Szenen, Theatralik heranzog, Sensation war. Politisches Leben war Schauspiel, Drama mit Musik, Gesamtkunstwerk - wie es im 19. Jahrhundert in der Ästhetik Richard Wagners zum letzten Male gedacht war (und deshalb nicht zufällig von dem Nationalsozialismus herangezogen werden konnte, in dem diese Vorstellung von Politik nochmals verwirklicht werden sollte) -, auf der einen Seite durchdachtes (durchkomponiertes) Drehbuch, auf der anderen Seite unmittelbar in Fleisch und Blut übergehendes Spektakel in der Einheit von Ikonologie der Theoretiker und Kunst (künstlerische Ausführung) der Praktiker. Diese Einheit von Theorie und Praxis wurde in der Gestalt des virtuosen Herrschers zusammengedacht. Er hatte nicht nur theoretisch klug, gebildet, belesen, eine männliche Minerva zu sein, auch nicht nur stark, gerecht, diszipliniert (mäßig), freigebig, freundlich, gnadenvoll mild zu sein, sondern auch ein Künstler, der seine Werke öffentlich vortrug oder aufführen ließ; der sich deshalb auch von Künstlern umgeben ließ, in welcher Runde er »primus inter pares« war. Die Hieroglyphik bildete dabei gerne das diese geheime Gemeinschaft verbindende geistige Band, wie im Kapitel über das verschlüsselte Gerechtigkeitsbild noch ausführlich dargelegt werden soll. Insgesamt war der Herrscher nicht mehr heilig und auch nicht mehr sittlich vollkommen, aber in seiner totalen Virtu göttlich: freilich nicht im christlichen, sondern im antiken Sinne, was zu der Renaissance der griechischen und römischen Götter führte, die man nun als Bilder solcher Virtu auffaßte und heranzog. An dieser Stelle sei auch noch einmal an die Wiedergeburt der Idee des Goldenen Zeitalters und der Astraea erinnert.

Die Arbeit von Breidecker erläutert dieses »Anschaulichwerden der Macht« - »wie sich die Macht der in Schönheit anschaulich gewordenen Ideen mit den erhabenen Eindrücken profaner Macht und der sinnlichen Einübung in ihre Konventionen zu verbinden vermag« -, wobei er die zivilisationsgeschichtliche Bedeutung dieses Vorgangs (im Sinne von Norbert Elias) herausgearbeitet hat. Der in der beginnenden Neuzeit sich ausbildende moderne Staat (als Staatsapparat) mußte dieser Auffassung zufolge seinen Grund in der Lebenspraxis der Menschen finden, die wiederum erst allmählich gelernt haben, Untertanen zu sein. Dieser Lernprozeß konnte nicht alleine über den Kopf und durch Theorie gelingen; er mußte sinnlich getragen und emotional fundiert werden. Gerade eine solche Wirkung erzielte die geschilderte politische Festlichkeit, welche die Sinne der Menschen von der Größe und Wirklichkeit der Herrschaft - am Leib des prächtigen ruhmbeladenen Herrschers - in unmittelbarer Weise überzeugten. Gerade die Kunst war für diese Aufgabe prädestiniert: konnte sie doch ohne (äußeren) Zwang und ohne negative Emotionen wirken; wobei Breidecker zusätzlich auf die Ähnlichkeit der politischen Umzüge, Festspiele, Hymnen mit den (früheren und daher vertrauten) geistlichen Spektakeln hinweist. So bildete sich der »Staat in den Köpfen« vermittelt über den »Staat in den Sinnen« heraus! Beliebt waren (auch deshalb) die feierlichen Hochzeitszüge, die den Zuschauern ihre eigene Vereinigung mit dem Herrscher - das Volk als gehorsame und sich aufopfernde liebende Frau! - in unmittelbarer (mythischer) Weise vor die Sinne (und die Phantasie) stellten

(Abb. 21, Abb. 22). Die erotische Bedeutung der weiblichen Gestalten, in denen die Tugenden auftraten, wird im Kapitel über das weibliche Gerechtigkeitsbild noch erörtert werden.

Insgesamt kann die Bedeutung dieser Feste, Umzüge, Einzüge, Triumphzüge, Theaterspiele, Ballettaufführungen, Feuerwerke, Turniere usw. gar nicht überschätzt werden: sie waren ein entscheidender Schritt bei der Durchsetzung der modernen Staatsmentalität. In ihnen sollte die Herrschaft (als Einheit der beiden Leiber von Mensch und Gemeinwesen) verherrlicht werden: als Inkarnation der Ordnung, pater patriae, Garant für Frieden, Wohlstand und Gerechtigkeit, auch als Mäzen, antiker Held (Herkules/Herakles, Aeneas, Alexander, Caesar, Augustus, Karl der Große), auch als antike Gottheit; darüber hinaus als Sieger über die Vergänglichkeit und über Fortuna, über das Dunkle und die »Nacht des Bösen und der Unwahrheit«, weshalb der Herrscher auch als Apoll und/oder Sonne(ngott) - auch als »Sonne der Gerechtigkeit« - aufgefaßt wurde. So traten im Finale des 1581 für Heinrich III. von Frankreich aufgeführtes »Balet Comique de la Reyme« die vier Kardinaltugenden auf (Abb. 80) und verglichen den Herrscher mit Jupiter: er habe Circe besiegt. Daneben dienten diese Festlichkeiten dazu, die Memoria (Erinnerung) an ihn der Nachwelt zu erhalten, seine Tugenden als Grundlage des Gemeinwesens zu verstehen, seine Weisheit/ Klugheit (sapientia) als obersten Richter zu loben, den Fürsten als Architekten des Gemeinwesens zu preisen (und ihn mit dem Schöpfergott zu vergleichen) und das Goldene Zeitalter zu beschwören (als Harmonie des idealen Staates). Auch die Vision des Psalm

80 Einzug der vier Kardinaltugenden im Finale des »Balet Comique de la Reyne« (1581). Stich von Baltasar de Beaujoyeux

85, 12 wurde theatralisch aufgeführt: Gerechtigkeit und Wahrheit vereinen sich als lebendes Bild anläßlich des Einzugs von Maria Tudor 1514 - als Gattin von Louis XII. - in Paris, zugleich eine Anspielung auf diese Vermählung und in Parallele zur Verkündigung Mariens (Abb. 81). - Im Detail kann hier auf diese Festlichkeiten nicht eingegangen werden, es muß an dieser Stelle auch darauf verzichtet werden zu klären, in welcher Weise sich z.B. die Triumphzüge und Triumphbögen von ihren Anfängen im Italien des 15. Jahrhunderts für Fürsten und Päpste (die zugleich weltliche Herrscher des Kirchenstaates waren) - nach Vorbildern des alten Rom - zu den Feierlichkeiten des 17. Jahrhunderts entwickelt haben. Nur das Beispiel des Nürnberger Triumphbogens für Karl VI. soll diesen Punkt nochmals verdeutlichen (Abb. 82). Auch eine Untersuchung jener Zusammenhänge, die zur Ablösung der lebenden Bilder in diesen Umzügen und zur Ersetzung durch gemalte (und damit: statische) Bilder führten, kann hier nicht erfolgen.

81 Mary Tudor und Louis XII., umrahmt von Wahrheit und Gerechtigkeit. Darstellung eines lebenden Bildes beim Einzug 1514 in Paris. London, British Library, Cotton Ms. Vespasian B II, fol. 15

Neben dem globalen Hinweis auf die Ausführungen Breideckers für das Florenz der Medici sollen noch einige andere Beispiele für dieses Herrschafts- und Gerechtigkeitsverständnis angeführt werden. Wertvolle Aufschlüsse gibt dafür die Untersuchung der Reitermonumente von absolutistischen Herrschern, die Ulrich Keller 1971 vorgelegt hat. Besonders interessant sind seine Ausführungen über die Statue von Ranuccio Farnese (gestorben 1622) - dem Herzog von Parma und Piazenza -, die 1620 Francesco Mochi geschaffen hat. Denn dieses Denkmal hat zwei Sockelreliefs aus dem Jahre 1629, die sehr aufschlußreich sind. Das eine stellt das gute Regiment dar: die »unbestechliche Gerechtigkeit« - nach Ripas »Iconologia« abgebildet - thront mit Krone und Schwert in der Mitte eines Podestes, zu ihren Füßen die Leichen von Krieg und Zwietracht; neben ihr - und jeweils eine Waage haltend - stehen Klugheit und Mäßigkeit; darunter sind Wahrheit, Religion, Gefälligkeit,

82 Die Ehrenpforte »auf der Veste« zum Einzug Karls VI. 1712 in Nürnberg. Kupferstich. Nürnberg, Germ. Nationalmuseum

Großzügigkeit, Güte (mit Hund und Kuh zu den Füßen), Großmütigkeit (auf dem Löwen), Milde und Glaube einerseits (als die sittlichen Fürstentugenden), Klugheit, Meditation, weiser Rat, königliche Majestät (mit Krone, Szepter und Adler), Besonnenheit (mit Zirkel und Meßstab), Eilfertigkeit und Vorsicht (mit Schlüsseln und Steuerruder) andererseits (als die individuellen Tugenden des Verstorbenen). Zwischen ihnen treten Wachsamkeit (mit dem Kranich an der Seite) und ein Abgesandter der Stadt Piazenza herbei; letzterer weist die »Skulptur« an, auf einem Teppich kniend der Gerechtigkeit ein kleines Modell der Reiterstatue Ranuccios zu überreichen. Keller interpretiert diese Szene dahingehend, daß das Volk dem Fürsten dieses Monument errichtet habe, weil er diese Tugenden wirklich ausgeübt hätte; der eigentliche Dank und die tiefere Verehrung gelte aber dem guten Regiment als der Idee des Herrschertums selbst und nicht ihm als Individuum. Unter demselben Vorbehalt steht das zweite Sockelrelief, welches das Glück des Volkes als Wirkung des guten Regimentes darstellt, wobei Friede und Überfluß im Mittelpunkt stehen, um sie herum die (schlafende) Securitas und das kanonische und bürgerliche Recht (mit Waage und Buch bzw. Buch, Waage und Schwert).

Da dachte die Familie der Farnese schon anders, als sie im Jahr 1597 begann, unter der Leitung des Annibale Carracci in ihrem Palazzo in Rom den Repräsentativraum - die Galleria - ausschmücken zu lassen und sich - der Familie entstammten immerhin die Herzöge von Parma und Kardinäle, vor allem Papst Paul III. - darin preisen und verherrlichen zu lassen. Iris Marzik hat das Bildprogramm dieser Galleria Farnese herausgearbeitet und dabei aufgezeigt, daß als Abschluß der beiden Langseiten des Raumes innerhalb der Darstellung von vier Wappen und Tugenden auch der oben genannte Ranuccio einbezogen wird. Unter seinem Wappen findet sich die Justitia mit dem erhobenen Rutenbündel (mit Beil) und Waage (Abb. 83): ein eindeutiger Hinweis darauf, daß damit Ranuccio als der gerechte Herrscher aufzufassen sei, daß er - in der Sprache des damals aktuellen Neuplatonismus - die Idee des gerechten Herrschers wirklich sinnlich auf Erden repräsentiere. Deshalb befindet sich dieses Bild auch in einer dieser Gallerien, die überhaupt nur einem Zweck dienten: nämlich der Verherrlichung des Bauherrn und Auftraggebers.

Vergleichbares gilt (daher) für die Galleria Riccardiana in Florenz, für die Luca Giordano (1634-1705) nach dem Programm von Alessandro Segni um 1685 die Verherrlichung der Medici malte. Dabei stellte er zunächst die antiken Götter als Beispiele dafür dar, daß sie im Grunde nur Fiktionen seien; als eigentlich wesentlich demgegenüber könnten nur die Tugenden (hier: die vier Kardinaltugenden) gelten, deren Verwirklichung die Menschen über die Erde erheben und so göttergleich machen würde; was am Beispiel der Medici dann konkretisiert wird. Selbstverständlich verwirklichen diese neuen Götter - die neben den antiken Gottheiten stehen, da auch diese nur als Vollendung bestimmter Tugenden aufzufassen sind - die Tugend der Gerechtigkeit. Giordano hat letztere - wie die anderen Kardinaltugenden auch - als Gruppe komponiert (Abb. 84), die Justitia also von Untertugenden (»Strafe« mit Schwert und Eisenstab, »Belohnung« mit Eichenzweig und Füllhorn, »Klage«) und dem Vogel Strauß als Attribut begleiten lassen. Sie überwinden Zwietracht (mit Blasebalg) und Betrug (mit Maske), was - wie oberhalb zu sehen ist - zu Ruhe (mit Anker und Nest auf dem Kopf), Ruhm und Sicherheit führt.

83 Annibale Carracci, Justitia. Detail eines Freskos. 1597. Rom, Palazzo Farnese, Galleria

Vorbild des Freskos von Giordano und für zahlreiche andere Bilder war die sogenannte »Medici-Galleria« von Peter Paul Rubens, die er seit 1617 nach dem Programm der französischen Königswitwe und Ex-

84 Luca Giordano, Allegorie der Gerechtigkeit. Fresko in der Galleria Riccardiana. Um 1685. London, coll. Denis Mahon

Herrscherin Maria de Medici schuf; diese zog dafür ihren geistlichen Berater - den Abbé von S. Ambroise -, den Humanisten Peirese und Richelieu selbst hinzu. Große Bedeutung kam dabei der Emblematik und Hieroglyphik - auch in der Form der Devisen - zu. Rubens gestaltete daraus in meisterhafter Weise einen Reigen von mythischen, mit Leben erfüllten Mächten, von echten Sinn-Bildern voller Dynamik und Schwung. Alle Episoden aus dem Leben der Königin - und nur diese Gemäldereihe wurde vollendet (daher nicht die Bilder aus der Geschichte ihres 1610 verstorbenen Gemahls Henri IV.) - erschienen so als Ereignisse, die Himmel und Erde in Bewegung versetzen konnten: ob als neugeborenes Kind oder als Königin von Frankreich, stets bildete Maria den Mittelpunkt des Kosmos. Das französische Königspaar identifizierte sich mit dem olympischen Herrscherpaar Jupiter und Juno, wie überhaupt in unmittelbarem Nebeneinander Menschen, historische Persönlichkeiten und antike Gottheiten im Kampf zwischen Gut und Böse um Maria agieren; was nur auf der Grundlage der Überzeugung verstehbar ist, daß man versuchte, nicht nur diesen Gottheiten - den Personifikationen der Tugenden oder der Künste - gleich zu sein (und daher nach dem Tod wie Herkules/Herakles in deren Kreis aufgenommen zu werden zu ewigem Ruhm und unvergänglicher Erinnerung), sondern sie durch Vollendung aller Tugenden zu übertreffen und zu beherrschen; so auch Justitia. Das Bild »Geburt des Dauphin« zeigt diese Tugend, wie sie den Neugeborenen dem Genius der Gesundheit in den Arm legt. Die

85 Peter Paul Rubens, Die Volljährigkeit Ludwigs XIII. 1621-25. Aus dem Zyklus *Die Geschichte der Maria de Medici*. Öl auf Leinwand, 394 x 295 cm. Paris, Louvre

»Glückseligkeit der Regentschaft« stellt Maria de' Medici selbst und unmittelbar als die zurückgekehrte Astraea dar, wie im Abschnitt über das die Weltordnung repräsentierende Gerechtigkeitsbild dargelegt ist (Taf. 5). Von daher ist es nur konsequent, wenn in dem Bild der »Übertragung der Regentschaft« (Abb. 85) das Staatsschiff - dessen Ruder bereits Louis XIII. übernommen hat (wobei ihm Maria noch helfend zur Seite steht), an dessen Mast Gallia mit Flammenschwert und Reichsapfel steht - von den vier Kardinaltugenden gerudert wird, wie aus den Emblemen an ihren Schildern - die Waage für die Gerechtigkeit - ersichtlich ist. Hierin wird deutlich, daß Maria und nun auch ihr Sohn, d.h.: der französische Herrscher überhaupt, über den Tugenden stehen, ihnen befehlen, daß die Tugenden ihre Diener sind. Damit ist zugleich ein neuer Herrschertyp und ein neues Gerechtigkeitsverständnis in den Blick gekommen.

Der absolute Herrscher - losgelöst von der Gerechtigkeit als der Säule des Staatskörpers

Im Florenz der Medici war das politische Gesamtkunstwerk noch auf die leibliche Gestalt des Herrschers bezogen; war doch noch Staat und Herrschaft Thema der Darstellung seiner selbst als des mächtigen Individuums, das Lebensprinzip des »corpus« (als eines in sich lebendigen »Leibes« oder Organismus) des Gemeinwesens war und zu sein die Kraft hatte. Mit Etablierung des »Staates in den Köpfen« bildete sich allmählich der Staat als ein neuer und andersgearteter »corpus« heraus, nämlich als ein in sich nur mehr gesetzlich funktionierender »Körper« im Sinne eines mechanischen Apparates oder einer Maschine. An die Stelle »des« Herrschers trat »die« Herrschaft, genauer »der« Staat; der mächtige und prächtige Leib des Gemeinwesens, wie es im virtuosen Individuum sich selbst darstellte und feierte, wurde abgelöst durch den Körper der Macht, wie ihn Thomas Hobbes als Titelblatt seines »Leviathan« (1651) konzipierte: als Riesenkörper, der aus den Körpern der Untertanen besteht, die er an Kraft so eindeutig überragt, daß sie ihm keinerlei Widerstand entgegensetzen können. Der Herrscher gehört nicht mehr in diesen Staat hinein, er fungiert als Außenhaut dieses gigantischen Körpers, den er mit Zwangsandrohung (Gesetz, Justiz, Vollziehung) von außen her und mit Not zusammenhält.

Ernst H. Kantorowicz stellt in seinem bereits genannten Buch die wesentliche Unterscheidung in der Theorie von »The King's two bodies« heraus: der politische »corpus« (body) wird zunehmend als unsichtbar bestimmt, als leiblos, unsinnlich, unmenschlich. Er wird in der Theorie der nun die Macht in den Händen habenden Juristen zu einem Rechtsbegriff, nämlich zum Begriff der »Körperschaft« im Sinne der juristischen Person. Was soll gegen eine solche juristische Konstruktion noch der individuelle Herrscher, dessen natürlicher »corpus« (body) als sterblich abqualifiziert wird? Er muß sich der rechtlichen Begrifflichkeit unterwerfen und seine Natürlichkeit abwerfen. Dabei war der im 2. Kapitel besprochene Versuch der englischen Königin Elizabeth I., sich als jungfräuliche Astraea und damit als unsterblicher Frauenleib (mit der Maske der ewigen Jungfräulichkeit) darzustellen, für männliche Herrscher nicht gangbar. Sie mußten ihre Menschlichkeit und Natürlichkeit in anderer Weise hingeben.

Der Ausgangspunkt war wiederum eindeutig. Selbstverständlich brauchte ein solcher Herrscher nicht mehr gerecht zu sein; er war nur mehr die äußere legale Gewalt. Auf seine Heiligkeit, sittliche Vollkommenheit, Gerechtigkeit oder Virtuosität kam es nicht mehr an. Wofür sollte sie denn auch nütze sein? Der Staatsapparat funktionierte gesetzlich: die Gerechtigkeit war in ihn hinein geraten, zu der Tugend der Richter geworden, die als staatliche »Justiz« die Gesetze der Macht anwenden sollten. Ihre Tugend bestand nun in dem mechanischen Weiterdenken der gesetzlichen Befehle (als »Subsumtionsautomaten«), weshalb die Justitia auch aus ihren Herzen und Köpfen verschwinden mußte. Sie floh auf die Vorderfront der Justizgebäude und siedelte sich dort über den Köpfen der Untertanen an: als steinernes Denkmal, das die Gerechtigkeit des staatlichen Systems anzeigen und die Zwangsgewalt legitimieren sollte. Auch sie hatte ihr Leben als Engel, Tugend, Virtu verloren! Was bis heute gilt: Wir leben im Zeitalter des Positivismus, der Recht mit staatlichem Gesetz gleichsetzt und dieses Gesetz zur Norm des politischen Handelns macht, wodurch der Staat zu einem gesetzmäßig agierenden Apparat wird. Thomas Hobbes hat immerhin noch in seinem »Leviathan« einen Staatskörper in einer menschlichen Gestalt gesehen; heute ist uns selbst diese Vorstellung entschwunden. Wir sprechen nur mehr von einem »Staatsmechanismus«, einem mechanischen Körper, einem »Apparat«, dessen Funktionieren die Systemtheorie erfassen und beschreiben kann. Gerechtigkeit ist der modernen Welt zur Einheit des Systems »Gesellschaft« geworden! Juristen beschränken sich auf die Auslegung der staatlichen Gesetze: ob sie auch gerecht sind, bleibt eine akademische Frage für Idealisten, die von einigen altmodischen Studenten gefragt werden nach einer Vergangenheit, in der man noch philosophierend, ja sogar noch glaubend über Gerechtigkeit sprechen konnte. Wir müssen die alten Griechen und Römer ergänzen: Astraea ist nicht bloß in den Himmel zu ihrem Vater geflogen; sie ist überhaupt verschwunden, weshalb sie auch niemand mehr zu suchen oder anzurufen braucht.

Was sollte sie denn noch bewirken können in der neuen Welt der staatlichen Gesetze, die sich als verbindliches Recht selbst setzen und ausgeben?

Läßt man die Bilder seit dem Aufkommen des Absolutismus Revue passieren, dann wird deutlich, daß Justitia auch und vor allem ihren Bezug zum Herrscher verloren hat. Es wurde oben bereits darauf hingewiesen, daß das Wesentliche in dem funktionierenden System der Herrschaft - in dem »Staatskörper« - gesehen wurde, weshalb zunächst der Herrscher als Individuum beliebig wurde. Es setzte sich die Erbmonarchie durch, die auf dem Grundsatz des Zufalls beruhte: es war ein unfreies, dem menschlichen Handeln entzogenes Naturgesetz oder die unbegreifbare Gnade eines recht-losen Gottes, ob nun der von dem bisherigen Herrscher gezeugte Nachkomme zu seiner Position taugte oder nicht. Dieses »Gottesgnadentum« konnte jedem zukommen, weil eine solche Gnade immer unverdient war.

In der Huldigung des Jean Thenaud an die französische Königsfamilie (um 1519) - einem Werk, in dem der Autor seine im Traum erlebte und immer wieder neu beginnende Pilgerfahrt auf der Suche nach dem irdischen Paradies, in dem die Kardinaltugenden triumphieren und die königliche Familie von Frankreich zu einem glanzvollen Sieg führen, schilderte - findet sich ein Bild vom Ende der Reise (Abb. 86), also dem geglückten Erreichen dieses irdischen Paradieses (Frankreich). In der Mitte des blühenden Gartens thront Louise von Savoyen - welcher der Autor auch sein Werk überreichte - mit der Sonne in der erhobenen Linken als Quelle aller Tugenden, die mit ihrem Quellwasser die Kardinaltugenden und die von ihnen gefeierten Angehörigen belebt; unten sind die Brunnen von Temperantia (mit Waage) und Königin Claude (links) und von Prudentia (mit Zirkel) und Marguerite d'Angoulême (rechts); oben sind die Brunnen von Fortitudo (mit Turm und Schwert) und König Franz I. (rechts) - im übrigen mit der Kaiserkrone, die er von 1516 bis 1519 auch als offizieller Bewerber anstrebte (in welchem Streben ihn [wie das Werk erzählt] Julius Caesar, mit dem er persönlich zusammengetroffen sei, bestärkt habe) -, der hier als erwachsener Mann dargestellt ist, aber eigentlich erst

86 Louise von Savoyen im Tugendgarten. Frontispiz-Miniatur des zweiten Bandes von *Les Triomphes des Vertus* (um 1517) des Jean Thenaud. Paris, Bibliothèque Nationale, Ms. fr. 144, fol. B

1518 unter Obhut der Dame Nature und dem Beistand der olympischen Götter geboren wurde, wie Thenaud berichtet. Es ist bemerkenswert, daß der König nicht durch Justitia, sondern durch Fortitudo gekennzeichnet ist (die vielleicht sogar bereits die Bedeutung von Magnitudo/Magnifizentia/Maiestas angenommen hat). Die Gerechtigkeit bestimmt den Herrscher und seine Herrschaft nicht mehr! Dabei geht das Bild noch einen Schritt weiter, indem es durch den Hinweis auf den Quell und den Garten die Dimension der Natur hineinbringt. Der absolute Herrscher ist aufgrund seiner Geburt (und damit von Natur aus) tugendhaft (und gerecht). Für ihn gibt es keine sittliche Forderung mehr, und so stellt sich ihm die Frage einer möglichen Ungerechtigkeit auch nicht.

Die Justitia gehörte demnach so selbstverständlich (natürlich) zu dem Herrscher und seiner Herrschaft, daß sie nicht mehr eigens thematisiert zu werden brauchte. Im Medici-Zyklus von Rubens war sie gemeinsam mit ihren drei Schwestern wenigstens noch lebendig, indem sie das Staatsschiff in Bewegung hielten. Nun aber hat sie selbst dieses Leben verloren: sie ist das feste Fundament des Staatsbaues geworden, weshalb sie auch am besten durch steinerne Denkmale darstellbar ist. Oder sie degenerierte zu einem bloßen Attribut des Herrschers, über das dieser verfügen kann. Mit ruhiger Sicherheit weist z.B. Franz I. von Österreich in einem Gemälde von 1771 auf das in diesem Bild dargestellte Bild der Gerechtigkeit hin, das an der Wand seines Arbeitszimmers hängt (Abb. 87). Diese Justitia lebt nicht mehr, hat keine sittliche Bedeutung mehr für seine Stellung als Kaiser, ermahnt nicht mehr, kann ihn nicht mehr warnen vor Ungerechtigkeit. Sie ist Schmuck seines Palastes geworden, Ausschmückung seiner Amtsräume, ein Zeichen, auf das er hindeuten kann. Wie die Gerechtigkeit als ein solches Zeichen auch sonst Verwendung findet, um auf einen Rechtsakt hinzuweisen: auf Gesetzesausgaben, Verordnungsblättern, Friedensdokumenten, Ver-

87 Pompeo Batoni, Franz I. als Kaiser. 1771. Gemälde. Wien, Schloß Schönbrunn, Vieux-Laque-Zimmer

trägen. Ganz ohne Gerechtigkeit geht offenbar das staatliche Herrschen also doch nicht: freilich nur mehr als Zeichen, als Schein, als ideologische Behauptung. Denn wer sollte denn die Kriterien und die Macht haben, diese Behauptung - der Rechtsakt sei gerecht - zu überprüfen? Die Justitia selbst ist doch zu einer Figur degeneriert, die nur mehr den Herrscher preisen, loben, rühmen kann und soll (Abb. 88-90).

Am einprägsamsten kommt dieses neue Verständnis der Gerechtigkeit in dem Porträt von Louis XIV., dem französischen Sonnenkönig und Vorbild aller absoluten Herrscher, gemalt 1701/02 von Hyacinthe Rigaud (und als Kupferstich von Dre-

88 Egidius Sadeler d.J., Apotheose Kaiser Ferdinands II. (1578-1637). Stich 1629.

89 Allegorie auf Kaiser Leopold I. als siegreicher Herkules. Um 1670/75. Öl auf Leinwand, 138 x 240 cm. Wien, Kunsthistorisches Museum

90 Jacobus Constantin, Pax und Justitia bekränzen Jacob II. von England, der den Furor besiegt. Um 1685. Elfenbein. London, Victoria-and-Albert Museum

vet weit verbreitet), zum Ausdruck (Taf. 27). Der 63jährige Monarch steht wie bei einem Theaterauftritt in großherrlicher Pose vor seinem Thron; eine voluminöse Säule - das Zeichen der staatlichen Festigkeit - wird zum Teil von einem gebauschten Vorhang verdeckt: es ist nicht notwendig, diese Selbstverständlichkeit noch genauer herauszustellen, eine Andeutung genügt; in gezierter Haltung schreitet Louis nach links, die elegante Bewegung nimmt sein weit geöffneter Königsmantel auf; sowohl sein Blick wie auch das selbstbewußt aufgestützte Szepter flößen Ehrfurcht ein, was durch das auf dem mit dem Lilienmotiv des Mantels bezogenen Hocker liegende Schwert Karls des Großen verstärkt wird, auch durch die das Majestätische betonende Raumdarstellung; insgesamt ist der uneingeschränkt souveräne, weltmännische Monarch eindrucksvoll in Szene gesetzt. Und es ist eine Szene, die nur den einen Sinn hat, den Status des Dargestellten zu charakterisieren: freilich nicht mehr durch Personifikationen von Tugenden, da diese den Blick von ihm abwenden könnten; sondern es sind Theaterrequisiten, die diese Aufgabe erfüllen: der Vorhang, der dem Himmelsgewölbe vergleichbar ist (und an mittelalterliche

Vorstellungen erinnert), die Säule der Beständigkeit (und Fortitudo), auch der theatralische, unnatürliche »Tanzmeisterschritt«, der - mit Pose und Miene des Königs - zeigen soll, daß hier Louis steht, der von Kopf bis Fuß Herrscher, totaler Repräsentant der Idee des Herrschertums ist. Darin erhält auch die Justitia ihren Platz: nicht als Personifikation, sondern als totes und steinernes Relief an der Säule. Auch sie ist Requisit geworden, selbstverständlicher Bestandteil des Herrscher(tum)s. Gerechtigkeit ist zu der Säule des Staates geworden: nicht mehr als der lebendige Grund des allgemein-menschlichen oder zumindest des politischen Handelns der Mächtigen, sondern eingemauert und zugleich kunstvolle Verzierung in bzw. von Stein, ein Schmuckstück, ein Kunstwerk, das Zeichen- und (konkreter) Legitimationscharakter besitzt.

Aber auch Louis ist bei aller Darstellungskunst kein individueller Mensch mehr, keine leibliche Versinnlichung des Lebensprinzips der staatlichen Herrschaft. Peter Burke hat diese Inszenierung des Herrschers deutlich gemacht und gezeigt, daß jeder Moment im Leben dieses Monarchen reglementiert, diskutiert, kritisiert wurde, jedenfalls öffentlich war. Man kann einen Schritt weitergehen und festhalten, daß dieser vorbildliche Typus des absoluten Herrschers im vollen Wortsinne »losgelöst« vorgestellt wurde von dem Staatskörper. Nicht ohne Grund steht die Säule mit dem Relief der Gerechtigkeit im Hintergrund und bildet die Bühne für seine Inszenierung. Der Staat funktioniert auch ohne ihn!, aber er wird noch gebraucht, um diesem Mechanismus den Schein von Menschlichkeit zu geben. Louis ist nur mehr der glänzende Schein der staatlichen Ordnung, die sich auch ohne ihn durchsetzt. Man nennt ihn den »Sonnenkönig«: aber nicht weil er das Prinzip alles Lebens wäre - weshalb er auch nicht wirklich vergöttlicht oder Herrschergott wird! -, sondern weil er das Licht ist, in dem Frankreich als mächtiger Staat erstrahlt und erstrahlen will, in dem es glänzenden Ruhm für die Nachwelt erhält. Louis ist in seinem Glanze der Spiegel, in dem sich der gesetzlich geordnete Staat reflektiert; wie die eigentlich Mächtigen im Spiegelsaal von Versailles. Als Herrscher ist Louis Schein; sogar sein Bildnis ist die Inszenierung dieses Scheins von Herrschaft.

Wie leicht hatte es deshalb die Revolution, diesen Schein aufzuheben und zu beseitigen! Aber auch sie schrieb nicht mehr Gerechtigkeit auf ihr Banner, sondern das Gesetz, das für alle in Freiheit, Gleichheit und Brüderlichkeit herrschen sollte. Seitdem gab und gibt es keinen menschlichen Herrscher mehr, sondern nur mehr das staatliche Gesetz. Ihm war und ist auch das Staatsoberhaupt unterworfen, das nur mehr eine Staatsgewalt neben anderen ausübt(e). Nach dem Wegfall dieses Scheins bleibt für uns heute in erster Linie das Funktionieren des Staatskörpers aufgrund seiner Gesetze: ein System, das von der modernen Soziologie als autopoetisch begriffen wird und wissenschaftlich beschrieben werden kann. Es ist aber doch zu hoffen, daß die Menschen wieder erkennen werden, daß dieses System auf ihrem eigenen Handeln und Wollen beruht und daß deshalb die Frage der Gerechtigkeit - wenigstens an sie selbst - nicht vergessen werden darf. Vielleicht erinnert ihre Darstellung an den Gerichtsgebäuden die dort tätigen Menschen an die philosophisch-hermeneutische Einsicht, daß sie gar nicht Subsumtionsautomaten sein können, sondern sich stets individuell in das Verfahren und in ihr Urteilen einbringen müssen, daß deshalb die Gerechtigkeit auch an sie Anforderungen stellt. Von daher braucht das zunehmende Verschwinden der Justitia-Darstellungen auf der Außenseite der Gerichtsgebäude kein Nachteil zu sein!

Ob darüber hinaus noch in den Universitäten ein Zufluchtsort für die Gerechtigkeit eröffnet ist, kann hier nicht näher untersucht werden. Es sei nur angemerkt, daß das alte System der Artes Liberales - also der Künste, die bei den Griechen von den Freien gepflegt worden waren - noch keine eigentliche »Jurisprudentia« oder »Juridica« kannte; deren Aufgabenbereich wurde von der Rethorik oder der Dialektik vertreten. In der Scholastik - vor allem im »Speculum maius« des Vincentius von Beauvais (gestorben um 1264) - wurde dieses System ergänzt und angereichert: neben die Wissenschaft (theoria) - Theologie, Philosophie (artes liberales), Medizin - und die mechanischen Künste wurde die Ethik als Lehre von den Tugenden gestellt, zu der Monastica, Oeconomica und Jurisprudentia (als Lehre vom ius canonicum und ius civile) gehörten. Große Bedeutung kam schließlich den Universitäten zu, die ab dem 13. Jahrhundert in den großen europäischen Städten gegründet wurden. Ihre Fakultäten waren in der Regel Theologie, Philosophie (mit den Artes Liberales), Medizin und Jurisprudenz. In dieser Weise stellte Richard von Fournival in seinen »Biblionomia« (1260) auch die Ordnung des Wissens und der Bibliothek dar. Und daher finden sich Darstellungen der Juridica und/ oder der Jurisprudentia vor allem in Bibliotheksräumen (der Klöster, am häufigsten des Barock in Süddeutschland und Österreich) und den Senatssälen der Universitäten. Oft ist dabei ein Unterschied zur Justitia nicht zu bemerken. Auch die Juridica oder Jurisprudentia trägt Waage, Schwert und Rutenbündel. Daniel Gran beschrieb 1746/47 in seinem Programmentwurf für die Ausschmückung der Bibliothek von St. Florian die »Juridica« folgendermaßen: »Dieses weibsbild hält in einer hand einen zirkel, zu bemerken, daß in den rechtssachen die causae wohl müssen abgemessen werden. Neben ihr sind 2 bücher, auf einem ist das Jus canonicum, auf dem anderen das Jus civile geschrieben. Sie hat ein sieb, so das symbolum ist, das gute von dem bösen abzusondern und zu unterscheiden«. Wie im modernen Wissenschaftsbetrieb an den überfüllten Universitäten heute dieses Programm Grans erfüllt werden sollte, hätte freilich wohl auch er nicht anzugeben gewußt.

6 DAS BEDEUTUNGSVOLLE GERECHTIGKEITSBILD

Die inhaltliche Entwicklung des Begriffs der Justitia (Gerechtigkeit) von einer theologisch zu erfassenden Kategorie zu einer ethisch-sittlichen Tugend des Menschen und dann weiter zu einem politischen Symbol fand ihren Niederschlag in der Darstellung als Gestalt mit Attributen, die auf den jeweiligen Inhalt hinweisen sollten. Auf diese bedeutungsvollen Gerechtigkeitsbilder ist im folgenden einzugehen.

Personifikation und Attribut

Zunächst ist kurz auf das Problem der Personifikation der Gerechtigkeit in menschlicher Gestalt aufmerksam zu machen; mehr kann im vorliegenden Rahmen zu dieser sehr schwierigen, weil auch durchaus unterschiedlich einzuordnenden Problematik nicht gesagt werden.

Es spricht vieles dafür, daß es zu unterscheidende Formen der Personifikation gibt, nämlich - vereinfacht gesagt - unterschieden im Hinblick auf das Verhältnis von Begriff und Gestalt. Bei den alten (in einem archaischen Weltbild lebenden) Griechen existierte offensichtlich zuerst die Vorstellung einer bestimmten heiligen (d.h.: die Ordnung der Welt bestimmenden und wiederherstellenden, heilswirksamen) Macht oder Kraft, die später einer Gottheit zugeordnet und adjektivisch als ihre Eigenschaft beschrieben wurde - die sie zugleich zu dieser göttlichen Stellung machte -, bis das menschliche Denken daraus einen abstrakten Begriff gestaltete. So konnte man die Ordnung der Natur in den Jahreszeiten oder von Tag und Nacht, von Leben und Tod stets von neuem erleben, was auf eine die Welt ordnende Macht zurückzuführen war - themis -, die dann als Kraft der die Ordnung der Welt garantierenden Gottheit verstanden wurde - Themis als Begleiterin des Zeus (oder noch deutlicher: dike als adjektivisch gebrauchtes »leitend, weisend«) -, bis zuletzt der abstrakte Begriff der Gerechtigkeit als Gottheit Themis oder Dike nicht nur gedacht, sondern auch sinnlich als Personifikation dargestellt werden konnte. Von daher war es selbstverständlich, daß das letztendliche Ergebnis dieser Entwicklung - eben: der Begriff - immer schon als Personifikation in göttlicher Gestalt veranschaulicht werden konnte: entweder als eine von vielen Gestalten derselben Gottheit oder als ihr Begleiter, Gefährte, Diener usw.

Bei den mehr abstrakt denkenden Römern dagegen war - vor allem in der Kaiserzeit - das Verhältnis von Sinnlichkeit und Begrifflichkeit gerade umgekehrt. Zuerst entwickelte das philosophisch-theologische Denken einen unsinnlichen, nur theoretisch-sprachlichen Begriff; und dieser wurde dann vor allem für Zwecke des Kultes zu einer Gottheit versinnlicht und damit als Gestalt anschaulich personifiziert, zumindest einer solchen Gottheit angenähert. So wurde etwa im Rahmen der theologisch postulierten Vergöttlichung des Herrschers der Kaiser als gerecht gedacht und gefordert; dieser seiner im Reich des theoretischen Sollens angesiedelten Tugend widmete man dann sogar einen Altar, um sie zu verehren und zu preisen (und auch auf Münzen abzubilden): weshalb man diese Gerechtigkeit (aequitas) zu einer eigenen Gottheit machte, so wie es Augustus im Jahre 13 n. Chr. unternahm. Es liegt auf der Hand, daß dieser römische Kult bzw. die römische Personifikation theoretischer, farbloser, blasser sein und mehr über den Kopf gehen mußte(n) als der unmittelbar der Praxis der Menschen und der gläubigen Volksphantasie entspringende alte griechische Kult einer wirklich lebenden Macht.

In der späteren Zeit, vor allem der Renaissance (also der Wiederentdeckung der antiken Gottheiten), verwandelte sich das Verhältnis von Begriff und Gestalt erneut. Nun strebten im Rahmen etwa der Ethik der Gerechtigkeit Theologen und Philosophen und - ihnen folgend, d.h. auch ihren theoretischen Erkenntnissen und daraus abgeleiteten Anleitungen für die Darstellung folgend - Künstler danach, das Wesentliche der Tugend zu erkennen und darzustellen. Die in diesem Zusammenhang herangezogene menschliche Gestalt wurde als »Maß der Dinge« angesehen und deshalb zugrundegelegt; die dieser Gestalt beigegebenen Attribute entsprachen der mit Wahrheitsanspruch begründeten Inhaltsbestimmung der Gerechtigkeit. In der Sprache des Neuplatonismus (und der Hieroglyphik) gesagt: in ihnen repräsentierte sich die Idee der Gerechtigkeit in sinnlicher Weise, wodurch der Betrachter unmittelbar ermahnt und belehrt wurde und ihm so der richtige Weg gewiesen werden konnte. Nur vor diesem Hintergrund sind im übrigen die vielen Darstellungen der Entscheidung des Herakles/ Herkules - nämlich am Scheideweg für die Tugend und gegen das Laster - zu verstehen, die Darstellungen des Gegensatzes von Tugend (virtus) und Glück (fortuna), ebenso jene der berühmten Cebes-Tafel, auf der im 16./17. Jahrhundert der Inhalt eines im 1. nachchristlichen Jahrhundert entstandenen griechischen Dialoges (der dem Sokratesschüler Kebes zugeschrieben wurde) - die Alternative von falscher (nämlich: nur theoretischer) und wahrer (nämlich: tugendhafter) Bildung - abgebildet wurde.

Dabei darf freilich die Bedeutung der Kunst im alten Griechenland nicht vernachlässigt werden. Ohne auf das Verhältnis von unmittelbar gelebtem Kult und von begeisterten Auserwählten gefundenem und gesungenem Mythos einzugehen, muß doch gesehen werden, daß der Mythos bei aller praktisch-politischen, vor allem die Identität eines Volkes oder Stammes begründenden Qualität stets ein künstlerisches Moment an sich hatte, was auch im Sinne von »künstlich« aufzufassen ist. Der Mythos erzählte über diese Gottheiten Geschichten, vor allem Geschichten ihres gegenseitigen Verhältnisses (Abstammung oder geschlechtliche Gemeinschaft oder zumindest Ammenschaft), und beeinflußte dadurch den Kult, so wenn z.B. die drei Horen - Dike, Eirene und Eunomia (als Töchter der Themis und des Zeus) - gemeinsam verehrt wurden. Dadurch wurde sicherlich die Personifikation gefördert. Überhaupt aber bediente sich die (eigentliche) Dichtung des Mittels der Personifikation, vor allem in der Form der Tragödie. Es ist selbstverständlich, daß die Phantasie des Dichters nicht nur auf die althergebrachten, auch im Kult verehrten Gottheiten zurückgriff, sondern neue Motive erfand (und darin dem römisch-abstrakten Denken nahekam). Schon Hesiods »Werke und Tage« erzählte von Dike, die bei einer Rechtsverletzung weinend sich bei ihrem Vater Zeus (im Himmel) niederlassen und ihm den Frevel künden würde, damit er ihn strafe. Bei Parmenides (Mitte des 5. vorchristlichen Jahrhunderts) erschien die vielstrafende Dike (zugleich) als die die Schlüssel führende Priesterin am Tor des Lichttempels; Pindar (522/18 - nach 466 v.Chr.) erdichtete eine Tochter der Dike - Hesychia -, die »verständigen Sinn [liebt] und die Städte groß[macht], die Schlüssel besitzt zu Rat und Krieg«, die versteht, »was sanft ist zu tun und hinzunehmen zur rechten Zeit; und wenn einer unbändigen Groll in sein Herz pflanzt, [tritt sie] der Feinde Gewalt entgegen und [macht] ihre Hybris scheitern«. Vor allem war es Aischylos, der die meisten Personifikationen verwendete und erdichtete, auch etwa der Dike in ihrer strafenden Funktion die Gottheiten Ate und Ara an die Seite stellte. Schließlich ist noch auf die rhetorisch-allegorische Kunst hinzuweisen, die vor allem ethische Begriffe als Personen darstellte, wobei sie nicht nur nebeneinander auftraten, sondern - und dies war noch beliebter - auch gegeneinander aufzutreten hatten. Das Urbild war die Erzählung des Prodikos (1. Hälfte des 5. vorchristlichen Jahrhunderts) von Herakles/ Herkules am Scheidewege. Diese Persifikationen konnten auch in philosophischen Abhandlungen, Ansprachen, auch Predigten verwertet werden, da dadurch der Vortrag lebendiger und überzeugender wurde.

Noch wichtiger war die Rolle - nämlich: die Theaterrolle - der Justitia in den mittelalterlichen und neuzeitlichen Spielen. Nach dem Ende der geistlichen Mysterienspiele und Moralitäten (13. bis 15. Jh.) sahen sie auch die neuen humanistischen Schuldramen (ab dem 15. Jh.) vor und die ab dem 16. Jh. immer bedeutender werdenden Jesuitendramen, aber auch z.B. die Stücke der niederländischen »Rhetorikerkammern«. Sie begegnete hier alleine oder zusammen mit den anderen Tugenden neben den handelnden Menschen und griff in die Handlung ein (später in eigenen Zwischenspielen). In dieser Rolle war sie von den anderen Tugenden selbständig. Wollte man diese voneinander unterscheiden, benötigte man entweder Inschriften, welche die sonst gleich dargestellten bzw. auftretenden Gestalten unterschiedlich kennzeichneten, oder unterschiedliche Attribute (von Kleidung über beigegebene Gegenstände bis zur Illustration durch Szenen), die allmählich wegen der angestrebten Übersichtlichkeit und Unverwechselbarkeit immer strenger, d.h. ausschließlicher, den einzelnen Tugenden zugeordnet wurden. Auf diese Weise entwickelten sich vor allem die Attribute zu Kennzeichen der jeweiligen Personifikation. Der Zuschauer muß(te) auf den ersten Blick erkennen, wen er vor sich hat(te). Dafür gab es eigene Anleitungsschriften, wie die Kostüme und Attribute der Schauspieler auszusehen hätten. Eine Abbildung im »Templum Virtutis« (1707) zeigt u.a. eine Darstellung der Justitia, wie sie im Salzburger Universitätstheater aufgetreten ist (Abb. 91).

Dies galt z.B. auch dann, wenn die Tugenden auf andere Weise (als in menschlicher Gestalt) dargestellt wurden, z.B. als Hunde (wie in manchen Illustrationen des Psalm 85, 11; vgl. Abb. 48) oder überhaupt als unterschiedliche Tierarten. So wird die Gerechtigkeit in dem Tugendbuch »Fiori di Virtu« (um 1300) durch die Bienen dargestellt. Um dies zu erkennen, bedurfte es einer erläuternden Inschrift. Sonst erfüllten diese Hinweisfunktion die vielen Anleitungsbücher der Ikonologie und Hieroglyphik, die detailliert Ausführungen darüber enthielten, wie ein Künstler die einzelnen Personifikationen darzustellen hatte, wenn er verstanden werden wollte. Freilich blieb auch die Möglichkeit, das Bild für die Allgemeinheit geheimnisvoll und rätselhaft zu halten und nur dem Auftraggeber die Bedeutung mitzuteilen, wodurch sich dieser zugleich als überlegen gebildet geben konnte.

91 Justitia im Jesuitendrama *Templum Virtutis*, aufgeführt im Salzburger Universitätstheater. 1707, Papiercodex, 35 x 23 cm. Salzburg, Universitätsbibliothek, 1971 II.

Der Verselbständigung der Personifikation(en) kam auch die Gleich-

92 Triumphwagen der Justitia am Tauffest für den Prinzen Friedrich durch Herzog Johann Friedrich von Württemberg in Stuttgart 1616. Kupferstich von Matthäus Merian

setzung oder zumindest der Vergleich mit den antiken Gottheiten entgegen. Diesbezüglich ist nochmals festzuhalten, daß es dabei nicht um eine Wiederbelebung alten Götterglaubens ging; vielmehr wurden die griechischen und römischen Götter als Vollendungen der moralischen oder anderer theoretischer Begriffe, oft neuplatonisch als die antike Repräsentation der christlichen Ideen verstanden. In den Jesuitendramen z.B. begegnen neben der Justitia, die häufig mit der »göttlichen Gerechtigkeit« gleichgesetzt wurde (und im übrigen von einer Tenorstimme zu singen war): »Nemesis divina« (manchmal auch nur als »Nemesis« bezeichnet) - als Göttin der Rache dargestellt -, »Astraea« (etwa im Stück »Sigismundus Rex Burgundionum« 1669), auch »Juris Prudentia« (z.B. im Stück »Salomon Rex« von 1639); in dem Stück »Dejotaurus Rex« (1739) spielten die vier Kardinaltugenden neben Jupiter und anderen Göttern. Auch Stücke zur Huldigung hochgestellter Personen wurden als Jesuitendrama aufgeführt (z.B. »Regiae Virtutis« aus dem Jahr 1656 für den Habsburger Ferdinand III. oder »Nabuchodonosor«von 1635 für Kurfürst Maximilian von Bayern).

Hinzuweisen ist in diesem Zusammenhang auch darauf, daß der Justitia selbst (wie anderen Personifikationen ebenfalls) ein Triumphzug zuerkannt wurde. Am Tauffest z.B. für den Prinzen Friedrich von Württemberg 1616 ließ Friedrich von der Pfalz einen Triumphwagen der Justitia mitführen (Abb. 92). Einen solchen Triumphzug der Justitia - in der Inschrift als »Astraea« bezeichnet - zeigt ein flämischer Teppich aus dem Jahr 1535 (Taf. 26): die gekrönte Gerechtigkeit - zu den Füßen den Kranich mit dem Stein in der Kralle - auf einem von zwei Einhörnern gezogenen Wagen, die von Sara(h) und Josef (typologisch für Maria und Christus als die Fürbitter) geritten werden und unter deren Hufen die ungerechten Sulla, G. Marius und - verdeckt - Catilina liegen, in der linken Hand Schwert und Waage, mit der rechten Hand von Gott ein zweites Schwert entgegennehmend; ihr folgt der unbestechliche Fabricius mit seinen Mannen; ihr voran gehen u.a. die gerechten Scipio Africanus und Cato, ganz links Rebecca, unterhalb von ihnen Trajan und die Witwe; im Vordergrund stürzt sich der Gesetzgeber Charondas, der sein eigenes Gesetz gebrochen hatte, in sein Schwert; rechts unten gibt Zaleukos ein Auge für seinen gesetzesbrechenden Sohn; zwischen Zaleukos und dem Triumphwagen geht die unschuldig verbrannte Vestalin Cornelia, links daneben Rachel und Jakob; links aber knien vor der Arche (in Gestalt einer Kirche) Noah und seine Familie.

Anzumerken ist, daß die theoretischen Werke zur Ethik der Gerechtigkeit lange Zeit dazu führten, daß innerhalb der Anleitungsbücher zwischen verschiedenen Gestalten der Justitia differenziert wurde. So beschrieb Cesare Ripa in seiner »Iconologia« (1593) z.B. die Gerechtigkeit nach dem Bericht des Aulus Gellius, die Gerechtigkeit von Pausanias in den »Eliaci«, die göttliche Gerechtigkeit, Gerechtigkeit (überhaupt), die rechtschaffene Gerechtigkeit (die weder dem Haß noch der Freundschaft nachgibt), die strenge Gerechtigkeit und die Gerechtigkeit auf den Medaillen von Hadrian, Antonius Pius und Alexander. Es liegt auf der Hand, daß für diese vielen Justitiae die unterschiedliche Kombination der gleichen Attribute im Vordergrund stand. Dabei wurde die Justitia als Tugend oft ersetzt durch die übernommenen antiken Gottheiten, vor allem Themis, Nemesis und Astraea, aber auch durch andere Personifikationen. So stellte etwa Joachim von Sandrart in seinem Werk »Iconologia Deorum« (1680; deutsch: »Abbildung der Götter, welche von den Alten verehrt worden«) Nemesis und Justitia in unterschiedlichen Gestalten in Kupferstichen dar. Erstere »ist der guten Verrichtungen Wolthäterin/ und scharffe Strafferin der aufgeblasenen Ubelthäter/ eine Tochter der Gerechtigkeit/ unsere Abrichterin/ daß wir Maaß und Verstand gebrauchen sollen/ eine Vergelterin aus dem Horn des Uberflusses/ darauf sie sitzt/ und den Würdigen alle ihre Früchte mittheilet; neben ihr ist eines Schiffes Ruder zu sehen«; und die Justitita »oder die Gerechtigkeit/ ist eine Bewahrerin der Frommen/ und Strafferin der Bösen/ eine Verächterin aller Geschenck und Gaben/ die sie alle mit Füssen tritt; eine Anhörerin der Unschuldigen/ und der Einfältigen Beschützerin«. Dabei werden für die einzelnen Attribute die klassischen Schriftsteller ausführlich verwertet. Das »Ikonologische Wörterbuch« (1759) unterschied Astraea und Gerechtigkeit (und auch Billigkeit, Lex, Politik); das »Ikonologische Lexikon« von 1793 kannte zwar ebenfalls Astraea - die Göttin der Gerechtigkeit und Tochter der Themis - und Themis - die Tochter des Himmels und der Erde, Göttin der Gerechtigkeit und des vergeltenden Schicksals, Mutter der Gesetze und des Friedens; doch seien beide nur zwei Namen für dasselbe Subjekt, das dann auch gleich dargestellt werden sollte. Ausführlich beschrieb Christian Ludolph Reinhold in seinem »System der zeichnenden Künste« (1784) die vielfältigen Variationen einer Personifikation der Gerechtigkeit; er stellte einzeln und nacheinander dar: z.B. Correctio (Bestrafung), Billigkeit (Rechtmäßigkeit, Aequitas), Unterscheidung von Gut und Böse, das geistliche Recht, die Gerechtigkeit (iustitia), die Gerechtigkeit (die sich nicht bestechen läßt), die scharfe oder strenge Gerechtigkeit, die göttliche Gerechtigkeit, das natürliche Gesetz, die Gleichheit, die göttliche Züchtigung, Lex, Politik, den Prozeß, die Rechtsgelehrsamkeit (iurisprudentia), Themis, Ungerechtigkeit und das Unrecht. Diese Differenzierung fand ihren Ausdruck z.B. auch in den vielfältigen Gestalten für die Fest-, Ein- und Triumphzüge. So waren für die Festdekoration zum Einzug des Erzherzogs Ernst von Österreich in Antwerpen 1594 von Marten de Vos u.a. folgende Figuren vorgesehen: Bona Causa (guter Grund), Concordia (Eintracht), Iustitia und Benignitas (Güte), Iustitia civilis, Lex (Gesetz; konkret eine Gestalt zwischen zwei Büchern, nämlich: Gesetzbuch und Kommentar), Severitas (Strenge), Auctoritas (Autorität), Sententia (Urteilsspruch), Politia (Politik), Custodia tuta (Wachsamkeit).

Der durch die Anleitungsbücher (vor allem von Ripa) durchgeführte Rückgriff auf die Tradition der Darstellung war zugleich ein Prozeß der Aussonderung und Neuinterpretation der bleibenden Merkmale. Es ist selbstverständlich, daß diejenigen Attribute angenommen wurden, die zu der sich neu herausbildenden Gerechtigkeitskonzeption paßten, auch dann, wenn sie in der Vergangenheit anders aufgefaßt worden waren. So konnten sich nur die Attribute lebendig halten, die aussagefähig (und vieldeutig) waren und blieben. Je mehr der theologische oder philosophische, also der materielle Unter- und Hintergrund in der Lehre von der Gerechtigkeit zurücktrat, je mehr also die bloße Kennzeichnungsfunktion relevant wurde, desto bestimmender wurde die Quantität der vorhandenen Darstellungsweisen. Diejenigen Attribute taugten für die Kennzeichnung, die am meisten verwendet worden waren und wurden und die daher vielen Adressaten, vielleicht den meisten, bekannt waren. Die (ehemalige) Vieldeutigkeit war dafür nicht mehr interessant, sondern nur mehr die Verwendbarkeit als Kennzeichen (und damit die Bekanntheit). Die Idee der Gerechtigkeit, ihre wechselhafte Geschichte, verschwand so in der Einheit des allen bekannten Kennzeichens. Maßgebend wurde, daß jeder wußte, daß die Gestalt mit Schwert und Waage Kennzeichen der staatlichen Justiz bzw. der Justizgebäude war und ist. Niemand brauchte mehr zu wissen, aus welchem Grunde gerade ihr diese Attribute zugeordnet waren. Ja, heute kann es auch niemand mehr wissen, weil die staatliche Justiz weder die Waage noch das Schwert verwendet, weshalb mit dem Verlust des Traditionsbewußtseins auch die Darstellung der Justitia selbst verschwindet und verschwinden muß zugunsten der Inschrift »Landgericht« oder »Amtsgericht«, die heute eindeutiger und damit kennzeichnender geworden ist.

Im folgenden sollen nun die einzelnen Attribute der Justitia vorgestellt werden; sie sind im Regelfall bereits aus den bisher abgebildeten Darstellungen ersichtlich. Doch sei zuvor noch auf einen interessanten Dialog hingewiesen, der deutlich macht, daß die Künstler zuweilen wegen der Vielfalt möglicher Attribute zumindest im 16. Jahrhundert offenkundig überfordert waren.

»De iustitia pingenda« (1515) des Battista Fiera

In der 1515 herausgegebenen, dem Papst Leo X. gewidmeten Sammlung der »Hymni divini« veröffentlichte der aus Mantua stammende Humanist Battista Fiera (1465-1538) einen Dialog zwischen dem berühmten italienischen Künstler Andrea Mantegna (1430/31-1506) und Momus - dem Sohn der Nacht, der wegen seines beißenden Spottes vom Olymp verbannt worden war. Mantegna, der gerade an der Ausmalung der Kapelle von Innozenz VIII. im Vatikan arbeitet, beklagt die Verwirrung der Künstler, wenn diese die Justitia malen sollten (worauf sich der Titel der Schrift zurückführt) und deshalb die Philosophen um informative Hilfestellung gebeten werden mußten. So habe Saxus Hippolytus - gemeint ist wahrscheinlich der Dichter Panfilo Sasso von Modena (1455-1527) - verlangt, daß Justitia mit nur einem Auge mitten auf der Stirne unter einer erhobenen Braue darzustellen sei; nach Auskunft des (unbekannten) Stoikers Erasmus solle sie aber sitzend und die Waagschalen in der einen (und - damit sie nichts in diese hineinwerfen könne - einzigen) Hand haltend gezeigt werden; Marianus - vielleicht de Blanchellis von Palestrina (gestorben 1530) - wiederum habe gefordert, daß sie in aufrechter Haltung mit zahlreichen Augen rundherum und überall (vergleichbar dem Argus) und mit einem Schwert in der Hand darzustellen sei, um die Räuber abzuwehren und die Unschuldigen und Unglücklichen zu beschützen; Astallius dagegen habe vorgeschlagen, sie möge nach dem Standbild auf Lesbos auf einem quadratischen Marmorthron mit Rückenlehne sitzen, ein Senkblei in der Hand, um das gleiche Maß zuzuerkennen; Fiera schließlich sei für eine Darstellung eingetreten, wonach Justitia zur Gänze mit Ohren bedeckt sei.

Jeder dieser Vorschläge wird von Momus spöttisch kommentiert: wahrscheinlich trete Saxus Hippolytus für ein zweites Auge auf dem Rücken ein, um Justitia würdevoller und zudem vor Gefahren geschützter erscheinen zu lassen; Erasmus wolle die Waagschalen, da sein Vater Kaufmann gewesen sei; Marianus habe wohl Angst, daß sie einschlafen könnte; Astallius fürchte wahrscheinlich, daß sie taumeln und vom Sessel herabstürzen könnte - daher die Lehne -, und trete für das Senkblei ein, um eine etwa vorhandene Verdrehung - nach dem Bild der wächsernen Nase der Justitia - korrigieren zu können; und Fiera sei besorgt, sie könne taub werden.

Die Klage von Mantegna geht weiter: die Philosophen würden sich auch bezüglich der Kleidung streiten. Manche würden sagen, sie müsse barfuß wie eine Büßerin dargestellt werden; was Momus zu der Bemerkung bringt, daß diese Gelehrten die Gerechtigkeit wohl am liebsten abgestorben sähen. Für Flügel trete niemand ein: wohl deshalb, weil jeder Angst habe, daß sie sonst davonfliegen werde, noch dazu, da jeder dafür eingetreten sei, sie als Frau darzustellen. Schließlich macht Momus den Künstler auf den Karmelitermönch Battista Spagnoli (genannt Mantovani; 1448-1516) aufmerksam, einen heiligen und allwissenden Mann. Mantegna muß zugeben, daß auch er ihn aufgesucht und um Rat gebeten habe. Dessen Antwort sei gewesen, daß man Justitia überhaupt nicht darstellen könne: denn sie sei der Wille Gottes selbst, und Gott sei allmächtig, allumfassend, allwissend, aus ihm seien alle Dinge geschaffen als solche und in dem richtigen Verhältnis zueinander: wie sollte ein Mensch diese göttliche Gerechtigkeit künstlerisch darstellen können? Und die menschliche Gerechtigkeit sei von dieser göttlichen her bestimmt und geleitet (was sich in dem letztendlichen Tod eines jeden Menschen zeige), weshalb die Unmöglichkeit einer Darstellung auch in bezug auf sie gelte. Momus stimmt zu: freilich nicht aus theologischen Gründen, sondern wegen der Widersprüchlichkeit der oben angeführten Aussagen; und beschließt das Gespräch mit den Worten: »Wahrlich, mein Mantegna, du wärest kein Maler mehr, sondern größter Philosoph und höchster Theologe, wenn du nicht eines Tages statt der Gerechtigkeit den Tod abgebildet haben würdest«.

Die Waage

Die Waage ist in der theologischen Reflexion für lange Zeit das entscheidende Attribut der Justitia. Sie war - dargestellt als ausgewogenes, die beiden Schalen in gleicher Höhe haltendes Instrument - Ausdruck dafür, daß das Verhältnis von Gott und Mensch in Ordnung war, daß letzterer nicht zu leicht befunden wurde im Gericht des ersteren. In dieser Form stand die Waage also für die Ordnung der gesamten Schöpfung; noch in der »Iconologia« (1593) des Ripa wurde sie (nur) der göttlichen Gerechtigkeit zugesprochen: sie zeige, daß diese allen Handlungen Ordnung gebe. So stellt sich die Justitia auch der Verfasserin des im 4. Kapitel genannten Buches »Die Stadt der Frauen« - Christine de Pizan (1365-1430) - vor: »Meine einzige Aufgabe besteht darin, zu urteilen, zu schlichten und Frieden nach dem gerechten Verdienst eines jeden zu stiften. Ich sorge dafür, daß jedes Ding an seinem Platz bleibt, und ohne mich wäre nichts von Dauer ... Diese Waagschale aus feinem Gold, die du mich in der rechten Hand halten siehst und die die Form eines runden Maßes besitzt, hat Gott, mein Vater, mir gegeben; sie dient dazu, einem jeden das ihm Zukommende zu bemessen. Sie trägt das Zeichen der Lilie der Dreifaltigkeit, und bei allen Zuteilungen beweist sie Gerechtigkeit: niemand kann sich über mein Maß beklagen«.

In dieser Bedeutung kann im übrigen die Waage - als Werkzeug des Schöpfers getreu Jesaja 28, 17 (»Als Senkblei nehme ich das Recht und als Wasserwaage die Gerechtigkeit«) - durch Senkblei (Lot) oder Winkelmesser oder Maßstock ersetzt werden (Abb. 16, 17). Erneut ist Christine de Pizans Buch »Stadt der Frauen« zu nennen, in dem der Verfasserin auch Rechtschaffenheit (Droiture) mit diesem Attribut erscheint: »Dieses funkelnde Lot, das du mich anstelle eines Szepters in der rechten Hand halten siehst, ist die gerechte Regel, die Recht vom Unrecht trennt und den Unterschied zwischen Gut und Böse anzeigt: wer ihr folgt, geht nie fehl. Es ist der Friedensstab, der die Guten versöhnt und auf den sie sich stützen, der Stab, der die Bösen schlägt und straft ... Dieses Lot zeigt allen Dingen ihre Grenze an, denn unbegrenzt ist sein Geltungsbereich«.

Bei den Römern und in der philosophischen Ethik der Gerechtigkeit (als Tugend) war die Waage Ausdruck der Aequitas, der Billigkeit, die als wesentliches Moment der Gerechtigkeit begriffen wurde. Dadurch erwies die Justitia sich als Haltung, die dem einzelnen über die streng abstrakte Gleichheit hinaus in seiner Individualität gerecht werden wollte und ihm seine konkrete Rechtsstellung zuerkannte, die ihm das gab, was er zum gerechten Leben brauchte, also unter Umständen mehr, als einem anderen zustand, weshalb die Waagschalen durchaus in unterschiedlicher Höhe stehen konnten. Diese Gerechtigkeit wurde daher oft mit dem Füllhorn, das diese Zuteilung durchführte, abgebildet; eine Bestimmung, die auch für die Wägung der Taten und Gedanken am Jüngsten Gericht galt, wo die Gnade des Herrn oder der Maria für ein menschenfreundliches Urteil sorgte - und auch diese Tugend der Menschenfreundlichkeit war Inhalt der Gerechtigkeit (!): die Waagschale der Errettung (zumindest zum Fegefeuer) senkte sich tiefer. In gleicher Bedeutung findet sich im übrigen die Waage z.B. auch bei der Temperantia (Maßhaltung, Mäßigkeit) und der Clementia (Milde).

Schließlich ist noch darauf hinzuweisen, daß die Waage - nun wieder mit ausgewogenen Schalen - der Veranschaulichung der allgemeinen (gesetzlichen, abstrakten) Gleichheit dienen konnte und kann, da sie damit jedem wirklich das Gleiche zuwägt.

Für den Barockmaler Daniel Gran (1694-1757) war die Waage - wie er 1746 in dem Programm für das Bibliotheksfresko von St. Florian niederschrieb - Attribut der Justitia aus einem noch anderen Grund, nämlich: »Sie hält in der Hand eine Waage, um ihre selbsteigenen Aktionen wohl und genau zu erwägen«. Darin kam also die Gerechtigkeit als allgemein menschliche

Tugend zum Ausdruck: der Gerechte überlegt seine Handlung genau, indem er ihr Für und Wider abwägt; die Waage ist - so würde man heute wohl sagen! - Ausdruck der gewissenhaften Überlegung und Entscheidung; ihre Wohlausgewogenheit meint das Mit-sich-im-Reinen-Sein, die Rechtschaffenheit des Menschen.

Doch kann dieses Erwägen von Für und Wider passend auf das rechtliche Verfahren der Gesetzgebung und der richterlichen Urteilsfindung als »Juridica« bezogen werden: also als Waage, wie sie auch der Rhetorik (und der Dialektik) - zwei Artes Liberales - zuerkannt wurde und wie sie auch in verwandter Weise der »Jurisprudentia«, der auf der Universität gelehrten praktischen Wissenschaft, beigegeben wurde; allerdings nicht von Daniel Gran, der der Juridica statt der Waage einen Zirkel beiordnete - »zu bemerken, daß in den rechtssachen die causae wohl müssen abgemessen werden« - und ihr zugleich auch ein Sieb zuwies - »so das symbolum, das gute von dem bösen abzusondern und zu unterscheiden«.

Das Schwert

Eine vergleichbare (mögliche) Vielfalt kam auch dem Attribut des Schwertes zu. Freilich war es immer Zeichen der Macht. Man denke nur an Paulus und seinen Hinweis auf das Schwert der Obrigkeit (Römer 13, 4). Damit ist aber nicht viel gesagt, da »Macht« sehr unterschiedlich verstanden werden kann, weshalb einige Bemerkungen erforderlich sind, um diese Vielfalt zu begreifen. Zunächst ist das Schwert Attribut des göttlichen Richters der Apokalypse und des Jüngsten Gerichts - bei Ripa (noch) Ausdruck der göttlichen Gerechtigkeit, die die Gottlosen bestraft -, aber auch Ausdruck des Wortes Gottes, das in der Einheit mit dem göttlichen Willen durchschlagende, das Böse vernichtende Kraft hat (Apok. 19, 15; 2 Thess. 2, 8; Joh. 1, 1-14). In dieser Bedeutung trägt das Schwert auch König Salomo, der alttestamentliche »Typus« der Weisheit und des Wortes Gottes (des Sohnes Gottes Christus), wie er sie in seinem Urteil auch verwirklicht. Und in der Nachfolge des Salomo/ Christus tragen es ebenfalls die Herrscher und die Richter, die ihre Gerichtsgewalt durch den herrscherlichen Bann erhalten. Von daher ist das zweischneidige Schwert auch Ausdruck der (argumentativen) Scheidung von Gut und Böse, also von Für und Wider, weshalb es auch der Rhetorik oder Dialektik (und selbstverständlich auch der Jurisprudentia) zukommen kann. Es kann sogar in dieser Bedeutung Hinweis auf die Selbstkontrolle und -korrektur des einzelnen sein.

Mit dem Aufkommen der Blutgerichtsbarkeit und der Vorstellung der militanten (kämpferischen) Justitia (und in Rückgriff auf die alte Vorstellung der

93 Justitia (als ius penale) mit Schere. Darstellung des Andrea Pisano am Campanile des Doms von Florenz. Um 1335

Römer vom Schwert als Zeichen der Kapitalstrafgewalt, d.h. der Gewalt über Leben und Tod, vielleicht auch unter dem Einfluß der Gestalt der Judith [vgl. Abb. 13]) trat das Schwert als Waffe und Instrument der Hinrichtung und damit als Ausdruck der Gewalt über Leben und Tod in den Vordergrund. Es wurde - wiederum in Nachfolge des Salomo - den Friedensherrschern zugeordnet, die die Rebellen und Sünder zum Schutz der Schwachen (und der Kirche) zu strafen hatten. Das Schwert wird dabei zur Warnung und Abschreckung der Bösen, aber auch zur Beruhigung der Schwachen mit blanker und scharfer Klinge aufrecht gehalten, zum Himmel hoch aufgerichtet, von dem her diese Macht begnadet wird, auch zum Zeichen dafür, daß es im Auftrag Gottes und damit gerecht (und wahr) angewendet wird: als gerechte Bestrafung sündhafter Missetäter. Diese strafende Gerechtigkeit kann auch den Strick (zum Vollzug des Hängens), die Rute (als Instrument der Stäupung, also insbesondere die Strafe der öffentlichen Auspeitschung, oder der Selbst-Korrektion) in der Hand halten, auch - wie die Gestalt des Strafrechts (ius penale) am Campanile zu Florenz (Abb. 93) - eine Schere (als Instrument des Haarabschneidens oder auch Skalpierens oder auch als Ausdruck dafür, daß sie - wie die Parze Atropos - den Lebensfaden durchschneidet). Gleichbedeutend ist die Darstellung mit einem abgeschlagenen Haupt, das die strafende Gerechtigkeit auf dem Schoße hält, wie etwa im Fresko Lorenzettis in Siena (Taf. 21). Cesare Ripa hat sie als »strenge Gerechtigkeit« in folgenden Worten beschrieben: »eine Gestalt wie jene, die man zur Darstellung des Todes malt. Sie trägt einen weißen Mantel, und zwar auf die Weise, daß man das Gesicht, die Hände und die Füße sieht, außerdem das blanke Schwert und die Waage auf die besagte Weise. Diese Figur veranschaulicht, daß der strenge Richter niemandem bloß vorgewandte Entschuldigungen verzeiht, welche die Strafe wie den Tod erleichtern könnten. Der Richter hat weder auf Alter noch Geschlecht noch Beschaffenheit der Person zu achten, wenn er für deren Schuld die Hinrichtung ausspricht. Der schreckliche Blick dieser Figur zeigt, wie furchterregend ... diese Art der Gerechtigkeit ist, die das Gesetz zu keiner Gelegenheit leichtfertig auslegt«. Anzumerken ist, daß bereits der Utrecht-Psalter des 9. Jahrhunderts eine Darstellung der Justitia enthält, die Palmzweig und Kriegsaxt trägt (und der vom Christus-Logos aufgetragen wird, sich an der Vernichtung des Bösen zu beteiligen).

Bei Ripa bedeutete das aufgerichtete Schwert, daß die Gerechtigkeit nicht einer Seite nachgeben solle, weder aus Freundschaft - häufig dargestellt als Hund - noch aus Haß - dargestellt als Schlange -, dies meinte also die Unparteilichkeit des Richters. Daneben kannte Ripa - nach dem Vorbild der römischen Medaillen - auch die sitzende Justitia und sah in dieser Stellung eine Bekundung des Ernstes, der dem Weisen zukomme. Damit war klargestellt, daß die Justitia auch in Richterhaltung thronend und das Schwert in Ruhe nach unten richtend oder am Schoß haltend dargestellt werden konnte, wie es manche Prozeßordnungen dem Richter sogar während des Verfahrens vorschrieben. Als Ausdruck der hoheitlichen Macht des Staates und/oder des Herrschers findet sich im übrigen das Schwert auch als Attribut der Fortitudo (Stärke, Standhafigkeit), manchmal auch der Pax (Friede, Friedfertigkeit). Anzumerken ist noch, daß del Vecchio dem Schwert eine Bedeutung gibt, die derjenigen der Waage entspricht: es diene nämlich seiner Auffassung nach dazu, die Dinge in zwei gleiche Hälften zu teilen (und aufzuteilen). Schließlich ist noch festzuhalten, daß ein zuweilen verwendetes zweites Schwert der Justitia, welches in der Regel vom Himmel herabzeigt, nicht in eigentlichem Sinne als ihr Attribut angesehen werden kann. Damit sollte lediglich zum Ausdruck gebracht werden, daß die richterliche Macht von Gott kommt und der Richter diesem für seine Urteilstätigkeit verantwortlich ist.

Waage und Schwert

Waage und Schwert waren und sind bis heute die beiden am häufigsten zu beobachtenden Attribute der Justitia, weshalb sie sich wohl auch als Kennzeichen der Justiz (und der Justizgebäude) allgemein durchsetzen konnten. Dabei wird in der Regel die Waage in der linken und das Schwert in der rechten

Hand gehalten, manchmal auch beide in einer Hand, jedenfalls überwiegend in gleicher (und auch gleichwertiger) Bedeutung. Ausnahmen bestätigen die Regel: manchmal gewinnt die Waage das Übergewicht, manchmal das Schwert.

94 Domenico Guidi, Justitia mit Beil im Rutenbündel. Handzeichnung. Ende 17. Jh. London, Public Record Office. Pro 30 / 24 / 21

Rutenbündel und Beil

Statt des Schwertes (oder neben ihm) wurden ebenfalls oft ein Rutenbündel und ein Beil, das mit diesem zusammengebunden ist, als Attribute eingesetzt (Abb. 94). Die »Iconologia« des Cesare Ripa erläutert sie im Zuge ihrer Beschreibung der Gerechtigkeit mit folgenden Worten: »Das Rutenbündel mit dem Beil war in alter Zeit in Rom von den Liktoren, den Konsuln und den Volkstribunen vorangetragen worden, um zu zeigen, daß weder jemand zu strafen verzögern solle dort, wo die Gerechtigkeit benötigt wird, noch überstürzt urteilen solle: man solle Zeit geben, um den Rechtsspruch zur Reife zu bringen«. Es ist im übrigen anzunehmen, daß die Umhüllung des Beiles durch das Bündel darauf abzielte, die strenge Gerechtigkeit auf den Aspekt der Barmherzigkeit hin (oder zumindest auf den der Aequitas) abzumildern.

Bett, Kissen und Stab

Ein Hinweis auf den Umstand, daß der Richter in Ruhe urteilen solle, wurde auch in der Darstellung des Bettes und des darauf liegenden Kissens neben der Justitia mit einer Inschrift zum Ausdruck gebracht (vgl. Abb. 194 bei P/S): »Das Bett zeigt an, daß der Richter in vollständiger Ruhe seinen Urteilsvorschlag vorbereiten soll. So wie das Kopfkissen vorteilhaft für das Bett ist, so ist es die Barmherzigkeit für die Gerechtigkeit«. Entscheidendes Richtersymbol war im Mittelalter der entrindete (dadurch: abgestorbene) Stab, der gerade nach oben gehalten werden mußte; auch diese Haltung ist wohl als Ausdruck der Ruhe und der Beherrschtheit des Prozeßleiters anzusehen. Es gibt einige Darstellungen auch der Gerechtigkeit - vor allem als »iustitia civilis« -, die dieses Attribut vorsehen (Abb. 95).

95 Marten de Vos, Justitia (als ius civile) mit Stab. Entwurf für die Festdekoration zum Einzug des Erzherzogs Ernst von Österreich in Antwerpen (1594). Feder mit Pister laviert. Antwerpen, Prentenkabinett

Flügel

Für die Justitia als Engel bzw. Engelstugend bot sich selbstverständlich das Attribut der Flügel an. Vor allem in den geistlichen Theaterstücken wurde oft auf dieses auffällige und den Laien bekannte Zeichen abgestellt (wie es im übrigen auch für den oft vorgesehenen Erzengel Michael verwendet wurde). In dieser geflügelten Gestalt ähnelte die Gerechtigkeit der griechischen Siegesgöttin Nike, wodurch der siegreiche Charakter der Tugend zum Ausdruck gebracht werden konnte. Doch muß auch erwähnt werden, daß in der Hieroglyphik die Feder (konkret: des Straußes) als Symbol der Gerechtigkeit fungierte.

Weltkugel, Krone und (Sonnen-)Auge

Manchmal sitzt die Justitia auf der Weltkugel (vgl. Abb. 200h bei P/S) oder hat diese in der Hand oder trägt einen Schild, auf dem diese abgebildet ist (vgl. Abb. 133, 135 bei P/S), oder hält die Kugel gemeinsam mit einem Schwert (wie z.B. als Statue am Grabmal des Robert von Anjou, das Giovanni und Pacio da Firenze von 1343 bis 1345 errichteten). Die Bedeutung ist klar: die Gerechtigkeit regiert die Welt oder soll dies zumindest tun. Deshalb hat sie in einigen Darstellungen - neben dem Schwert - ein Szepter in den Händen.

Zuweilen trägt Justitia eine Krone. Nach Ripa soll damit veranschaulicht werden, daß die göttliche Gerechtigkeit Gewalt über alle Mächte der Welt besitzt, weshalb diese Krone auch aus Gold gemacht ist. Auch die »aufrechte Gerechtigkeit«, die weder der Freundschaft noch dem Haß nachgibt, ist mit einer königlichen Krone gekrönt. Darüber hinaus zeigen zahlreiche Darstellungen auch der Tugend der Gerechtigkeit diese mit einer Krone, um zu verdeutlichen, daß sie die oberste Tugend, zumindest die wichtigste der Kardinaltugenden ist. Für Daniel Gran trägt die Justitia aus dem Grund eine Krone, um »anzudeuten, daß ein Gerechter sich selbst zu beherrschen weiß«.

Gran nannte ein weiteres Attribut: »Auf der Brust hat [die Gerechtigkeit] ein Auge in Form eines Geschmuckes, weil ein gerechter Mensch über sein eigenes Tun und Lassen mehr Absicht hat als andere Leute«. Auch Ripa erwähnte das Geschmeide mit dem Auge, gab diesem aber den Sinn, daß die Gerechtigkeit nach der Auffassung des Plato alles sehe; darüber hinaus zog er die Verbindung vom Auge zur Sonne der Gerechtigkeit: ein Bild, dem vom Kupferstich »Sol iustitiae« von Albrecht Dürer bis hin zum Sonnenkönigtum des absoluten Herrschers große Bedeutung zukam. Für Ripa war im übrigen dieses Sonnenauge das entscheidende Attribut der Justitia, was sich daraus ergibt, daß er für die Gestalt der Tugend (als solche und überhaupt) als einziges Attribut dieses Auge vorsah. In der Darstellung der Gerechtigkeit von Johann König (um 1626) trägt sie das »Auge des Gesetzes« als Brosche vor der Brust (Abb. 96). Anzumerken bleibt, daß auch die Sapientia (Weisheit) manchmal mit einem Augenszepter in der Hand dargestellt wurde (z.B. im Augsburger Rathaus oder in

96 Johann König, Justitia. 1626. Augsburg, Städt. Kunstsammlung

Bamberg von Melchior Steidl aus dem Jahr 1707), womit zum Ausdruck gebracht werden sollte, daß eine von ihr geleitete Obrigkeit eine kluge, gerechte, vorsichtige und weitherzige Herrschaft sei.

Das Gesetzbuch

Manchmal (vor allem in späterer Zeit) stellt das Buch - in der Regel das Gesetzbuch - oder eine Reihe von Büchern das Attribut der Justitia, noch mehr das der Jurisprudentia dar. Der Sinn ist klar: damit soll die Bindung an das göttliche Recht oder (später) an die positiven Gesetze des Landesherren zum Ausdruck gebracht werden.

Tiere als Begleiter

Zahlreiche Attribute der Justitia hat die Hieroglyphik (vgl. Kap. 8) »erfunden«, d.h.: dem Wesen der Gerechtigkeit entsprechend entwickelt und dargestellt: Waage und Schwert, auch z.B. das Augenszepter bei Piero Valeriano (1556). Eine große Rolle spielten dabei die Tiere als Begleiter der Gerechtigkeit.

Im Zusammenhang mit der Hieroglyphik ist zunächst der Kranich zu nennen, genauer: der Kranich mit einem Stein in der erhobenen Kralle (Abb. 34, 97). Dieser Vogel wurde der Justitia als Zeichen der Wachsamkeit beigegeben. Denn man glaubte im Anschluß z.B. an Horapoll, daß diese Vögel beim Ruhen auf ihren Zügen Wachtposten aufstellten, die in der genannten Weise einen Stein zu halten pflegten, der herunterfallen und sie wecken sollte, wenn sie einschlafen würden. Horapoll bezog freilich das Bild (nur) auf den wachsamen Menschen, der vor den Nachstellungen seiner Feinde auf der Hut ist. Der Kranich wurde vor allem der Prudentia (Klugheit) zugeordnet (so von Ripa), aber auch den Darstellungen des Fleißes, der

97 Hans Peisser, Justitia. Um 1550. Bronzeplakette. München, Bayerisches Nationalmuseum

98 Raffael, Justitia. Detail aus einem Fresko in der Sala di Constantino. 1520. Rom, Vatikanische Museen

Keuschheit oder der Beharrlichkeit; und eben auch Abbildungen der Justitia. Darüber hinaus ist anzumerken, daß schon Piero Valeriano in dem keilförmigen Flug der Kraniche ein Zeichen von genauer (»rechter«) Ordnung sah.

Ein anderes Tier, das die Hieroglyphik als Begleiter der Justitia entwickelte, war der Strauß (Abb. 98). In seiner Beschreibung der Gerechtigkeit, die die Richter in den Gerichten und die weltlichen Vollstrecker ausüben sollten, führte Ripa aus, man wisse über diesen Vogel vor allem aus dem »Physiologus« - einer in altchristlicher Zeit in Kleinasien entstandenen Zusammenstellung beschreibender Tierdarstellungen -, daß er sogar Eisen verdaue, obgleich dieses der härteste Stoff sei; daraus könne man lernen, daß die Streitsachen, die vor Gericht kommen, mit Geduld und Anstrengung zu entwirren und aufzuklären (und auf diese Weise zu »verdauen«) sein sollen. Darüber hinaus sah Ripa im Strauß auch das Sinnbild der Strenge, die sein Verhalten gegenüber den eigenen Kindern auszeichnen solle. Doch hat Ripa hier bereits Horapoll vergessen oder nie verstanden, der nämlich ausdrücklich berichtet hatte, die Straußenfedern seien - weil sie durchwegs einander gleichbleiben würden - im alten Ägypten Symbol der Gerechtigkeit und der Wahrheit gewesen.

Selten wurde auch der Pfau als Begleiter der Justitia verstanden (vgl. Abb. 99), was auf der Hand liegt, wenn man bedenkt, daß dieser Vogel als das reine und edle Tier geehrt und deshalb häufig als Gegensatz zum Affen dargestellt wurde. Oft wurde er zusammen mit dem Inhaber der (weltlichen oder geistlichen) Macht - etwa mit Caesar, der Göttin Roma, auch mit Päpsten - in Verbindung gebracht: auch zum Ausdruck des Sieges der gerechten Sache (möglicherweise aber auch des Sieges der sündhaften und daher ungerechten Hoffart).

Seltener findet sich der Adler als Tier der Justitia. Er entspricht dann in vielem dem Pfau, auch in der Ambivalenz der Bedeutung als Zeichen der ge-

99 Justitia (in Gestalt einer ferraresischen Dame). Miniatur in der Biblia Borso d'Este. 1455-61. Modena, Biblioteca Estense, Ms. lat. 429, fol. 56r

rechten Macht und Stärke einerseits, des Hochmuts und der Unmäßigkeit andererseits. Als »Adler der Gerechtigkeit« wurde er in Dantes »Divina Commedia« aufgeboten: als Ausdruck der Sehnsucht nach dem Reich.

Bekannt ist der Löwe, der allgemein als Zeichen der Macht auftritt und in dieser Bedeutung manchmal auch als Begleiter der Justitia (oder als ihr Reittier) begegnet (Taf. 25). Die um 1615 geschaffene Bronzefigur der Justitia - innerhalb der vier Kardinaltugenden - auf der Giebelschräge des Westportals der Münchner Residenz war ebenfalls von Löwen umgeben, was einen Berichterstatter um 1685 zu folgender Erklärung veranlaßte: »Den andern Theil dieses Portals zieret die Gerechtigkeit ... durch jhren herunden stehenden Löwen allen ein gleiche Gutwilligkeit versprechend«. Auf die astrologischen Zusammenhänge, in denen der Löwen als Sternbild mit der Justitia - als Sternbild der Jungfrau - steht, wurde im 2. Kapitel hingewiesen (Abb. 28).

Auch der Storch wurde (bereits von Horapoll) mit der Justitia in Verbindung gebracht, genauer der Storch in einer seltsamen Verbindung mit dem Nilpferd in einem Szepter. Giorgio Vasari (1511-1574) hat seine hier anzuführende Darstellung an der Decke der Sala degli Elementi im Palazzo Vecchio in einer eigenen Schrift folgendermaßen begründet und erläutert: »Jenes Zepter ... trägt unten ... den Hippopotamus, ein höchst pietätloses Geschöpf des Niles, das seinen Vater und seine Mutter tötet. Oben auf dem Zepter ist ... ein Storch, das pietätsvollste Tier, das dem Vater und der Mutter das Nest wieder bereitet und sie füttert, bis sie gestorben sind; und dies ist für die Pietät gesetzt; die Justitia hält und regiert mit diesem Zepter die Welt«. Und - so kann man hinzufügen - sie besiegt mit Frömmigkeit und Treue die Gewalt und die Ungerechtigkeit.

Nur angemerkt werden soll, daß in umgekehrter Weise der Greif als Sinnbild der inneren Bösartigkeit, Goldleidenschaft und Habsucht Begleiter des ungerechten Menschen sein konnte. So ist z.B. der bestechliche (und daher schlechte) Richter auf einem solchen Tier sitzend in einem Stich aus dem Jahr 1521 von Hans Schwarz oder Hans Leinberger abgebildet.

Seltene und seltsame Attribute

Die Phantasie der Theoretiker und der ihnen folgenden Künstler fand keine Grenzen im Aufsuchen und Finden weiterer Attribute der Gerechtigkeit. Oft war ihnen sogar die Aufgabe gestellt, bestimmte Rätsel in die Darstellung einzubringen, deren Lösung dann nur der Besitzer des Bildes wußte und dadurch seine überragende Bildung zeigen konnte. Freilich durfte nicht willkürlich erfunden werden; sondern jedes neue Attribut benötigte einen Sitz in irgendeiner auszudeutenden Quelle, mit der man dann allerdings recht frei umzugehen pflegte. So findet sich in Jesaja 11, 5 der Satz: »Gerechtigkeit ist der Gürtel um seine Hüften, Treue (Wahrheit) der Gürtel um seinen Leib«; und schon konnte man den Gürtel als ein weiteres Attribut der Gerechtigkeit ableiten. Freilich bleiben manche Attribute rätselhaft. So findet sich z.B. eine 1685 nie-

100 Giorgio Vasari, Justitia. 1553-57. Florenz, Deckenbild in der Sala degli Elementi des Palazzo Vecchio

dergeschriebene Erläuterung der Justitia-Figur, die am Westportal der Münchner Residenz um 1620 von Hans Krumper geschaffen wurde: »welche in der rechten Hand einige auß Wermuth geflochtene Zweig haltet« (neben Rutenbündel, Sonnenauge und Löwenbegleitung, die alle zusammen bedeuten sollen: »Supra simul & infera. Das ist: Die Himmel sowol als die Erden durch Gerechtigkeit regieret werden«).

Die Darstellung der Justitia von Giorgio Vasari (Abb. 100) kannte in dieser Bedeutung noch einige andere Attribute der Gerechtigkeit, die der Künstler in der oben bereits genannten Schrift dargelegt hat, wodurch zugleich ein Licht auf die argumentative Begründung im Rahmen der Hieroglyphik überhaupt fällt. Man höre und staune: So trägt nach Vasari seine Justitia einen Schild mit dem Medusenhaupt (wie auch Pallas Athene bzw. Minerva, wie auch Scipio im Triumphzug der Gerechtigkeit), um alle Herrscher, die auf ihn blicken, zu versteinern und unbeweglich zu machen, freilich auch um deutlich zu machen, daß die Gerechtigkeit viele Widerwärtigkeiten zu erdulden und auszustehen habe; sie ist gerüstet (Panofsky sieht hier einen Hinweis auf die Institutiones, wonach der Kaiser mit dem Recht bewaffnet sein solle); sie trägt einen Helm aus Gold und Stahl, weil diese Metalle nicht rosten würden: der gerechte Richter brauche diesen Schutz, damit der Verstand nicht vergiftet werde; ihre Brust ist unbedeckt zum Ausdruck dafür, daß sie frei von Leidenschaft sei; die drei Federn, die den Helm schmücken, schließlich sind Ausdruck des Glaubens (daher weiß), der Liebe (daher rot) und der Hoffnung (daher grün), also der Tugenden, die den gerechten Richter auszeichnen.

Manche Theoretiker und/oder Künstler nannten bzw. kannten weitere Attribute der Justitia. So erwähnte Daniel Gran den Hochzeitszweig, den sie in der Hand halte. Es findet sich auch der Palmzweig, den der Emblematiker Curioni damit begründete, daß die Gerechtigkeit gegenüber dem Betrug abgeneigt und gegenüber der Billigkeit geneigt sei. Ripa bemerkte: »Um die Gerechtigkeit und die Unbescholtenheit des Geistes zu zeigen, pflegte man in der Antike noch einen Krug, ein Becken und eine Säule darzustellen«. Er sah auch eine Feuerflamme vor, die anzeigen solle, daß der Geist des Richters immer zum Himmel gewandt sein würde; daneben auch das Szepter als Zeichen, daß die Gerechtigkeit die Welt regiere, und das Armband als Zeichen der Mäßigung. Über der göttlichen Gerechtigkeit schwebte bei Ripa stets eine weiße und glänzende Taube, die auf den heiligen Geist hinweist und auf das Band der Liebe zwischen Vater und Sohn: durch diesen Geist werde die göttliche Gerechtigkeit allen Fürsten der Welt mitgeteilt.

Grete Lesky erwähnt - aus der Emblematik - die Egge als Symbol der Gerechtigkeit (und auch des Gewissens und der Reue) und führt überdies eine Darstellung im Reflectorium des Schlossel Külml an (bei Oberfreisitz in der

Steiermark), wo über bzw. neben der Justitia das Damoklesschwert und eine Uhr abgebildet sind: als Ausdruck des Programms »Wir sind immer in Gefahr«.

Hinzuweisen ist auch darauf, daß über die eigentlichen Attribute hinaus die ikonologischen Anleitungsbücher weitere Vorschriften für die Darstellung der Justitia enthielten. So soll sie ein Kleid entweder aus Gold - dem reinen, edelsten und kostbarsten Metall - oder in weißer Farbe tragen; sie soll makellos schön sein; ihr Blick soll ehrlich, geradeaus, fest, ernst sein; die göttliche Gerechtigkeit hat die Haare auf den Schultern ausgebreitet usw.

Bedeutende Persönlichkeiten als Begleiter

Daß die Justitia manchmal mit bedeutenden Persönlichkeiten - meist Männern aus der römischen oder griechischen Geschichte - dargestellt wurde, die als Vorbilder oder abschreckende Beispiele verstanden werden sollten, scheint ebenfalls in diesem Zusammenhang (vgl. auch Kap. 7) erwähnenswert. Zu ersteren gehörten vor allem der gerechte Kaiser Trajan, dann auch Scipio d. Ä., Justinian, Pittacus, Furius Camillus, Numa Pompilius; zu letzteren vor allem Nero, auch Midas.

Regieanweisungen

Es sollen - um die Vielfalt der Darstellungsmöglichkeiten der Gerechtigkeit zu betonen! - an dieser Stelle auch zwei Anleitungen vorgestellt werden, die zur Aufführung von Theaterstücken geschrieben wurden. So gab 1619 Nicolaus Loccius zu seinem »Schawspiel der freyen und unlebendigen Jugend« folgende »kleine Nachrichtung» über die in seinem Stück auftretende Justitia, deren Vorbild offensichtlich in den zeitgenössischen Sammelwerken der Emblematik bestand: »In Engels gestalt/ mit verbundenen Augen/ hat in einer Handt ein bund Gärten/ in deren mitten eine Ext oder Beyl gebunden/ und in der anderen einen Güldenen Pfenning. Zwischen den Flügeln Paenis et Praemijs Prudentiae. Ein Engel/ in Händen eine Rechentaffel und Kreide zwischen den Flügeln: Respice finem«. Eine weitere Anweisung bezüglich der Rolle der Justitia im Chor der Tugenden knüpfte an das Werk »Speculum imaginum, veritatis occultae« von J. Masen aus dem Jahre 1620 an, in der es hieß: »Mit königlichem Diadem geschmückt, in der einen Hand eine Waage, in der andern ein Schwert; um den Hals ein Band, an dem ein Auge hängt; oder: in einem weißen oder goldenen Gewand, das mit geflügelten Augen übersät ist; im goldenem Diadem ebenfalls ein Auge, in der Rechten ein Schwert, in der Linken eine Lanze mit zwei Spitzen«.

Die Augenbinde

Zum Abschluß soll jenes Attribut der Justitia besprochen werden, das auch in den angeführten ikonologischen Werken erwähnt wurde und seit dem Jahr 1520 in immer größerem Maße zu ihrer Kennzeichnung Verwendung fand: die Augenbinde. In ihr kam und kommt Wesentliches zum Ausdruck: bis heute, weshalb sie ein unumstrittenes Attribut ist, das zugleich aber ein beliebtes Mittel der Kritik (vor allem in der Karikatur) ist. Deshalb bereitet die Augenbinde große Verständnisprobleme.

Zunächst ist offensichtlich und bedarf keiner näheren Begründung, daß dieses Attribut zur Gerechtigkeit als der allgemein menschlichen Tugend nicht passen kann. Daniel Gran machte dies in seinem oben genannten Programm für St. Florian deutlich: »Die augen müssen ihr nicht verbunden sein; denn selbiges tut nur der gerechtigkeit zukommen, dero sich ein richter gebrauchen muß«. Doch ergeben sich auch für die Augenbinde als Attribut einer bloßen (eingeschränkten) Richtertugend Schwierigkeiten. Denn die Binde ist allgemein ein negatives Zeichen, Ausdruck des Lasters, des Irrtums - wie etwa bei den Darstellungen der Synagoge (neben der Ecclesia) -, jedenfalls der Un-Tugend - und deshalb etwa bei der Darstellung der Fortuna. Deshalb ist es, wie Albrecht Dürer in seiner Illustration des »Narrenschiffes« von Sebastian Brant (1494) dargestellt hat (Abb. 101), Narrheit, der Justitia die Augen zu verbinden, um Recht zu erhalten: eine blinde Justitia könne nur Unrecht sprechen. Zu erinnern ist an das oben erwähnte Attribut des Auges (und zwar gerade umgekehrt: des geöffneten, nicht verbundenen Auges), aber auch an die Vorschriften, die zur Darstellung der Justitia den scharfen, strengen, freien Blick verlangten. Jedenfalls folgte daraus, daß eine blinde Justitia eine schlechte sein müsse: wie Sebastian Brant in seinem Drama »Tugend Spyl« (1554) zum

101 Holzschnitt Albrecht Dürers aus dem *Narrenschiff* (1494) des Sebastian Brant

Ausdruck brachte, als sein Held Herkules folgende Justitia sieht: »Fraw gerechtigkeit wie ist dir beschehen/ Ich sieh wol das du nichts kanst sehen/ Dein Augen sind dir außgestochen/ So ist dein schwert stumpff und zerbrochen/ So hatt dein wag ungleich gewicht/ Fürwar dein sach gefakt mir nicht«; die Gerechtigkeit antwortet ihm: »Ach Gott es mir übel gangen/ Schenck/ Mut/ und gab hant mich gefangen/ Mein augen mir also verblendt/ und mich an leib und ehr geschendt/ Darzu gunst und verborgner neidt/ Die hant verfurt mich lange zeit«; was Herkules zu den mahnenden Worten veranlaßt: »Hetst du dein sachen recht gethan/ Und jedem widerfaren lan/ Das du gern hetst von im gehan/ Dein wag und schwert auffrecht getragen/ So dürffstu dich yetz nit beklagen«. - Oder zumindest war eine blinde Justitia eine von ungerechten Menschen mißhandelte Gestalt; Valentin Boltz hat sie in seinem Stück »Weltspiegel« (Basel 1550) auf die Bühne gebracht: »Der erst diener verbindt jr die ougen ..., der erst diener nimpt jr das schwert ... Der ander diener nimpt jr die flügel ... Landvogt zücht yß sein schwert, ersticht sy«; erst nach dem Eingreifen Gottes und seiner Engel - unter Führung des Erzengels Gabriel - kann die mißhandelte und getötete Gerechtigkeit sich wieder aufrichten und aus dem Grabe steigen.

Freilich ist es möglich, diesen durch die Augenbinde ausgedrückten Mangel der Justitia zum Thema zu machen und damit zu begründen, daß der Unterschied von göttlicher und menschlicher Gerechtigkeit angenommen und zugrundegelegt wird: erstere sei ohne verbundene Augen an der tiefsten (inneren) Wahrheit des Menschen ausgerichtet, letztere habe sich auf die äußeren Handlungen der Menschen (im Zusammenleben) zu beschränken und ihrem Inneren gegenüber blind zu werden, weshalb sie mit Augenbinde dargestellt wird, um ihre Endlichkeit und Begrenztheit auszudrücken - nicht als solche, sondern in Relation zur ersteren, die allwissend, alles erschauend, alles bedenkend sei. In dem Prozeßlehrbuch »Praxis rerum criminalium« von Josse de Damhouder aus dem Jahre 1562 ist in der Tat eine solche Illustration einer janusköpfigen Justitia enthalten, die in dieser Richtung interpretiert werden kann (freilich auch dahingehend, daß die offenen Augen zum Schwert und die Augenbinde zur Waage gehören oder daß der Richter urteilt, aber selbst dem göttlichen Urteil unterworfen ist). Doch führt dieser Weg nicht weiter. Denn die Vielzahl der Darstellungen der Justitia mit Augenbinde und die Art und Weise, wie sie diese trägt, sollte offensichtlich auf keinen Mangel oder Fehler hinweisen.

Sogar im Gegenteil: dieses Attribut sollte die richterliche Tugend zum Ausdruck bringen; weshalb auch die These von Ernst v. Moeller, die Binde sei Ausdruck des Verrats der deutschen Juristen zugunsten der Rezeption des fremden römischen Rechtes, unhaltbare Ideologie darstellt. Auch für diese positive, die Tugend betonende Interpretation gibt es einsichtige Gründe. Bereits das Alte Testament verlangte von den Richtern, »ohne Ansehen« der Parteien zu urteilen, Reich und Arm, Groß und Klein in gleicher Weise zu hören (5 Mos. 1, 17; 16, 19; Jes. 11, 3): d.h. unparteiisch Recht zu sprechen und nicht der Sympathie, Freundschaft oder Feindschaft nachzugeben, auch nicht auf Bestechungsgelder zu sehen usw. Doch auch diese Interpretation kann letztlich nicht überzeugen. Denn das damit ausgesprochene Motiv wurde zwar stets in derselben wichtigen Bedeutung gesehen, aber in vielfältiger, anderer Weise zum Ausdruck gebracht: z.B. in der Jungfräulichkeit der Justitia, in ihrer weißen Kleidung. Schon erwähnt wurde die von Ripa eigens dargestellte Form der Gerechtigkeit als »die aufrechte Gerechtigkeit, die weder der Freundschaft noch dem Haß nachgibt«, die mit erhobenem Schwert zwischen Hund und Schlange - den hieroglyphischen Zeichen für Freundschaft und Haß - dargestellt werden solle; von einer Augenbinde ist im übrigen nichts gesagt. Darüber hinaus betrifft diese Forderung nicht nur die Augen, sondern alle Sinne, vor allem auch die Ohren. So soll Alexander der Große - nach einem Bericht von Plutarch, den der »Thronus Justitiae« aus dem Jahre 1606 als Vorbild des gerechten Richters illustriert (vgl. Abb. 271 bei P/S) - beim Vortrag des Klägers sich ein Ohr zugehalten haben, um dieses dann unvoreingenommen und frei dem Beklagten zu öffnen, was auf das alte Gebot des »audiatur et altera pars« hinauskommt (also stets auch die andere Seite zu hören). Doch ist anzuerkennen, daß die Augenbinde sich gut verständlich dahingehend verwenden ließe und läßt, die Unparteilichkeit zum Ausdruck zu bringen, weshalb sie in dieser Bedeutung von den meisten bis heute verstanden wurde und wird.

Der ursprüngliche Grund für dieses Attribut lag wohl in einer anderen Vorstellung; und zwar bereits in der des Auges selbst. Mit forschendem Blick nach der Wahrheit, der den Schein entlarvt und ihre Nacktheit an das Licht des Tages bringt, ist das Auge aktiv und aggressiv nach außen gerichtet. Es gibt aber auch den inneren Blick, die Introspektion, das Sich-Öffnen der inneren Stimme gegenüber der Vernunft. In diesem Sinne ist die Augenbinde Ausdruck der Abschirmung, des Schutzes, aber auch der Konzentration; in den Worten von Ripa: der Gerechtigkeit »werden die Augen verbunden gehalten, was bedeutet, irgendeine Sache, mit der der Richter beschäftigt ist, nicht in einem der Vernunft feindlichen Sinne anzusehen«. Darin entspricht die Augenbinde dem Helm der Gerechtigkiet, wie ihn oben Giorgio Vasari begründet hat, und auch Jesaja 33, 15 (wer »die Augen schließt, um nichts Böses zu sehen«). Dies wußte noch Goethe, als er im »Torquato Tasso« formulierte: »Auch die Gerechtigkeit trägt eine Binde/ und schließt die Augen jedem Blendwerk zu!« Nicht also negativ (als Verbot, die Augen zu öffnen), sondern positiv (als Gebot, die Augen zu schließen und sich zu sammeln, auch in Ruhe zu überlegen) muß die Augenbinde gesehen werden, weshalb sie durchaus zu anderen Attributen der Justitia - etwa zur sitzenden Haltung, dem Bett, dem nach unten gerichteten Schwert - gehört.

Das »Ikonologische Lexikon« aus dem Jahre 1793 nennt ein Vorbild für dieses Attribut: die Augenbinde könne aus den Gewohnheiten des Areopagus - dieser berühmten athenischen Gerichtsstelle - hergeleitet werden; sie sei jedoch - wie der unbekannte Verfasser des Werkes hinzufügt! - eine Erfindung

102 César Giglio, Der Gerichtshof von Theben. 1604. Fresko im Salle du Conseil d' Etat. Genf, Rathaus

neuerer Künstler. Ein Bild im »Thronus Iustitiae« illustriert diesen Gerichtshof, der - wie erzählt wird - nur des Nachts tagte, weil die Dunkelheit und die Stille dieser Zeit das Nachdenken begünstige und auch das Wirken des heiligen Geistes. Auch aus Ägypten wurde Vergleichbares berichtet. Nach »De Isidi et Osiride« des Plutarch (nach 45-120) sollen die ägyptischen Priester die Gerechtigkeit selbst blind darstellen. Von einer Darstellung des Gerichtshofes von Theben berichtete Diodor (1. vorchristliches Jahrhundert), daß der Oberrichter in der Mitte des Senats mit geschlossenen Augen abgebildet sei, um nur auf die Wahrheit zu sehen (während die anderen Richter abgehackte Händen zum Ausdruck ihrer Unbestechlichkeit aufweisen würden); im Rathaus von Genf hing eine von César Giglio 1604 gemalte Darstellung (Abb. 102) neben einer Justitia (vgl. Abb. 228 bei P/S). Entscheidend ist, daß Andrea Alciatus in seinem »Emblematum liber« aus dem Jahr 1531 diesen Gerichtshof von Theben (unter dem Titel »In senatum boni principes«) in der geschilderten Weise abgebildet hat (Abb. 103); und daß in späteren Auflagen an die Stelle der ursprünglich geschlossenen Augen nun die Augenbinde trat, wohl aus Mißverständnis oder aus drucktechnischen Gründen, weil die Augenbinde auffälliger war.

Damit ist die Augenbinde im wesentlichen Ausdruck der vom Richter geforderten Konzentration auf das Recht, das er seit Errichtung der Universitäten mit ihren juristischen Fakultäten gelernt und nun im Kopf hat. Die vor ihm stehenden Menschen in ihrer sinnlich wahrnehmbaren Individualität dürfen nicht als solche beachtet werden: sie verkörpern den Rechtsfall, den der Richter durch rechtliche Überlegungen als in sich abgeschlossenen Prozeß zu begreifen sucht. Es lohnt sich daher, die Augen zu schließen. Und so ist auch verständlich, warum dieses Attribut der Augenbinde sich erst seit 1520 verbreitet hat: gemeinsam mit diesem neuen Rechts- und Richterverständnis, welches das alte überkommene Verständnis des gewohnheitsmäßig gelebten und von erfahrenen weisen Männern gefundenen Rechtes abgelöst und verdrängt hat. Der weise Richter Salomo kann mit einer solchen Binde nicht dargestellt werden, wohl aber der neuzeitliche, gelehrte, belesene und kundige Richter, der in der staatlichen Gerichtsbarkeit (Justiz) tätig zu werden hat; weshalb sich das Attribut der Binde auch bis heute als Kennzeichen der staatlichen Gerichtsbarkeit eignet(e).

103 Holzschnitt aus *Emblematum Libellus* (Paris 1542) des Andrea(s) Alciatus

In senatum boni principis. LIX.

Effigies manibus truncæ ante altaria diuûm
Hic resident, quarum lumine capta prior.
Signa potestatis summæ, sanctiq; senatus
Thebanis fuerant ista reperta uiris.
Cur resident? quia mente graues decet esse quietos
Iuridicos, animo nec uariare leui.
Cur sine sunt manibus? capiant ne xenia, nec se
Pollicitis flecti muneribúsue sinant.
Cæcus at est princeps, quòd solis auribus absque
Affectu, constans iussa senatus agit.

7 DAS ERZÄHLENDE GERECHTIGKEITSBILD

Betrachtet man Justitia in ihrem Sinn als Tugend und damit bezogen auf menschliches Verhalten, dann liegt auf der Hand, daß man sie auch an Beispielen eines solchen gerechten Handelns verdeutlichen kann. Diese Bilder schildern Szenen oder erzählen Geschichten, in denen ein Mensch gerecht gehandelt hat und so ein Exempel für die anderen ist und sein kann. In diesem Kapitel soll fast zur Gänze auf Abbildungen verzichtet werden, um den Erzählungen über die Gerechtigkeit Vorrang zu geben. Zudem kann der interessierte Leser auf die Abbildungen 233-271 bei P/S verwiesen werden.

Nochmals: Einheit der Künste

Bevor einige dieser erzählenden Gerechtigkeitsbilder vorgestellt und besprochen werden sollen, sei nur angemerkt, daß die darin behandelten Themen auch in der Dichtung, Dramatik, in den Festzügen usw. auftauchten. In diesem Zusammenhang überrascht nicht, daß vor allem die beeindruckenden Bühnenszenen und lebhaften Dialoge die Phantasie der Maler beflügelten, jedenfalls mehr als die unbebilderten und nüchternen Geschichten in den Legenden- und Mirakelbüchern.

Als ein Beispiel sei der berühmte Berner Trajan- und Herkinbald-Teppich aus der 2. Hälfte des 15. Jahrhunderts genannt (Abb. 104), der damit Themen aufgriff, die 1439 Rogier van der Weyden für den Saal der Hohen Gerichtsbarkeit im Brüsseler Rathaus gemalt hatte (wobei diese Bilder 1695 verbrannt sind); auf die beiden Helden Trajan und Herkinbald wird unten genauer eingegangen. Hier ist darauf hinzuweisen, daß Rogier zunächst seine Anregungen aus zwei Handschriften des Zisterziensermönches Cäsarius von Heisterbach erfahren hatte. Die Trajanszene ging auf die Geschichte »Das Leben des Bischofs Engelbert von Köln« in den »Acht Mirakelbüchern« (II, 5), die Herkinbaldszene auf den »Dialog über die Wunder« (Dialogus miraculorum, IX, 38) zurück, die zwischen 1219 und 1223 zur Ausbildung und Erbauung von Mönchen und gebildeten Christen verfaßt wurden. Umgearbeitet hatte diese Legenden der Dominikaner Thomas von Cantimpré, der um 1232 nach Köln kam und der stark in der Bewegung zur Verehrung des Altarsakramentes tätig war (die schließlich erreichte, daß 1264 von Papst Urban IV. das Fronleichnamsfest eingeführt wurde). Thomas stellte in seiner Bearbeitung den eucharistischen Aspekt der Geschichten in den Mittelpunkt. Um den Kultus des Al-

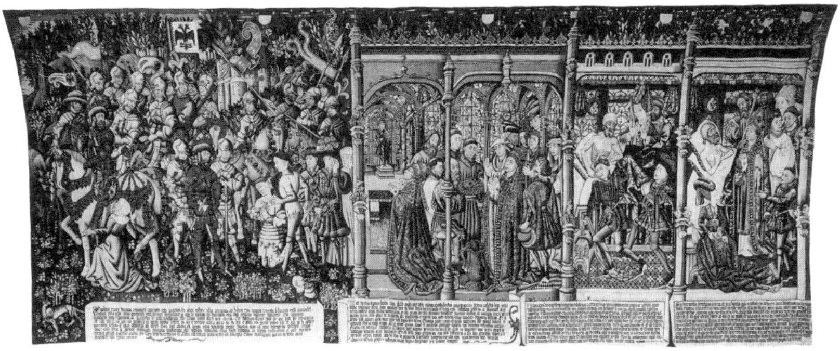

104 Geschichte des Herkinbald und des Trajan. Franko-flämischer Teppich. Um 1450. Bern, Historisches Museum

tarsakramentes im Glauben der Christen durchzusetzen und zu stärken, wurden diese Szenen des Trajan und des Herkinbald zu Mirakelspielen (»Moralitäten«) ausgebaut und aufgeführt. Vor allem die letztere Geschichte stand im Mittelpunkt der sogenannten »Moralité de l'Empereur« - wobei diese Bezeichnung als »Kaiser« dem Herkinbald wegen des Bezuges zu Trajan zuerkannt wurde -, die oftmals in Szene gesetzt wurde, wahrscheinlich auch im Juni 1440 im Rahmen des feierlichen Einzugs des Papstes Felix V. in Lausanne, Fribourg, Bern, Solothurn und Basel. Der Zusammenhang mit den Bil-

105 Aufführung des Spiels »Das Urteil des Salomo« auf dem Markplatz zu Löwen 1594. Zeichnung von W. Boonen. Löwen, Stadtmuseum

dern des Rogier liegt auf der Hand. André von Mandach vertritt deshalb die These, daß die Bilder auf dem Berner Teppich Illustrationen dieses (oder jedenfalls: eines) Mirakelspieles sind, und versucht, die unter dem Bild gemalten Inschriften zu einem Theatertext umzuschreiben.

Daneben gab es zahlreiche Susanna-Stücke, auch Dramen, in denen Trajan auftrat (wie z.B. im Zehn-Jungfrauen-Spiel aus dem Jahr 1540) oder Scipio oder Kambyses; selbst der Schuß auf den toten Vater wurde inszeniert. Selbstverständlich führte man das Salomonische Urteil auf, das auch bei Triumphzügen Verwendung fand (Abb. 105). Trajan begleitete etwa auch bei der Karnevals-Prozession 1513 in Florenz den Wagen der Gerechtigkeit. 1530 wurden beim Einzug Karls V. in München unter anderen drei »lebendige Bilder« errichtet mit der Geschichte Esthers, Tamyris (mit dem Kopf des Cyrus) und Kambyses, was im übrigen - wie berichtet wird - von den italienischen Gästen als doch sehr drastisch und zu blutig empfunden wurde.

Anzumerken ist, daß diese Szenen nicht nur als Inhalt von Gerechtigkeitsbildern herangezogen worden sind. Die Trajan- und Herkinbald-Legende war etwa gut geeignet zur Ausschmückung von Kapellen, wie z.B. in der Kapelle des Heiligen Altarsakramentes in der Löwener Peterskirche. Darüber hinaus finden sich zahlreiche Darstellungen Trajans auch auf Kamintafeln, Hochzeitstruhen usw.

Religiöse Themen

Vorbild konnte auch Gott selbst sein, wenn er als gerecht Handelnder thematisiert wird: vor allem als Richter über Lebende und Tote am Jüngsten Tag. Zu erinnern ist in dem nunmehrigen Zusammenhang lediglich, daß diese Darstellung des göttlichen Richters die Menschen allgemein in ihrem sozialen Leben (auch und vor allem in gerichtlichen Prozessen) und die Richter im besonderen zu richtigen, gottgefälligen Handlungen ermahnen und sie von sündhaftem Verhalten - wie falscher Zeugenaussage, Meineid, Rechtsbeugung durch falsches Urteil - abhalten sollte, indem an den Wänden des Gerichtsortes oder des Rathaussaales die Konsequenzen am Jüngsten Tag aufgezeigt wurden. In abgemilderter Form war dies wohl auch bei der Darstellung des Prozesses Jesu intendiert, doch waren die meisten dieser Bilder (Christus vor Pilatus, Christus vor Herodes) nicht für Gerichtssäle gedacht. Jesus wurde darüber hinaus manchmal in seiner Begegnung mit der Ehebrecherin dargestellt - »wer werfe den ersten Stein?« -, eindeutig ein Hinweis auf die Milde und Gnade (»aequitas«), die noch lange mit der Gerechtigkeit zusammengedacht wurde. Der »Thronus Iustitiae« von 1606, eine Folge von dreizehn Kupferstichen von Joachim Wtewael (1566-1638) - der letzte von einem unbekannten Künstler -, zugleich Illustration eines Traktats über den besten Richter und Programm für die Ausmalung eines Rathaussaales (vielleicht des von Leyden), beginnt mit vier biblischen Szenen (und endet mit dem Jüngsten Gericht): der Begegnung von Moses und seinem Schwiegervater Jethro (Jitro) (nach Exod. 18, 1-27: der Rat zur Einsetzung gerechter unbestechlicher Richter), das Urteil Salomos, Daniel und Susanna - die sogleich zu behandeln sind - und die Kreuztragung Christi (nicht nur als Hinweis auf die Erlösungstat des Herrn, sondern auch als Mahnung an die Richter im Hinblick auf Pilatus).

Das Urteil Salomos

Das beliebteste Thema der Gerechtigkeitsbilder war das Urteil des Salomo, wie es das Alte Testament (1 Kön. 3, 16-28) erzählt. »Damals kamen zwei Dirnen und traten vor den König. Die eine sagte: ›Bitte, Herr, ich und diese Frau wohnen im gleichen Haus, und ich habe dort in ihrem Beisein geboren. Am dritten Tag nach meiner Niederkunft gebar auch diese Frau ... Nun starb der Sohn dieser Frau während der Nacht; denn sie hatte ihn im Schlaf erdrückt. Sie stand mitten in der Nacht auf, nahm mir mein Kind weg, während deine Magd schlief, und legte es an ihre Seite. Ihr totes Kind aber legte sie an meine Seite.‹... Da rief die andere Frau: ›Nein, mein Kind lebt, und dein Kind ist tot‹... So stritten sie vor dem König. Da begann der König...: ›Holt mir ein Schwert!‹ Man brachte es vor den König. Nun entschied er: ›Schneidet das lebende Kind entzwei und gebt die eine Hälfte der einen und eine Hälfte der anderen.‹ Doch nun bat die Mutter des lebenden Kindes den König - es regte sich nämlich in ihr die mütterliche Liebe zu ihrem Kind: ›Bitte, Herr, gebt ihr das lebende Kind und tötet es nicht!‹ Doch die andere rief: ›Es soll weder dir noch mir gehören. Zerteilt es!‹ Da befahl der König: ›Gebt jener das lebende Kind und tötet es nicht; denn sie ist seine Mutter.‹ Ganz Israel hörte von dem Urteil, das der König gefällt hatte, und sie schauten mit Ehrfurcht zu ihm auf; denn sie erkannten, daß die Weisheit Gottes in ihm war, wenn er Recht sprach«.

Der letzte Satz ist zugleich die Begründung dafür, warum dieses Thema so oft gewählt und dargestellt wurde. Mit ihm sollte die Weisheit gerühmt (und zugleich angemahnt) werden, als Führerin des Richters ist sie für sein gerechtes Urteil unerlässlich. In der Ausgabe der Ikonologie des Cesare Ripa bei Hertel ist diese Szene denn auch die zugehörige Historia bei dem »Iudicium«. Das Urteil Salomos wurde z.T. als unmittelbare Veranschaulichung der Justitia aufgefaßt. Verweise auf den gerechten Richter Christus am Jüngsten Tag lagen ohnehin nahe: wurde Salomo doch in der Theologie als sein »Typus« - d.h. als alttestamentliches Vorbild des neutestamentlichen Christus - aufgefaßt.

Der Schuß auf den toten Vater

In manchen Bibel-Ausgaben wurde die Weisheit des Salomo - neben diesem bisher besprochenen Urteil nach 1 Kön. 3 - auch durch ein zweites Urteil illustriert: nämlich in der Anordnung des Schusses auf den toten Vater. Doch stammt die zugrundeliegende Geschichte aus dem jüdischen Talmud (um 400 n. Chr.), in dem sie in folgender Weise erzählt wird. »Ein Mann hatte zehn Söhne, aber, wie die Mutter wußte, stammte nur einer von ihm ab. Als er im Sterben lag, erklärte er: ›Ich vermache alle meine Güter einem einzigen Sohn‹ (er wußte aber nicht, welches sein leiblicher Sohn war). Da die Söhne auch nicht wußten, welcher gemeint sei, brachten sie die Sache vor Rabbi Bnaha. Dieser riet ihnen, an des Vaters Grab zu klopfen, damit er komme und erkläre, wen er meine. Neun von den Söhnen taten so, der eine aber, der sein leiblicher Sohn war, tat es nicht. Da entschied Rabbi Bnaha, daß alle Güter diesem einen zukommen sollten«. Als die Christen diese jüdische Geschichte übernahmen, reduzierten sie die Zahl der Söhne auf vier und dann sogar auf zwei und veränderten auch die Prüfung: die Söhne mußten auf den toten Vater schießen, der entweder als ein Miles strenuus oder als Rex nobilissimus oder gar als römischer Kaiser ausgestaltet wurde; und an die Stelle des Rabbi trat mit Vorliebe der alttestamentliche König Salomo.

In den erstmals 1432 gedruckten »Gesta Romanorum« - einer Sammlung merkwürdiger Geschichten, die entgegen des Titels nichts mit römischen Begebenheiten zu tun haben - wurde die Geschichte unter dem Titel »Wie alleine die Guten in das Himmelreich eingehen werden« in leichter Abwandlung erzählt. Es sind nun vier Söhne - drei außereheliche, ein ehelicher - eines sehr edlen, weisen und reichen Königs, und es handelt sich um den ehemaligen Geheimschreiber des verstorbenen Vaters, der ihnen den Rat gibt, auf den Leichnam zu schießen: wessen Pfeil am tiefsten eindringe, solle neuer Herrscher werden. Insgesamt ist hier die Geschichte so angelegt, daß sie als eine Warnung vor Blasphemie erschien: denn nun war der gute Sohn allein der wahre Christ, während seine Brüder als Heiden und Sünder betrachtet wurden; auch das Motiv der Ermahnung an Pietät den Eltern gegenüber wurde betont. 1565 nahm der Humanist und Arzt Theodor Zwinger d.Ä. (1533-1588) diese Geschichte in seinem Basler »Theatrum vitae humanae« auf und reihte sie - im Abschnitt über den gerechten Richter - nach dem eigentlichen Urteil Salomos ein, in folgender Gestalt (und ohne Quellenangabe):

»Drei skythische Brüder stritten einst um die Königsherrschaft, die jeder glaubte sich zuschreiben zu dürfen auf Grund seiner Tüchtigkeit und des Wohlwollens des verstorbenen Königs, ihres Vaters. Auf den Rat des benachbarten Königs holen sie den Leichnam des Vaters aus seinem Grab, binden ihn an einen Baum und schießen um die Wette, daß, wer des Vaters Herz mit dem Pfeil durchbohrt hätte, als der wahre Erbe des Reichs betrachtet werden solle. Der älteste und der mittlere spannen ihre Bogen und jener trifft die Kehle, dieser aber durchbohrt die Brust und verletzt sogar das Herz. Der Jüngste, obwohl er noch Hoffnung hatte, sein Ziel zu treffen, verwünschte diese pietätlose Grausamkeit und erklärte, er wolle lieber seinen Brüdern die Herrschaft überlassen, als gottlos gegen das Herz seines Vaters wüten. Als jener Barbarenkönig das hörte, entschied er, daß er allein würdig sei, dem Vater auf den Thron zu folgen, weil er durch diese seine Haltung offenkundig gezeigt habe, daß er die beiden andern an Tugend und Liebe zum Vater übertreffe«.

Zwinger nahm diese Erzählung auch in der zweiten Ausgabe seines Werkes 1586 auf, verwendete aber nun - »damit das Beispiel nicht herrenlos sei« - für seine Hauptfiguren Namen aus »Diodorus Siculus«: die drei Brüder hießen nun - vom Ältesten bis zum Jüngsten - Satyrus, Prytamis und Eumelus; der als Schiedsrichter auftretende fremde König wurde als der Thrakerkönig Ariopharnes eingeführt. In dieser Fassung wurde »der Schuß auf den toten Vater« ein beliebtes Gerechtigkeitsbild.

Daniel und Susanna

Wie das Urteil Salomos ist auch die Entscheidung des Daniel, der damit das Fehlurteil über die unschuldige Susanna verhinderte (Dan. 13, 1-64), eine faszinierende Geschichte, die oft von Künstlern gestaltet wurde; wobei allerdings angemerkt werden muß, daß diese sich mit mehr Eifer der Darstellung der Susanna im Bade zuwandten. Für unser Thema ist selbstverständlich diese Szene - trotz aller erotischen Schönheit der Frau - nicht relevant, sondern daß sie dabei von zwei Männern - nämlich von zwei alten Richtern (»Als Richter amtierten in jenem Jahr zwei Älteste aus dem Volk«) - zum Ehebruch gedrängt wird, was die keusche Susanna ablehnt. Aus Enttäuschung und Wut bezichtigen die Abgewiesenen - wie ihr angedroht - sie nun des Ehebruchs. »Die versammelte Gemeinde glaubte ihnen, weil sie Älteste des Volkes und Richter waren, und verurteilte Susanna zum Tod«. Doch Gott erhört ihr Flehen. »Als man sie zur Hinrichtung führte, erweckte Gott den Heiligen Geist in einem jungen Mann namens Daniel. Dieser rief laut: ›Ich bin unschuldig am Tod dieser Frau.‹ Da wandten sich alle Leute nach ihm um und fragten ihn: ›Was soll das heißen, was du gesagt hast?‹ Er trat mitten unter sie und sagte: ›Seid ihr so töricht, ihr Söhne Israels? Ohne Verhör und ohne Prüfung der Beweise habt ihr eine Tochter Israels verurteilt. Kehrt zurück zum Ort des Gerichts! Denn diese Ältesten haben eine falsche Aussage gegen Susanna gemacht.‹ Eilig kehrten alle Leute wieder um, und die Ältesten sagten zu Daniel: ›Setz dich hier mitten unter uns und sag uns, was du zu sagen hast. Denn dir hat Gott den Vorsitz verliehen.‹ Daniel sagte zu ihnen: ›Trennt diese beiden Männer, bringt sie weit auseinander! Ich will sie verhören.‹ « Daniel fragt die beiden also - kriminalistisch geschickt - gesondert nach dem Baum, unter dem der Ehebruch stattgefunden haben soll. Der eine nennt eine Zeder, der andere eine Eiche. »Da schrie die ganze Gemeinde laut auf und pries Gott, der alle rettet, die auf ihn hoffen. Dann erhoben sie sich gegen die beiden Ältesten, die Daniel durch ihre eigenen Worte als falsche Zeugen entlarvt hatte. Das Böse, das sie ihrem Nächsten hatten antun wollen, tat man nach dem Gesetz des Moses ihnen an: Man tötete sie. So wurde an jenem Tag unschuldiges Blut gerettet«. Und die Gerechtigkeit hatte gesiegt.

Herkinbald

Die bisher dargestellten Themen haben zumindest auch, vielleicht sogar wesentlich einen Bezug auf Gott: Salomo und Daniel wurden von Gottes heiligem Geist - der zugleich Weisheit und Gerechtigkeit verkörpert und verwirklicht - erfüllt und geleitet. Zwei weitere, sehr oft künstlerisch gestaltete Themen lassen diesen - allerdings noch vorhandenen - religiösen Bezug in den Hintergrund treten und rücken die Gerechtigkeit als menschliche Tugend selbst in den Vordergrund: die Geschichten von Herkinbald und Trajan. Nicht ohne Grund findet man sie gemeinsam auf dem bereits genannten Teppich (Abb. 104). Der Text auf dem Teppich stammt von Arnoldus Geilhoven von Rotterdam (gestorben 1442) und erzählt die Geschichte des Herkinbald in folgenden Worten:

»Herkinbald, ein hochherziger und erlauchter Herr, urteilte bei Gericht, ohne Ansehen der Person, über die Sache des Armen wie des Reichen, des Bekannten wie des Unbekannten, immer mit gleichem Maße. Als er einst schwer krank zu Bette lag, hörte er in der anstoßenden Kammer starken Lärm und Weibergeschrei. Da er fragte, was das wäre, wurde ihm von allen die Wahrheit verhehlt. Endlich gestand ihm zitternd einer der Edelknaben, dem er mit Ausstechen der Augen gedroht, wenn er die Wahrheit nicht kundtäte: ›Herr, der Sohn eurer Schwester, den alle nach euch am meisten fürchten, achten und verehren, hat einem Mädchen Gewalt angetan, und das war die Ursache des Geschreis.‹ Als der Greis dies vernommen und die Sache genau untersucht hatte, befahl er, seinen vielgeliebten Neffen zu hängen. Der Seneschall, dem dies befohlen worden, stellte sich, als ob er es ausführte, ging aber hinaus und sagte es dem Jüngling, den er ermahnte, sich eine Zeitlang verborgen zu halten. Einige Stunden später kam der Seneschall zu dem Kranken zurück und log, er hätte den Befehl erfüllt. Am fünften Tag danach meinte der Jüngling, der Oheim dächte nicht mehr an seine Schuld, und schaute durch die offene Türe ins Zimmer. Sobald ihn der Kranke erblickte, rief er ihn mit freundlichen Worten herbei und erlaubte ihm, sich an das Bett anzulehnen. Rasch packte Herkinbald den Haarschopf seines Verwandten und bog nun so mit der Linken dessen Kopf zurück, stieß ihm mit der Rechten ein Messer tief in die Kehle und tötete ihn aus Eifer für die Gerechtigkeit«. Die Geschichte geht aber weiter. Als Herkinbald sterbend das Sakrament empfangen wollte und seine Sünden beichtete, erwähnte er diese Tötung seines Neffen nicht. »Deshalb zieh ihn der Bischof der Lüge und sprach: ›Warum verschweigst du den Mord, durch den du eigenhändig deinen Neffen des Lebens beraubt hast?‹ Darauf erwiderte der Kranke: ›Weder halte ich dies für Sünde, noch verlange ich, daß es mir von Gott vergeben werde.‹ Der Bischof entgegnete: ›Bekenne das Verbrechen, und Gott wird sich deiner erbarmen. Sonst ist es angemessen, dich der Speise des Leibes Christi zu enthalten.‹ Der Edelmann aber sprach: ›Ich rufe Gott zum Zeugen auf, daß weder Neid noch Haß, sondern der Eifer für die Gerechtigkeit meinen geliebten Neffen dem Tode überanwortet hat, und falls du mir deshalb die Wegzehrung verweigerst, so hoffe ich, wenigstens geistigerweise zu kommunizieren.‹ Nachdem der Bischof dies vernommen - indes der Sieche nicht durch das Sakrament gestärkt worden war -, entfernte er sich. Sofort aber ließ ihn der Kranke zurückrufen und sagte, er möge nachsehen, ob das Sakrament des Leibes Christi in dem Gefäße sei. Und als sich dann die Eucharistie nicht in der geöffneten Pyxis vorfand, fügte er bei: ›Siehe, der, den du mir versagtest und mit dir hinwegtrugst, hat sich mir nicht verweigert.‹ Und zugleich wurde allen die Hostie in seinem Munde zwischen den geöffneten Zähnen gezeigt. Als der Bischof dies sah, pries er Gott und brachte das so große Wunder, das unzweifelhaft durch göttliches Walten ob der Tugend der Gerechtigkeit gewirkt worden, mit wachsamen Eifer zu Ohren der Gläubigen«.

Deutlich wird beim Lesen dieser Geschichte, daß sie trotz des religiösen Bezuges - auf den Einfluß des Fronleichnamfestes wurde oben hingewiesen! - zumindest auch in den Rahmen der philosophischen Ethik der Gerechtigkeit gehört. Ihr zentraler Inhalt ist die Tugend des Herkinbald, sein ehrlicher und reiner Eifer für die Gerechtigkeit, den auch Gott anerkennen muß und so in dem Wunder auszeichnet.

Trajan

Nun ist Herkinbald Christ; und oft wurde seine Geschichte mit dem Titel versehen: »Ein christlicher König richtet seinen sittenlosen Sohn«. Die Betonung der Gerechtigkeit als einer allgemein menschlichen Kardinaltugend konnte dadurch gesteigert werden, daß der Held der zweiten Geschichte ein

Heide war, noch mehr: sogar der Christenverfolger Trajan (gestorben 117). Doch verschmolz aus irgendwelchen Gründen die Erinnerung an ihn - im Gegensatz etwa zur Vorstellung des Kaisers Nero, der stets das Sinnbild des Tyrannen war und blieb - mit dem Bild des weisen und gerechten Herrschers. Sein Grab im Fuß der von ihm 112 auf dem römischen Forum errichteten Siegessäule wurde immer respektiert. Schließlich wurde Trajan sogar in den christlichen Glaubenskosmos eingeordnet durch eine Legende aus dem Leben des Papstes Gregor des Großen (540-604), die - im Jahr 713 von einem angelsächsischen Mönch im Kloster Witberg niedergeschrieben, überliefert in einer St. Gallener Handschrift des 9. Jahrhunderts - die Unterschrift des Berner Teppichs in folgenden Worten erzählt:

»Als einst der römische Kaiser Trajan, seiner Religion nach Heide, sonst aber ein trefflicher Pfleger der Gerechtigkeit, eben zu Pferde gestiegen war, um eilends mit einem großen Heere in den Krieg zu ziehen, umfaßte eine Witwe seinen Fuß und flehte ihn unter Tränen an, er möchte sie doch an jemandem rächen, der ihren unschuldigen Sohn getötet hatte. Der Kaiser erwiderte mit sanfter Miene: ›Wenn ich aus dem Kriege zurückgekehrt bin, werde ich dir Genugtuung verschaffen.‹ ›Wie aber‹, entgegnete jene, ›wenn du nicht zurückkommst?‹ ›Dann‹, sprach Trajan, ›wird der es tun, der nach mir regieren wird.‹ Darauf jene: ›Was aber wird dir das nützen? Du bist mir Gerechtigkeit schuldig und davon befreit dich nicht der Urteilsspruch eines andern. Tue du für dich, was dir nützlich ist. Denn es ist besser für dich, du empfängst den Lohn der Gerechtigkeit, als daß du ihn einem andern überläßt.‹ Durch solche Gesinnung zutiefst gerührt, stieg nun der Beherrscher des ganzen Erdkreises alsbald vom Pferde und hielt sein Heer so lange an, bis er die Sache angemessen, aber doch vollständig untersucht und die Witwe mit einer gebührenden Genugtuung getröstet hatte. Darauf zog Trajan in den Krieg. Als er nach ruhmvollem Siege aus Persien zurückzukehren im Begriffe war, wurde er durch die Ruhr dahingerafft. Seine Gebeine wurden nach Rom überführt und, wie man liest, auf dem Forum unter einer 140 Fuß hohen Säule in einer goldenen Urne mit großem Gepränge beigesetzt«.

Auch diese Geschichte geht - wie die des Herkinbald - weiter; sie verbindet sich mit der berühmten Legende der Gregor-Messe. »Mehr als 450 Jahre nach dem Tode Trajans bestieg der heilige Papst Gregor würdevoll den Stuhl des Hl. Petrus. Als er nun einstmals, das Forum des Trajan überschreitend, an dessen Säule vorbeiging, erinnerte er sich des hier eben dargestellten Werkes der Gerechtigkeit Trajans wie noch weiterer und seufzte darob, daß diese vor Gott der Vergessenheit anheimgefallen wären. Sogleich ging er traurig zur Basilika des Hl. Petrus und, sich angesichts Gottes vor dem Altare niederwerfend, beweinte er den Irrtum [= Irrglauben] dieses so gerechten Richters und milden Kaisers. Und wenn er es auch nicht mit Worten wagte, so betete er doch demütig mit dem Herzen: ›Vergib, o gnädiger und barmherziger Herr, den Irrtum Trajans, weil er allzeit Recht und Gerechtigkeit geübt hat.‹ Hierauf erhielt er - was sowohl das Morgenland wie das Abendland bezeugt - endlich durch göttliche Eingebung folgende Antwort: ›Ich habe deine tränenreiche Bitte erhört. Dem Heiden Trajan sei Vergebung vergönnt, ich schenke ihm Gnade. Du aber hüte dich wohl, dir jemals wieder herauszunehmen, für irgendeinen Verdammten zu beten.‹ Und nachdem der heilige Papst Gregor dank seiner Gebete etwas so Schweres von Gott zu erlangen gewürdigt worden, erhob er voller Ehrfurcht den schon zu Staub zerfallenen Leib Trajans und fand seine Zunge unversehrt gleich der eines Lebendigen. Nach frommem Glauben geschah dies wegen der Gerechtigkeit, der er mit seiner Zunge zum Siege verholfen«.

Deutlicher kann die - gottgefällige - Tugend der Gerechtigkeit nicht verherrlicht werden als in diesem Falle, wo sogar der mangelnde christliche Glaube aufhört, Hindernis der Erlösung zu sein; mag Gregor auch kräftig durch sein Gebet nachgeholfen haben (was die im übrigen sehr menschlich gehaltene Antwort Gottes nicht ohne weiteres billigt).

Die Trajan-Legende war überaus beliebt, weit verbreitet und wurde sehr oft in Historienbibeln, moralisierenden Werken usw. illustriert. Sicherlich war dafür auch förderlich, daß Dante (1265-1321) in seiner »Divina Commedia« diese Szene im 10. Gesang des Purgatorio (Fegefeuer) schilderte: als eines der Reliefs, die - als Meditationsbild für die wegen ihres Hochmuts Büßenden, weil Exempla für Demut - an der Felswand eingehauen sind. Dante verherrlichte Trajan auch im Paradies (20. Gesang), wo seine Seele mit fünf anderen Heiligen - darunter im übrigen mit dem Trojaner Ripheus ein weiterer Heide - das Auge des Adlers der Gerechtigkeit im Jupiterhimmel bildet. Dabei teilt die Stimme des heiligen Adlers den Grund für diese Heiligung des doch nicht getauften Heiden mit (was wohl als eigene Theorie Dantes anzusehen ist): »Der Wimper erstes Wesen und ihr fünftes [nämlich: Ripheus], die lassen staunen dich, weil, wie du siehst, der Engel Sphäre sich mit ihnen schmückt. Aus ihren Leibern stiegen Heiden nicht, nein Christen, festen Glaubens, daß die Füße durchbohrt einst würden und daß sie's worden. Der eine [nämlich: Trajan] kehrte wieder aus der Hölle, woher kein Weg zum guten Willen führt, und dies war Lohn für die lebendge Hoffnung [gemeint wohl: des Gregor]; lebendge Hoffnung, die mit Inbrunst fleht, Gott möge sie zurück zum Leben rufen, damit ihr Wunsch einst in Erfüllung gehe. Und diese ruhmbedeckte Seele nun, für kurze Zeit ins Fleisch zurückgerufen, sie glaubt an ihn, der sie erretten konnte; ihr Glaube aber glüht in solchem Feuer wahrhaftger Liebe, daß beim zweiten Tod zu diesem Fest er sich geladen sah«.

In der Regel wurde die Trajan-Geschichte als Thema der Gerechtigkeitsbilder im übrigen in einer veränderten Fassung dargestellt, so nämlich, wie sie in der »Legenda aurea« des Jacobus de Voragine (verfaßt vor 1264) nachzulesen war. Darin wurde der Übeltäter zum Sohn des Kaisers selbst, der auf Klage der Witwe ihr neben Schadenersatz auch diesen selbst an ihres getöteten Sohnes statt übergab. Schließlich sei noch erwähnt, daß in der weiteren volkstümlichen Ausgestaltung die Handlung einen immer freundlicheren und glücklicheren Ausgang nahm. Die Witwe wurde immer jünger, der Konflikt immer dramatischer - da Trajan die Enthauptung seines Sohnes befiehlt -, das Ende immer schöner, da nun auf Fürsprache der Witwe der Sohn begnadigt wird, was diesen dazu bringt, seine Retterin aus Dankbarkeit gleich zu heiraten.

Bias

Die Ähnlichkeit der Geschichten von Herkinbald und Trajan wurde in der von Jacobus de Voragine überlieferten Fassung überaus deutlich. Denn nun stellen beide Helden das Recht und ihre Pflicht zur Gerechtigkeit - genauer: ihre richterliche bzw. herrschaftliche Pflicht zur Verfolgung und peinlichen Bestrafung der Übeltäter - über die Liebe zu ihren Verwandten (Neffen bzw. Sohn). Man kann darin auch ein Exempel für die Forderung sehen, daß die Gerechten blind werden müßten gegenüber ihren unmittelbaren Gefühlen, gegenüber ihrer Menschlichkeit, gegenüber ihrer Familie: zugunsten des Rechts als der gerechten Ordnung, die für alle in gleicher Weise gelten müsse. Der bereits genannte »Thronus Iustitiae« aus dem Jahr 1606 illustrierte in diesem Sinne als Vorbild des besten Richters (auch) die Geschichte von Bias, dem Richter, der bei jedem Todesurteil Tränen vergoß: aus Mitgefühl mit dem Todgeweihten und aus Mitmenschlichkeit. Trotzdem ließ er niemals Gnade vor Recht ergehen, das Todesurteil wurde in jedem Fall vollstreckt.

Graf Willem III.

Eine Ähnlichkeit zur Geschichte des Herkinbalds, aber nun ohne jeden Bezug auf Gott und/oder auf Familie weist die Erzählung vom Urteil des Grafen Willem III. auf, die in vielen niederländischen Rathäusern des 16. und 17. Jahrhunderts dargestellt wurde, zum ersten Male 1478. Diese Geschichte ist uns in folgender Weise - pseudo-historisch - überliefert:

Um 1336 besaß ein Bauer in Süd-Holland eine prächtige, dicke Kuh, die jedoch vom Vogt seiner Gegend gestohlen und gegen eine magere eingetauscht wurde. Der Bauer, der sich um die Einnahmequelle seiner Familie beraubt sah, begab sich daraufhin zur höchsten Rechtsinstanz des Landes: zu Graf

Willem III. von Holland, dem Herzog von Hennegau, der in Valenciennes krank zu Bett lag. Auf die Klage des Bauern hin untersuchte der Graf die Angelegenheit, überführte den Vogt und dessen Onkel, den Schultheiß von Dordrecht, und fällte das Urteil über sie. Der Vogt wurde zur Bezahlung von hundert Goldkronen an den Bauern verpflichtet. Als daraufhin der Vogt und der Schultheiß wegziehen wollten, hinderte sie der Graf daran, weil zwar die Schuld gegen den Bauern entrichtet war, aber die gegen den Grafen noch beglichen werden mußte. Willem III. schickte sodann nach dem Priester und dem Scharfrichter. Der Vogt wurde auf der Stelle mit einem vom Grafen überreichten Schwert enthauptet.

Auch in dieser Geschichte hindert also die Krankheit den Gerechten (auch hier: den gerechten Richter) nicht, das Unrecht blutig zu sühnen und so durch strafende Vergeltung das Recht wiederherzustellen; und zwar - dies ist sicherlich das zweite Motiv in dieser Erzählung - auch gegenüber rechtsbrechenden und -beugenden Richtern.

Kaiser Otto III.

Nach einer Legende des Gottfried von Viterbo (gestorben 1202) malte Dirk Bouts für das Rathaus der Stadt Löwen innerhalb eines (dann nicht vollendeten) Auftrages fünf Gerechtigkeitsbilder, zwischen 1470 und 1475 entstanden die beiden Tafeln »Die Gerechtigkeit Kaiser Ottos III.« (vgl. Abb. 73 bei P/S). Danach habe sich die Gemahlin Ottos in einen Grafen verliebt, der ihre Neigung jedoch nicht erwiderte. Als die Kaiserin aus Rache behauptete, der Graf habe ihr Gewalt antun wollen, habe Otto den vermeintlich Schuldigen sofort hinrichten lassen; die Gräfin jedoch, die von der Verleumdung wußte, habe die Unschuld ihres Mannes dadurch bewiesen, daß sie ein glühendes Eisenstück in ihrer unversehrt bleibenden Hand hielt; sie habe - so die Legende, die eindeutig an die alttestamentliche Geschichte von Josef und die Frau des Potifar (Gen. 39, 7-20) erinnert - als Sühne das Leben des Kaisers verlangt, doch auf Fürbitten des Hofes von dieser Forderung abgelassen; es sei stattdessen die Verleumderin selbst verbrannt worden, was zugleich den Versuch Ottos, das Recht wiederherzustellen, verdeutlicht.

Kambyses und Sisamnes

Diese Mahnung und Warnung an die Richter, verbunden mit dem Hinweis, daß es auch über sie noch eine höhere Rechtsinstanz gebe (und selbstverständlich am Ende der Tage den gerechten Jüngsten Richter Christus) - wodurch freilich zugleich das Vertrauen der ihrem Spruch unterworfenen Untertanen verstärkt werden sollte -, fand den schärfsten Ausdruck wohl in der Geschichte des Sisamnes und seiner Bestrafung durch Kambyses, die Herodot (und Valerius Maximus, aber auch 1658 Johann Ludwig Gottfried in den »Historischen Chronica«) erzählte(n) und die sich auch unter dem Titel »Lehre von den schlechten Richtern« ohne Namensnennung in den 1342 erstmals niedergeschriebenen »Gesta Romanorum« fand.

Sisamnes, einer der Richter des Königs, hatte ein ungerechtes Urteil für Geld verkauft. Der König Kambyses ließ ihn dafür schinden. Mit seiner Haut befahl er einen Sessel zu beziehen, darauf Sisamnes zu sitzen pflegte, wenn er Recht sprach. Kambyses ernannte den Sohn des Sisamnes an Stelle seines Vaters zum (neuen) Richter und empfahl ihm, sich des Mannes zu erinnern, auf dessen Richterstuhl er Recht spräche.

Berühmt sind die diese Geschichte illustrierenden Tafelbilder, die 1498 Gerard David für den Schöffensaal des Rathauses von Brügge schuf. Sie machten Eindruck, waren sehr bekannt und führten zu zahlreichen weiteren Darstellungen, vor allem in den Niederlanden und Norddeutschland. Hinzuweisen ist darauf, daß in der Folgezeit der Schwerpunkt der Geschichte verschoben und damit ihr Sinn verwandelt wurde. In den Mittelpunkt trat der Sohn - dem man den Namen Otanes gab - und seine Einsetzung. Damit sollte nun nicht ein Rechtsakt illustriert werden, weil man die Vorgeschichte gar nicht mehr kannte; sondern erneut wurde die Herrschaft des Rechts über menschliche (verwandtschaftliche, emotionale) Beziehungen zum Ausdruck gebracht. Otanes kann doch auf der abgezogenen Haut seines Vaters überhaupt nur sitzen und richten, weil er von dem Eifer für die Gerechtigkeit erfüllt ist und den Gedanken an seinen toten, geschundenen Vater verdrängt (sofern er darin nicht sogar einen verdienten Akt der Gerechtigkeit sieht).

Zaleukos und Charondas

Das grausame Gegenbeispiel des gerechten Richters - daher häufig auch gemeinsam mit Kambyses/Sisamnes dargestellt - schilderte die Geschichte des Zaleukos, des drakonischen Gesetzgebers von Lokri des 7. vorchristlichen Jahrhunderts. Er erließ - wie Valerius Maximus schreibt - strenge Gesetze zur Wahrung der Sittlichkeit, so z.B. gegen Verführung einer Jungfrau die Strafe des Verlustes beider Augen. Als sein eigener Sohn bei einer solchen Tat ertappt wurde, da - wie die Nacherzählung in den »Gesta Romanorum« (unter dem Titel »Von dem Leben derer, die gerecht richten«, wobei der Held als »Konsul Zelongus« bezeichnet wird) formulierte - »rührten sich seine Eingeweide, und er befahl, es sollten seinem Sohne beide Augen ausgerissen werden. Da sprachen die Großen des Reichs zu ihrem Herrn: ›Du hast nur einen

Sohn, der dein Erbe ist; es würde ein Schaden für das ganze Reich sein, wenn dein Sohn seine Augen verlöre.‹ Jener aber versetzte: ›Ist es euch nicht bekannt, daß ich dies Gesetz gegeben habe? Da nun aber mein Sohn der erste ist, der gegen das Gesetz getan hat, so soll er auch der erste sein, der der Strafe unterliegt. Es würde eine Schande für mich sein, das zu brechen, was ich einmal festgesetzt habe.‹ Da sprachen die Weisen: ›Herr, um Gottes Willen bitten wir Euch, daß Ihr Eures Sohnes Leben schonet.‹ Jener aber, durch ihre Bitten überwunden, erwiderte: ›Ihr Lieben, da es so ist, so höret mich: Meine Augen sind meines Sohnes Augen und so auch umgekehrt. Reißt also mein rechtes Auge heraus und das linke meines Sohnes, dann ist das Gesetz erfüllt.‹ Und also geschah es«.

Nicht ganz so häufig wurde die sehr ähnliche Geschichte des Charondas dargestellt. Auch dieser war Gesetzgeber, nämlich im 6. vorchristlichen Jahrhundert für verschiedene Städte in Unteritalien, die damals griechische Kolonien waren. Eines Tages - so berichtet Diodor - sei er, vom Land in die Stadt Thurii zurückkehrend, in die Volksversammlung getreten, ohne zuvor sein Schwert, mit dem er sich gegen die Räuber auf dem Land zu verteidigen pflegte, abzulegen. Sein eigenes Gesetz aber habe es verboten, Volksversammlungen bewaffnet zu betreten. Ein Gegner habe nun diesen Umstand benutzt, um ihm berechtigte Vorwürfe zu machen. Er habe jedoch ausgerufen: »Nein, beim Zeus! Das Gesetz soll Herr bleiben« und sich mit diesem Schwert selbst getötet.

Antike Helden als Vorbilder der Bürger

In den Erzählungen von Zaleukos und Charondas, aber auch in denjenigen von Herkinbald, Trajan und Kambyses triumphiert die Tugend der Gerechtigkeit, die sich als das höchste Gut des politischen Lebens erweist - selbst noch über das eigene Leben und/oder das Leben der Familienangehörigen zu stellen - Weitere Vorbilder für in dieser Weise gerechte (dem Gesetz gehorsame) Menschen konnte man leicht aus der Geschichte vor allem der Griechen und Römer entnehmen, wie sie in den antiken Quellen selbst, aber auch z.B. in dem 1302/03 verfaßten Buch »De Bono Communi« von Remigio Girolami geschildert wurde. Nur einige Beispiele seien genannt; ausführlich behandelt das Buch von E. C. Southard die einzelnen Darstellungen.

So zeigte die 1772 zerstörte Bemalung der Loggia in dem 1335 errichteten Rathaus von Pistoia, in dem die Satzungen des Rates verkündet wurden, u.a. die römischen Helden Scipio, Fabricius, Cato und Curtius. Taddeo di Bartolo malte 1413 in der Anticapella des Palazzo Pubblico in Siena die Justitia über den Gerechten Cicero, M. Porcius Cato und Publius Scipio Nasica (d. J.), in den Tondi rundherum auch C. Mucius Scaevola, C. Fabricius und M. Curius Dentatus. Domenico Ghirlandaio (1449-1494) stellte als Wanddekoration der Sala dei Gigli des Palazzo Vecchio in Florenz gleichfalls unter der Darstellung einer Justitia (mit dem Schriftband »Diligite iustitiam qui iudicatis terram« [Weisheit 1,1]) die Helden Brutus, Scaevola und Camillus, Decius, Scipio und Cicero dar. Pietro di Christophoro Vanucci, gen. Perugino (1450-1523), bildete im Audienzsaal der Wechslerzunft (Collegio del Cambio) in Perugia 1500 bis 1503 Prudentia und Justitia ab zusammen mit ihren Vertretern Fabius Maximus, Sokrates, Numa Pomilius einerseits, Furius Camillus, Pittacus und Trajan andererseits.

Umfassend war schließlich das Programm, das Domenico Beccafumi 1529 bis 1535 in der Sala del Consistoro des Palazzo Pubblico in Siena um das alles beherrschende Deckenfresko der Justitia zur Darstellung brachte. Abgebildet sind Zaleukos (als »Seleucus«) und Charondas; dann Vorbilder der Selbstaufopferung für das Vaterland, worin deutlich wird, daß Gerechtigkeit mit Vaterlandsliebe (und Aufopferungspflicht) zusammenhängend gedacht wurden: der Opfertod des römischen Konsuls Publius Decius Mus (im Krieg gegen die Samniter [343-340 v. Chr.]) und die Geschichte von C. Mucius Scaevola, der zum Beweis seiner Standhaftigkeit vor dem Zelt des Etruskerkönigs Porsenna seine rechte Hand verbrannte. Beccafumi malte auch die Geschichte von Spurius Mellus und Marcus Manilius, die getötet (enthauptet bzw. vom Capitol gestürzt) wurden, weil sie nach Tyrannenmacht strebten, auch von Spurius Cassius, den sein eigener Vater aus demselben Grunde tötete; und auch von Lucius Junius Brutus, der 509 v. Chr. Rom von der Königsherrschaft des verbrecherischen Tarquinius Superbus befreit und auch die von diesem angezettelte Verschwörung aufgedeckt hatte, dabei aber seine beiden Söhne unter den Verschwörern entdeckte und sie nun hinrichten ließ. Deutlich wird hier, daß von den Bürgern republikanische Gesinnung erwartet wurde. Beccafumi machte auch die Geschichte des Diktators Postumius Tiburtus zum Bildthema, der seinen Sohn - wegen Übertretung seines Befehls - um der Disziplin im Heer willen trotz der letzten Endes siegreichen Schlacht tötete; wie es auch der römische Konsul Titus Manlius (Imperiosus) Torquatus im Latinerkrieg (340 v. Chr.) tat, da es besser sei, als Vater einen tapferen Sohn zu verlieren, als das Heer seine Kriegszucht.

Bilder der bürgerlichen Tugenden (darunter auch Gerechtigkeit)

Wie diese Beispiele zeigen, sind die Darstellungen der griechischen und römischen (seltener auch der alttestamentlichen) Vorbilder nur im weiteren

Sinne Gerechtigkeitsbilder: nämlich dahingehend, daß die Bürger zu republikanischer Tugend ermahnt werden sollten. In diese Richtung weisen auch zahlreiche andere Themen, die an dieser Stelle aber nicht erörtert werden können. Anzumerken bleibt, daß der Unterschied von eigentlichen Gerechtigkeitsbildern und Bildern, die ganz allgemein Bürgertugenden ansprechen sollten, von Albrecht Dürer bzw. von Willibald Pirckheimer - der das Programm ausarbeitete - 1521/22 für die Ausschmückung des großen Rathaussaales zu Nürnberg in den Medaillons der Südwand (zwischen den Spitzbögen der Fenster) deutlich herausgestellt wurde. Im Westteil des Saales, dort wo das Stadtgericht tagte, wurden die Muster vorbildlicher Gerichtspflege gemalt: Trajan und Herkinbald; dazu zwei Beispiele ungerechter Justiz zur Mahnung: der spätere Perserkönig Cyrus d.G. (558-529 v. Chr.) wird von seinem Lehrmeister gezüchtigt, weil er »unehrlich« geurteilt hat - da er nämlich einem kleinen Mitschüler, der einen großen Rock hatte, diesen wegnahm und ihn einem großen Mitschüler, der einen kleinen Rock besaß, zum Austausch anbot: ein Verstoß gegen die gottgewollte Eigentumsordnung -; der Skythenfürst Anacharsis vergleicht gegenüber Solon die Gesetze mit Spinnenweben: wie diese schwachen Tiere festhalten würden, stärkere vorbeiließen, so würden von jenen die Niedrigen und Armen umgarnt, Reiche und Gewaltige blieben aber nicht hängen. Die Bilder des Ostteils ermahnten mit Szenen ebenfalls aus der römischen Geschichte zur Verschwiegenheit, Entschlußkraft, Standhaftigkeit, Gemeinsinn und Weisheit.

Rathausbilder

Manch andere Themen wurden in den vielen Sälen der Rathäuser als Fresken, Gemälde, Schnitzereien usw. an den Wänden, Türen, Kaminen, Tischen, Bänken (vor allem den Ratsgestühlen) usw. dargestellt. Ursula Lederle nennt noch - als biblische Themen - die Geschichten des Königs Josephat und von Ananias und Saphira, die Bestrafung der Missetaten des Eli, Hophni und Pinekas, die Bitte Davids um Weisheit und die Sintflut, ferner - als Darstellung antiker Stoffe - die Geschichte von Herodes dem Großen und Sameas; auch ihre Aufzählung von (weiteren) allegorischen und symbolischen Darstellungen ist bemerkenswert. Die Liste der Themen kann ergänzt werden, vor allem wenn man berücksichtigt, daß erstens - wie gezeigt - in den Rathausbildern auf tugendhaftes Verhalten der Bürger überhaupt abgestellt wurde, weshalb Themen umgesetzt wurden, die nur entfernt mit der Gerechtigkeit (im eigentlichen Sinne) zu tun haben. So beschreibt Karl Simon in seinem Buch den Schmuck der Wahlstube des Rathauses in Frankfurt am Main im 17. Jahrhundert und nennt dabei z.B. auch: »Das Schwert des Damokles« von Hans

Jacob Schöffer, »L. Virginius tötet mit eigener Hand seine Tochter Virginia« von Johann Elsheimer, den Triumph der Sesostris von Martin van Valckenborch, die Salbung Davids von Heinrich van der Borcht und ein Bild der Geschichte des Königs Jephtha von Hans Jörg Müller, das verlorengegangen ist, aber in einer Kopie von Jan Hulsman vorliegt. Deutlich wird dabei nicht nur der große Einfluß der niederländischen Kunst, sondern auch die Vielfalt der Themen.

Diese Vielfalt wurde - zweitens - dadurch noch gesteigert, daß häufig die Darstellungen in den Sälen der Rathäuser nicht mehr oder minder zufällig zusammengestellt wurden, sondern einem durchdachten Gesamtprogramm folgten. In zunehmendem Maße werden die theoretischen Konzepte der Philosophen (Humanisten) heute wieder bewußt gemacht. Verwiesen werden soll z.B. auf die Ausführungen von Matthias Mende, welche die Ausstattung des alten Nürnberger Rathauses (vor allem des Großen Saals) - 1521/22 von Albrecht Dürer und Willibald Pirckheimer geplant - beschreiben: von dem gewaltigen Triumphbogen des Kaisers Maximilian I. (gestorben 1519) - ein Motiv, das die beiden Freunde schon seit 1512 beschäftigte - über die Verleumdung des Apelles bis hin zu den Medaillons der Südwand. Auch für zahlreiche andere Rathäuser liegen - wie aus den Literaturangaben ersichtlich - genauere Darstellungen des jeweiligen Ausstattungsprogramms vor.

Darauf hinzuweisen ist noch, daß der Schmuck der Rathäuser sich nicht auf das Innere beschränkte. Die Fassade war häufig ebenfalls bemalt. Im 16. und 17. Jahrhundert befand sich dort oft das Trajan-Thema: z.B. an der Außenfront des Ulmer und des Regensburger Rathauses. Aber es gab auch die Bemalung des Rathauses von Prachabitz in Böhmen aus den Jahren 1570/71 mit folgenden Themen: das Urteil Salomos, David und Susanna, Susanna im Bade, dann weiterhin die Richter von Theben, Sisamnes und Kambyses und selbstverständlich Darstellungen der Justitia und anderer Tugenden. Darüber hinaus waren sogar -entsprechend der allgemein menschlichen Tugend der Gerechtigkeit - Gerechtigkeitsbilder an normalen Wohnhäusern (vor allem der Ratsherren und Schultheissen) zu finden. Bekannt sind die Fresken, die Hans Holbein d.J. 1517/19 für das Haus des Großkaufmanns (und Schultheißen) Jakob von Hertenstein in Luzern ausgeführt hat. Als Zentrum der gesamten Fassade komponierte er eine von Säulen getragene scheinperspektivische Halle, in der sich die Szene des Schusses auf den toten Vater ereignet.

8 DAS VERSCHLÜSSELTE GERECHTIGKEITS-BILD

Vor besondere Schwierigkeiten stellen die Darstellungen der Gerechtigkeit im Rahmen der »Hieroglyphik«, die in der frühen Neuzeit viele Künstler begeisterte und inspirierte; nichtsdestotrotz sind manche dieser verschlüsselten Gerechtigkeitsbilder auch für den heutigen Betrachter von einer faszinierenden Komplexität und Vieldeutigkeit, auf die nun wenigstens in Umrissen hingewiesen werden soll.

Die Wissenschaft der Hieroglyphik

Die Hieroglyphen der Ägypter waren seit jeher (bereits den Griechen und Römern) ein Objekt besonderen Interesses, da sie den Sinn dieser Zeichen nicht mehr verstanden und daher viele Geheimnisse hineininterpretierten und über deren Bedeutung spekulierten; man denke an Plinius, Tacitus, Plutarch, Clemens von Alexandrien, Plotin. Die italienischen Humanisten lernten mit der Aneignung der antiken Klassiker auch die Hieroglyphen in diesem Sinne kennen, vor allem in der Interpretation von Plotin (205-270), wonach diese Zeichen die »Begriffsbilder der einzelnen Dinge« wiedergeben würden. Die Humanisten leiteten daraus die Überzeugung ab, daß die ägyptische Priesterweisheit etwas dem göttlichen Denken selbst Entsprechendes, gleichsam Abbilder der göttlichen Ideen, enthalten hätte, daß also die Hieroglyphen das Walten der Gottheit spiegelten, woraus dann wieder die griechische Philosophie, aber auch die Hebräer ihre Weisheit geschöpft hätten. Daraus folgerten sie, daß auf diese Weise die Wahrheit sichtbar gemacht und sinnlich - als Spektakel - wahrgenommen werden könnte. 1419 erwarb der Priester Christophorus de' Buondelmonti auf der Insel Andron eine Handschrift der »Hieroglyphica des Horapollo« (oder »Horus Apollo«), eines Werkes, das zwischen dem 2. und 4. nachchristlichen Jahrhundert in Ägypten geschrieben und ins Griechische übersetzt worden war. Es enthielt ein Verzeichnis und die Auslegung zahlreicher Zeichen, die uns heute gekünstelt und unsinnig erscheinen - so sollen z.B. zwei Nilpferdhufe für Ungerechtigkeit stehen, ein Hund mit königlichem Gewand für die richterliche Obrigkeit, eine Straußenfeder für Gerechtigkeit -, die aber damals in Italien, wo die Schrift bekanntgemacht wurde, alles Denken in ihren Bann schlugen. Faszinierend war für die Humanisten auch die teilweise Übereinstimmung zahlreicher Auslegungen der Zeichen mit dem die christlich-mittelalterliche Tiersymbolik bestimmenden »Physiologus«, einer im 2. nachchristlichen Jahrhundert in Alexandria entstandenen und stark verbreiteten Quelle, in der tierische und menschliche Eigenschaften unter moralischem Gesichtspunkt verglichen wurden. Die Hieroglyphen waren damit nach humanistischer Auffassung mit dem Christentum vereinbar, aber nicht selbst christlich, sondern allgemein-menschlich. Die Gelehrten konnten deshalb auch daran gehen, neue Zeichen zu ersinnen und eine Sinnschrift zu entwickeln, deren Zeichen den Gegenstand selbst darstellten, d.h. diesen Gegenstand begriffen, zum Begriff brachten, freilich zu einem Begriff, der nicht sprachlich war, sondern bildhaft. Mit dieser Bildhaftigkeit werde - so meinten sie - der Mangel der endlichen erfahrbaren Dinge überwunden, werde unmittelbar die Idee (das Wesen) der Dinge in ihrer Ganzheit und Einheit einsichtig, auch ihr Sinn im Ganzen der Schöpfung. Es werde Erkenntnis durch das Sinn-Bild bewirkt, und zwar eine Erkenntnis, die in ihrer Ganzheitlichkeit dem diskursiven Denken überlegen sei. Die Wahrheit der Dinge und ihr Sinn würden - freilich nur mit Gottes Hilfe - von dem sich den Bildern Öffnenden erschaut, sie würden sich ihm einprägen und ihn auf den Sinn hin (z.B. als Sinn-Bild tugendhaften Verhaltens und nicht als dessen Abbild) ändern (hinziehen), worin auch ihre erzieherische Bedeutung begründet lag und nicht zuletzt auch ihre Verwendbarkeit für Meditation und Predigt. So ist plausibel, daß die Hieroglyphik im 16. Jahrhundert in Bologna und Mailand an den Gymnasien zum Lehrstoff gehörte. Die Theoretiker wetteiferten jedenfalls im Streben nach Findung (z.B. in der überkommenen christlichen Symbolik) und Erfindung solcher Sinn-Bilder, die die Wirklichkeit auf den bildhaften Begriff bringen und die Menschen durch Schauen und Aufnehmen zur Erkenntnis und Tugend führen sollten.

Diese Tätigkeit wurde durchaus als strenge Wissenschaft verstanden, die mit exakt rationaler Methode vorging. Es liegt auf der Hand, daß hier oft die Grenze zum Gekünstelten, zum eigentlich Sinn-losen, zum bloßen Bildrätsel (Rebus) überschritten wurde, umso eher, je mehr der erkenntnisphilosophische Hintergrund verlorenging und die Hieroglyphik sich zur Geheimlehre, zum esoterisch-elitären Spiel einiger Wissenschaftler entwickelte. Jedenfalls hatte im 18. Jahrhundert die Aufklärung mit ihrer Hochschätzung des sprachlich-begrifflichen, diskursiven Denkens nicht mehr viel Mühe, diese Tradition der Bildersprache als Spielerei abzuwerten und zu vernichten. Freilich hat sie damit auch die Grundlagen für das Verständnis zahlreicher Kunstwerke zerstört; Grundlagen, die wir heute nun mühsam rekonstruieren müssen.

Denn die Verbreitung solcher Hieroglyphik kann gar nicht überschätzt werden. Sie fand Eingang zunächst in die Medaillen- und Münzkunst und verbreitete sich von da aus in alle übrigen Kunstbereiche. Sie wurde zum ersten Male systematisiert in dem Holzschnittwerk »Hypnerotomachia Poliphili« (»Traumliebesstreit des Poliphilo«) des Fra Francesco Colonnas, das 1467 vollendet und 1499 in Venedig gedruckt wurde. Ein Beispiel für die Thematik dieses Buches sei angeführt: ein Medaillon, das - fast wie ein Rätselbild - zum Ausdruck bringen soll: »Gerade Gerechtigkeit [aufgerichtetes Schwert], von Freundschaft [Hund] und Haß [Schlange] entblößt und nackt [entblößtes Schwert], und abgewogene [Waage] Freigebigkeit [Schale] geben dem Reiche [Krone] sichere Bewahrung [Kästchen]«. Ersichtlich wird hier, daß Colonna nicht nur einzelne Zeichen aneinanderreihte, sondern den Versuch unternahm, zusammenhängende Sätze zu schreiben. Die Wirkung dieses Buches war dementsprechend groß, auch über Italien hinaus vor allem in Frankreich, aber auch etwa innerhalb des Humanistenkreises um Maximilian I. (darunter Willibald Pirckheimer ebenso wie Albrecht Dürer). Man betrachte nur eine Darstellung der Louise von Savoyen, der Mutter der französischen Königs Franz I., in einer um 1515 gefertigten Handschrift (Abb. 106). Sie ist in Witwentracht dargestellt und wird durch den Zirkel, das Symbol der Klugheit, als Prudentia erkennbar; doch stützt sie sich auf einen Schild, der die genaue Nachbildung dieses Colonna-Zei-

106 Louise von Savoyen als Prudentia. Handschrift des 16. Jh. Paris, Bibliothèque Nationale, Ms. fr. 12247, fol. 4

107 Albrecht Dürer, Kaiser Maximilian I. Wien, Österreichische Nationalbibliothek, Cod. 3255, fol. IV

chens ist, wodurch sich dieses Bild ebenfalls als Gerechtigkeitsbild erweist. Ein zweites Beispiel: Bekannt ist das Geheimbild Maximilians am oberen Abschluß der Ehrepforte, das auf Enwürfen von Dürer (um 1515) beruht (Abb. 107). Auf alle Zeichen, die im wesentlichen der Hieroglpyhik des Horapoll entnommen sind (und genauer: einer Handschrift der lateinischen Übersetzung dieses Werkes mit Illustrationen von Dürer, die Pirckheimer 1514 dem Kaiser übergab), kann hier nicht eingegangen werden; nur auf den rechts sitzenden Hund mit der Stola, dessen Bedeutung - guter Herrscher oder Richter - bereits genannt worden ist (und in dem manche eine Darstellung des zweiten Leibes des Herrschers sehen wollen), sowie auf den Kranich sei hingewiesen (als Zeichen der Wachsamkeit, die auch dem Richter zukommen soll).

Großer Einfluß kam auch den »Hieroglyphica sive de sacris Aegyptiorum aliarumque gentium literis« des Piero Valeriano zu (1556 in Basel gedruckt); ein Buch, in welchem das Streben, die hieroglyphische Weisheit mit dem Christentum zu vereinen, eine moralisierende Tendenz und die Absicht, ein praktisches Anleitungsbuch für Künstler zu schaffen, deutlich hervortreten. In der Widmung heißt es: »Hieroglyphisch zu reden [ist] nichts anderes, als das [wahre] Wesen göttlicher und menschlicher Dinge zu enthüllen«.

Hieroglyphik und Emblematik

Nur als Anmerkung sei erwähnt, daß unter dem Einfluß der Hieroglyphik und in Anlehnung an deren praktische Absicht, aber auch in Nachfolge der Epigrammatik Andrea Alciati (1492-1550) seinen »Emblematum liber« (1521 fertiggestellt, 1531 in Augsburg gedruckt) niedergeschrieben hat. Darin wollte er einen Vorrat von sinnbildlichen Zeichen schaffen, die zur Ergänzung, zur Ausschmückung usw. von Darstellungen dienen konnten. Der Schwerpunkt des Emblems liegt auf der Aussage eines moralischen Lehrsatzes (in der Regel der praktischen Lebensweisheit), die meist nicht durch das Bild selbst (oder allein), sondern (auch) durch einen Vers (subscriptio) - wobei die Emblematik hierin an die Tradition der Epigrammatik anknüpfte - und ein Motto (lemma) als Überschrift erläutert wird. Später wurden auch Historien als Exempla in Text und Bild aufgenommen. Die Einheit von Bild und Text bot durchaus auch handfest praktische Lebenshilfe, weshalb die Emblemata nicht - wie die Personifikationen - die menschliche Figur, sondern eine scharf pointierte Handlung oder den Zustand eines Menschen darstellten. Häufig wurde die Emblematik in diesem Sinne ebenfalls für die Herstellung von Impresen oder Devisen verwendet, also für solche Abzeichen, welche die persönliche Eigenart des Trägers zum Ausdruck bringen sollten, genauso etwa in Insignien, Wappen, Drucker- und Verlegerzeichen.

Jedenfalls muß betont werden, daß Hieroglyphik und Emblematik zur Geschichte der Rechtsikonologie notwendig gehören. Man denke nur an die vielen Attribute der Justitia, die uns heute vor solche Schwierigkeiten stellen.

Beispiele

Denn wie sollte man ohne Kenntnis des zugrundeliegenden hieroglyphischen Programms das bereits oben abgebildete Gerechtigkeitsbild des Giorgio Vasari (Abb. 100) auch nur annähernd verstehen können? Oder könnte jemand ohne Verarbeitung der Werke von Alciati, Ripa und Valeriano das Gemälde im Museum von Lille (Abb. 108) - geschaffen um 1570 wahrscheinlich von einem Maler aus der Schule von Antwerpen - auch nur annähernd begreifen? Nach der Interpretation von Guy de Tervarent liegt eine allegori-

108 Justitia (Domenico Beccafumi zugeschr.). Um 1570. Öl auf Leinwand, 161 x 151 cm. Lille, Musée des Beaux-Arts

sche Darstellung des Triumphes der Tugenden Justitia und Veritas vor. Justitia mit Schwert, Krone, Waage -auf deren Schalen »fides« und »amor« geschrieben steht - und Palmzweig, zu ihren Füßen Geißel, Rute, Erdkugel und Szepter, auch der Anker der Hoffnung, und Veritas - die Statue, die rechts der Mann in Anspielung auf Psalm 40 und 41 (vielleicht auch 85, 12) der Justitia entgegenstreckt - siegen über die Laster Neid und Treubruch (unter seinen Füßen) und übermäßige Strenge und Saumseligkeit (im Bild auf der linken Seite als Frauen mit gebrochenem Schwert und Stock gestaltet) und können so Gefangenen, Witwen und Waisen Gerechtigkeit widerfahren lassen. Nach einer anderen Interpretation, die der Museumsführer bietet, sollen die beiden gefesselten Figuren auf die Severitas - also das strafende Moment der Gerechtigkeit - verweisen und die Inschrift »amor« auf der Waagschale (gemeinsam mit dem Palmzweig) die Liberalitas - also das gnädige Moment der Gerechtigkeit - zum Thema erheben. Die Frau mit den beiden Kindern im Vordergrund wird von einer Inschrift begleitet, die auf Deuteronomium 24, 17-20 - Hilfe für Witwen und Waisen - hindeutet; auf der Schulter des Gefangenen findet sich die Inschrift »Sir. 4«, was auf das Gebot hinweist, die Bitte der Geschlagenen nicht zurückzuweisen.

Die Hieroglyphe der Justitia des Selenus

Schließlich sei als weiteres Beispiel einer Justitia-Hieroglyphe jener Kupferstich vorgestellt und interpretiert, den 1590 der friesische Diplomat und Jurist Joachim Hopper seinem Werk »Seduardus sive De vera iurisprudentia« (ad regem libri XII) vorangestellt und in einem Anhang dazu unter dem Titel »Themis Hyperborea sive De tabula Regum Frisiae« beschrieben hat. Von dort hat sie ein bedeutender Mann 1624 in sein Buch »Cryptomenytices et Cryptographiae« (Libri IX), also ein Werk über Geheimschriften, übernommen. Sein Verfasser machte es ebenfalls geheimnisvoll: er schrieb unter Pseudonym, wie er es auch bereits 1616 mit seinem ersten Buch - über »Das Schach- oder König-Spiel«, in deutscher Sprache verfaßt - getan hatte: nämlich als »Gustavus Selenus«. Dieses Pseudonym ist leicht zu entschlüsseln: »Gustavus« ist ein Anagramm (eine Umstellung) von »Augustus«, »Selenus« ist eine griechische Übersetzung von (ungefähr) »Luna«, d.h. also »der vom Mond«; bedeutet aber auch »der von Lunaburgae«: also August von Lüneburg (der im übrigen dieses Buch »bei den Sternen« drucken ließ, nämlich den Gebrüdern Hans und Heinrich Stern in Lüneburg). Dieser August von Lüneburg - genauer: von Braunschweig-Lüneburg-Dannenberg - ist nun eine wirkliche Berühmtheit: nämlich Herzog August (geboren 1579), der Fürst zu Braunschweig und Lüneburg (von 1635-1666), der Begründer der berühmten Herzog August Bibliothek in Wolfenbüttel (Bibliotheca Augusta). Im vorliegenden Rahmen kann auf diesen bedeutenden Menschen nicht näher eingegangen werden. Er war und ist bis heute bekannt als Sammler von Büchern, als Gelehrter (der neben den beiden genannten Werken auch christliche Erbauungsbücher aus dem Geiste einer verinnerlichten Frömmigkeit schrieb),

109 Hieroglyphe der Justitia. Kupferstich des Wolfgang Kilian in Gustavus Selenus (Herzog August zu Braunschweig-Lüneburg), *Cryptomenytices et Cryptographiae*, Lüneburg 1624.

als Schöpfer und Förderer einer Hofkultur, auch als Staatsmann und Friedensfürst. August hatte in Rostock, Tübingen, Straßburg und Padua studiert und vereinigte so späthumanistisches Bildungsgut und barocke Büchergelehrsamkeit mit unvergleichlichem Fleiß und gelehrter Leidenschaft. Daß das Geheime und das Spielerische ihn anzogen, zeigen schon seine Werke über das Schachspiel und über die Geheimschriften!

Herzog August hat diese Hieroglyphe der Justitia wohl beim Studium (oder vielleicht besser: beim Durchstöbern der Bestände der entstehenden Bibliothek) in Hoppers rechtsphilosophischem Werk entdeckte und durch Wolfgang Kilian nachstechen lassen (Abb. 109); seitenlang wird sie nun auf das Wesen der Justitia hin kommentiert. Denn: getreu dem Anspruch der Hieroglyphik sollte das Bild das Wesentliche des Dargestellten auf einen bildlichen Begriff bringen und dem Betrachter die Wahrheit offenbar machen. Nichts war hier also Nebensache, Zufall oder ästhetisches Beiwerk, sondern in gleicher Weise notwendiges Merkmal. Im folgenden soll zumindest in Umrissen eine Interpretation vorgestellt werden.

Zunächst ist das Bild selbst zu nehmen: als Quadrat mit drei Kreisen. Und dies ist nicht zufällig; sondern Ausdruck der Ordnung der Welt als der Schöpfung Gottes und damit Ausdruck der göttlichen Prinzipien. Denn Gott ist Substanz und damit Einer; aber auch die Unterscheidung von Vater und Sohn (als dem Abbild) und damit die Zwei; aber auch und vor allem die Bewegung und die Beziehung zwischen beiden: der heilige Geist; und damit die Drei (der Trinität): die Drei aber, die eine Einheit sind; und damit - als die Einheit der Drei - die Vier, die die Drei zusammenhält. Also ein Quadrat mit drei Kreisen! und damit zugleich die Zehn: nämlich eben die Eins und die Zwei und die Drei und die Vier zusammengenommen; bzw. wenn man die Einheit der Zehn - die also aus zehn die Zehn macht - abzieht: die Neun, also drei mal drei.

Diese Zahlen, die mehr sind als bloße Ziffern, verweisen auf die Grundstruktur der Schöpfung (und des Schöpfergottes) und bestimmen das Bild der Hieroglyphe, sie geben das Maß und die Ordnung, eben die Grundordnung der Gerechtigkeit der Welt. So sind es insgesamt drei Kreise. Im äußeren Kreis sitzen oben drei Göttinnen (und darüber als Einheit die vierte). Dazu treten drei mal zwei Jungfrauen, insgesamt also Zehn. Darunter rechts und links stehen je zwei mal drei Jungfrauen. Insgesamt enthält dieser äußere Kreis drei Schichten. Auch im mittleren Kreis sind drei Schichten dargestellt; und darüber hinaus ist jede Schicht in drei Ebenen geteilt; auch von oben nach unten sind drei Schichten zu sehen (eigentlich vier, aber die beiden inneren decken sich, weshalb es nur drei voneinander zu unterscheidende sind). Im innersten Kreis hat der Künstler ebenfalls eine Dreiteilung vorgenommen: rechts oben eine Szene, die durch einen Fluß von der rechts unten dargestellten Szene getrennt ist; links daneben - und damit drittens - ein Halbkreis, der weiter in sich dreigeteilt ist.

Freilich: Herzog August wagte es nicht, Gott selbst in dieser Gestaltung einzufangen: Gott sei über aller Vernunft. Deshalb könnten nur die Prinzipien, die aus Gott hervorgehen, dargestellt werden. Zunächst also die Drei: das, was ist (also das Sein), das Wahre und das Gute; und umschlossen und vermittelt durch das vierte Prinzip: das Eine (!), und dementsprechend also in Übereinstimmung mit dem scholastischen Satz »ens et verum et bonum et unum convertuntur«. Dann aber auch entfaltet in der Neun: nämlich jeweils drei mal zwei Prinzipien, die durch ein drittes Prinzip vermittelt sind: einmal (von 1 bis 3): die Potentia oder Memoria (1.) dessen, was ist (2.), für das Firmum (das Feste, das Verläßliche) (3.); dann (von 4 bis 6): das Wissen (4.) des Wahren (5.) für das Perpetuum (das Beständige, das Ewige; 6.); schließlich (von 7 bis 9): die Liebe (7.) zum Guten (8.) für das Schöne (9.); und wiederum werden die Neun durch die Zehn - die Einheit - zusammengehalten.

Insgesamt sind es drei Dreiergruppen und die Einheit, also die Vier. Nämlich die vier Göttinnen, die im Bild oben dargestellt sind: Juno - als das Firmum der Substanz - , Minerva - als das Perpetuum der Scientia -, Venus - als das Pulchrum der Liebe zum Guten -, zusammengehalten zur Einheit durch Themis, der Titanin, der Tochter des Uranos (Himmel) und der Gaia (der Erde), Gemahlin des Zeus/Jupiter, die Göttin der Gesetzlichkeit der Ordnung der Welt. Mit Strahlenkranz, abgebildet wie die Sonne der Gerechtigkeit (sol iustitiae) thront sie über allem; ihr weiter Mantel hüllt die anderen drei Göttinnen ein und vereinigt sie. Die hinzutretenden drei mal zwei Jungfrauen - die die genannten Prinzipien darstellen - machen die Zehnheit komplett! und schließen damit die himmlische Sphäre - das innere Reich der Themis - ab durch Wolken und Blitz.

Darunter erstreckt sich das äußere Reich der Themis: links das Reich der Freiheit (und Schönheit) - gekennzeichnet durch die drei Horen, die Töchter der Themis mit Zeus (Eunomia - Gesetzlichkeit, Dike - Gerechtigkeit, Eirene - Friede), auch die Göttinnen der Jahreszeiten, die zur Reife führen ebenso wie zur Schönheit der Natur; wie dies die darunter stehenden drei nackten Mädchen mit Rose, Würfel und Myrrhenzweigen in den Händen ausdrücken; rechts das Reich der Notwendigkeit (und der Not), gekennzeichnet durch die drei Parzen (Moiren), ebenfalls Töchter der Themis mit Zeus, die den Lebensfaden spinnen, das Lebenslos zuteilen (verbunden mit Zufall) und ihn schließlich durchschneiden; ein Reich auch der Schmerzen und der Verzweiflung, wie die drei in Felle gekleideten Frauen mit Schlangenhaar und Dreschflegeln in den Händen veranschaulichen. In beiden Reichen freilich herrscht das Gesetz: dargestellt durch die Linie vom Thron der Themis oben herab zu dem unten dargestellten Thron, auf dem die Göttin des Urteilens sitzt, links daneben die Nemesis als Engel des Urteils. Gesetz und Urteil und Gerechtigkeit im einzelnen: diese drei gehören als Töchter zur Themis; womit unmißverständlich klargestellt ist, daß Gesetz und Urteil im Einzelfall sich an die vorgegebene Ordnung der Themis halten müssen.

All dies betrifft den äußeren Kreis, den Kreis des Göttlichen (der göttlichen Prinzipien). Dieser wirkt hinein in den mittleren Kreis, den Kreis der Welt, wie sie geschaffen wird aus den Werken des Schönen (links) und denen der Notwendigkeit (rechts); geteilt in drei Ebenen, oben zugeordnet den Göttern, unten zugeordnet dem Schattenreich der Dämonen, in der Mitte das Zwischenreich (also die alltägliche Welt). Die drei bzw. neun Prinzipien wirken in diesen mittleren Kreis hinein. Das Firmum dessen, was ist, und zugleich die Memoria ist oben in Klarheit verwirklicht: als - rechts dargestellt - Hund (mit Lorbeer im Maul), quadratischer Stein und Kreis (Ring); im unteren Drittel als Vergessen dessen, was nicht ist: dargestellt als Schwert (Tod), Zunge, leckendes Tier (linx animal); und im Mittelbereich als die beseelte körperliche Natur, dargestellt als Scarabäus-Käfer, zu sich zurückkehrende Schlange und Spindel mit Sieb. Das Perpetuum des Wissens des Wahren verwirklicht sich in der zweiten und dritten Spalte in der oberen Sphäre rein und klar: dargestellt durch Eule, Zypresse und Obstfrucht; in der unteren Sphäre des dämonischen Schattenreiches als bloßes Phantasieren in Traum und Todesschlaf, dargestellt durch Maske, Schatten mit Knopf und Krebs; im Zwischenreich der Mitte als Glaube an Wahrscheinlichkeiten (Abbilder der Wahrheit), dargestellt durch Spiegel, Eiche und Abendstern (oder Fledermaus). Das Schöne der Liebe zum Guten schließlich verwirklicht sich rechts oben wieder rein als Liebe zu den guten Dingen, dargestellt durch Rose, Lilie und Feuer; in der unteren Sphäre als bloßes Begehren der Befriedigung augenblicklicher Bedürfnisse, dargestellt durch die Giftschlange, das Zeichen für die Zahl Sechzehn (als Symbol der Begierde) und durch die Feige; im Zwischenbereich als das Verlangen nach Nützlichem durch erfreuliche Dinge, dargestellt durch Füllhorn, Pfauenfeder und Nagel.

Entscheidend ist auch hier die Ordnung des Kreises der Welt in diese drei mal drei = neun Sphären. Dahinter steht deutlich die Differenz von Erkennen (der Idee als Substanz und Erinnerung), Wissen (und Urteilskraft) und Praxis einerseits, die von Wesen, Erscheinung (Abbild) und Schein (d.h. das unwirkliche Schattenreich der unteren Sphäre) andererseits. Alles hat so seinen Platz in der Ordnung, auch der Schein (das Nichts): die Gerechtigkeit verlangt, jedem das Seine zuzuerkennen im Rahmen der Schöpfung. Wahres Wissen folgt dieser Gerechtigkeit immer nach; wahre Wissenschaft ist immer an diese vorgegebene Ordnung gebunden; wie auch die Welt selbst - dieser mittlere Kreis - den Prinzipien des äußeren Kreises (und damit dem Reich der Themis) unter- und zugeordnet ist. Die Welt, in der wir Menschen leben - die Zwischenstufe -, steht zwischen dem oberen Bereich der Gerechtigkeit und dem unteren Bereich des bloßen Scheins der Gerechtigkeit, d.h. der Ungerechtigkeit. Sie orientiert sich am Nützlichen, Notwendigen, Erfreulichen: und am Menschen liegt es, ob dies zu Gerechtigkeit oder zu Ungerechtigkeit führt.

Dieses spezifisch Menschliche stellt der innere Kreis dar. Im Zentrum der gesamten Hieroglyphe steht der Mensch in seiner Nacktheit, über ihm die Sonne, unter ihm die Sterne (und damit die Nacht). Auch er ist strukturiert durch die Drei und Neun bzw. - zur Einheit vermittelnd - die Vier und die Zehn: also Seele - Körper - Schatten und Einheit zum Leib. Die Seele ist gekennzeichnet durch Natürlichkeit, Lebendigkeit und Beseeltheit; der Körper durch Kopf, Herz und Leber; der Schatten durch Dinge, die vom Körper ausgehen, dem Körper folgen und die aus ihm hervorgehen. Schließlich ist der Mensch als Gottes Ebenbild die Dreiheit von Verstand (dreigeteilt durch Gedächtnis, Intelligenz, Wille), Seele (dreigeteilt durch Denkvermögen, Ehrgeiz, Begierde) und Geist (dreigeteilt durch Überlegung, Worte, Taten). Eigentlich strukturiert aber ist dieser innerste Kreis durch die drei Zeitalter des Menschengeschlechtes. Oben rechts das goldene Zeitalter: eine helle Gegend, mit Bäumen bepflanzt und fruchtbar durch die Quellen und Brunnen, mit neun tanzenden Jungfrauen um eine die Cythara schlagende Göttin, eine Zeit der Harmonie und der Glückseligkeit. Darunter - getrennt durch den Fluß des Vergessens - das eiserne Zeitalter, das den dreiköpfigen Hund anbetet, was schließlich dazu führt, daß die Menschen sich zu halben Tieren verwandeln und ihre Welt zur Wildnis und Ungerechtigkeit. Die linke Hälfte stellt das bronzene Zeitalter dar, wieder in drei Etappen: unten die Übermacht noch der Ungerechtigkeit, aber auch schon der Beginn der Gerechtigkeit. Ein königlicher Richter am Thron, daneben drei Priester und drei Propheten, davor drei Richter; vor dem offenen Buch der Sünden ein Bewaffneter, ein Bauer, ein Handwerker und ein Kaufmann: Zeichen für die Ausbildung von Gesellschaft und Notstaat, noch sehr den Gesetzen der Notwendigkeit gehorchend. In den Mittelstreifen sind Opferaltar, Richtersitz und die zehn Tafeln des Dekalogs dargestellt: Gott hat das jüdische Volk durch das Meer zu einer zeremoniellen, richterlichen und moralischen Ordnung geführt. Aber die wahre Form der Gerechtigkeit zeigt erst der obere Streifen des bronzenen Zeitalters. Das Reich des Gesetzes der Gnade, das wirkliche Reich Gottes auf Erden; veranschaulicht durch das Neue Jerusalem, das Lamm und die niedergelegten Fesseln oben, darunter durch Glaube, Hoffnung und Liebe. Diese drei Tugenden bestimmen im letzten Ende die wahre Gerechtigkeit, die aus dem Reich Gottes und seiner Gerechtigkeit hervorgeht!

Diesen Inhalt will die Hieroglyphe der Justitia zum Ausdruck, zum bildlichen Begriff bringen. Justitia ist hier kein bloßes Justiz-Symbol; obwohl die Hieroglyphe auch vom Urteilen und vom Gesetz handelt. Justitia ist hier eingebunden und entfaltet in einem enzyklopädischen System der Theologie (oder/und Philosophie), das in sich auch Ethik und Rechtswissenschaft enthält und aus sich heraus entfaltet; also die Themen darstellt, die in den vorherigen Kapiteln dieses Buches beschrieben worden sind, freilich dort in einer verwirrenden, spekulativen und teilweise unverständlichen Sprache.

9 DAS WEIBLICHE GERECHTIGKEITSBILD

Zum Abschluß soll auf ein Problem aufmerksam gemacht werden, das uns modernen Menschen nach meiner eigenen Erfahrung selten bewußt ist, weil es zu einer alltäglichen Selbstverständlichkeit geworden ist. Läßt man allerdings die abgebildeten Darstellungen der Justitia Revue passieren, drängt es sich geradezu auf: die Gerechtigkeit wird fast ausnahmslos in weiblicher Gestalt dargestellt; und dies, obwohl doch lange (und vor allem zu der Zeit, als diese Justitia-Darstellungen geschaffen wurden) als die gerechten Menschen in der Geschichte und im Gerichtssaal ausschließlich Männer auftraten. Dieses Problem ist nur spekulativ zu lösen, d.h. mit Mutmaßungen, die nicht durch Quellenbelege und auch nicht durch Abbildungen unmittelbar abgestützt werden können, die aber genausowenig bloße Spinnereien sind, sondern durchaus einer inneren Logik und systematischen Entwicklung folgen; wenigstens nach meiner Auffassung.

Problemstellung

Nun ist selbstverständlich das Wort »Justitia« weiblichen Geschlechts, wie auch im Deutschen: »die« Gerechtigkeit; wie im übrigen auch die anderen Tugenden: sie sind alle Feminina. Aber erneut stellt sich das Problem: warum werden diese Tugenden mit weiblichen Namen bezeichnet? Das Problem verschiebt sich nur; oder sogar: es verschärft sich. Dabei stellt sich die Frage auch allgemein für den Begriff von Tugend überhaupt. »Die« Tugend heißt im Lateinischen »virtus« und ist Femininum. Doch steckt in diesem Wort das lateinische »vir«, also »Mann«. Wieder ist zu fragen: wie reimen sich der männliche Vir und die weibliche Virtus zusammen?

Männliches und Weibliches als Seinsprinzipien

Zum Glück bin ich kein Sprachwissenschaftler, weshalb mir die Spekulation leichter fällt. Aber wenn man die Diskussion um das Indogermanische etwas näher betrachtet, dann kann man folgendes festhalten. Die unbelebten Phänomene weisen in dieser Sprache(ngruppe) Namen auf, die im Regelfall sächlichen Geschlechtes sind. Die belebten Phänomene sind männlich oder weiblich bezeichnet. Das Griechische und Lateinische differenzieren weiter. Die Worte mit männlichem Geschlecht sind eher bezogen auf Ursache/Kraft/

Aktivität; so ist etwa »actor« männlichen Geschlechts. Die Worte mit weiblichem Geschlecht sind eher bezogen auf Wirkung/Zustand, sozusagen auf einen von Kraft getragenen (»schwangeren«) Zustand; so ist etwa »actio« weiblich. Offenbar wird das Weibliche vom Männlichen abgeleitet, ist also diesbezüglich sekundär. Und wer denkt dabei nicht an die jüdische Geschichte von Adam und Eva, wobei letztere aus seiner Rippe geschaffen wurde, von einem männlichen Gott?

So ließe sich eine Erklärung der Weiblichkeit der Iustitia und der Tugenden überhaupt geben, wie es etwa im 1. Jahrhundert vor Christi Geburt Philo von Alexandrien versucht hat: die Tugenden seien deshalb grammatikalisch weiblich, weil sie von den tugendhaften männlichen Handlungen abgeleitet (abstrahiert) würden. Und man könnte hinzufügen (zugleich mit dem möglichen Mißverständnissen sofort vorbeugenden Hinweis, daß es bei der folgenden Gegenüberstellung lediglich um den Aufweis von zwei Seinsprinzipien geht, die in unserer Tradition in dieser Weise als Weltbestimmungen [und nicht im Sinne geschlechtsspezifischer Wertungen] aufgefaßt wurden): diese Abstraktion selbst ist männliche Tätigkeit, die das Wesentliche (im Sinne der Form) des tugendhaften Handelns herausstellt, sozusagen »erzeugt« und sie dem formbaren Material - dem Weiblichen - einprägt. Von daher wird auch die Männlichkeit des »actor« verständlich. Aktiv sein bedeutet Erzeugen von Neuem! Der Mann (im Sinne von: das männliche Prinzip) ist die produktive Kraft, die das formbare Material - die weibliche Materie - zur Hervorbringung eines Neuen bringt und zwingt; sozusagen eine Kraft, die »das« Weibliche (verstanden als das weibliche Prinzip) in seiner noch Ungeordnetheit zum Gebären und daher zur Mütterlichkeit und zum weiblichen Geschlecht zwingt, wodurch die Ordnung von Männlichem, Weiblichem und Sächlichem (Kind) hergestellt ist. Wie der männliche jüdische (und dann christliche) Gott das Chaos seiner schöpferischen Kraft unterwarf und die Ordnung der Welt schuf oder wie der heilige Geist das Mädchen Maria schwängerte und zur Gottesgebärerin machte, wobei die frühen Bilder oft zeigen, wie die Seele des Gottessohnes - dargestellt als kleines Kind (wie ein Püppchen) - durch das Ohr des Mädchens eindringt: also selbst die Gestalt des Sohnes war in dieser Tradition vom Vater vorgeformt, der Leib der Mutter war demgegenüber nur der Ort der Reifung und Vollendung bis zur Geburt.

An dieser Gegenüberstellung von Aktivität (im Sinne des männlichen »actor«) und Zustand (im Sinne der weiblichen »actio«) soll hier festgehalten werden. Doch ist zu fragen, ob daraus wirklich mit Notwendigkeit folgt, daß deshalb der männliche Actor vor der weiblichen Actio zu denken ist, ob also die Vorstellung des Erzeugens notwendig maßgebend sein muß. Könnte es nicht sein, daß es gerade umgekehrt ist und war, daß am Anfang die Actio war und der Actor von ihr her zu denken war? Dies wäre dann möglich (gewesen), wenn das Erste das Gebären und Wiedergebären gewesen wäre: aus sich selbst heraus, ohne Mitwirkung eines erzeugenden Mannes; eine unmittelbare Gestaltung des Lebens im rhythmischen Gleichklang von Werden und Vergehen und erneutem Werden; und nicht ein nach vorne gerichtetes, zielgerichtetes Handeln im Sinne eines Produzierens von Neuem, verbunden mit Reflexion und Finalität, damit ein Lebens- und Weltverständnis, das sich eher reagierend als agierend, eher geführt und bestimmt als leitend und selbstbestimmend erfaßte, eher unfrei als frei. Wobei selbstverständlich dieses Lebens- und Weltverständnis alle Menschen (und nicht etwa nur die Frauen) betroffen und motiviert hätte. Die Ordnung wäre deshalb eine von diesem Zyklus des Werdens und Vergehens geprägte gewesen: von dem Rhythmus der Jahreszeiten, auch von Tag und Nacht (Sonne und Mond), den Perioden der Fruchtbarkeit der Natur und der Frau, dem Wechsel des Wetters usw.

Welch ungeheure Spekulation! Und ich hoffe nur, daß dies für den Leser nicht bedeutet: welch ärgerliche Spekulation. Denn ich möchte behaupten, daß dieses Welt- und Lebensverständnis wirklich die geschichtlich erste Weise des menschlichen Selbstverständnisses war; und daß von daher die Weiblichkeit der Justitia (genauer: ihrer ersten Vorgängerin) abzuleiten ist: nämlich von der weiblichen Rechtsgottheit. Dabei wäre viel Material der Mythen der Menschheit aufzuarbeiten, was hier aber leider nicht geschehen kann. Ich beginne bei den alten Griechen und ihrer Rechtsgottheit Themis, wie sie um 700 v. Chr. von Hesiod gedichtet und später verändert wurde (vgl. auch Kap. 2).

Die Mutter

Bei Hesiod ist nämlich - trotz aller Erzählungen auch über Zeugungsakte durch männliche Götter - unbestreitbar das Prinzip des Gebärens das Grundlegende. Zwar steht am Anfang das Chaos - das im übrigen als solches fortbesteht -; aber dieses ist weder zeugend noch gebärend. Aus ihm entstehen von selbst Gaia, Tartaros und Eros. Gaia (die Erde) (er)zeugt aus sich selbst heraus den Uranos (den Himmel), die Berge und das Meer. Durch die Vereinigung von Gaia mit ihrem Sohn Uranos werden die Titanen und Zyklopen (er/ge)zeugt. Jedenfalls ist die Mitwirkung der zeugenden Kraft des Mannes nicht herausgehoben, sie scheint geradezu unerheblich; was durchaus der Auffassung vieler Naturvölker entspricht, wonach die Schwangerschaft auf einer Stauung des (deshalb nicht mehr abfließenden) Menstruationsblutes beruhe, wobei dem Mond als weiblicher Gestalt (also eigentlich: »der Mondin«) (zum Unterschied von der männlichen Sonne, also »dem Sonn«) wesentlicher

Einfluß zugesprochen wird. Eine Mitwirkung des Mannes ist für diese Auffassung nicht ausgeschlossen: aber nicht als Erzeugung neuen Lebens, sondern als Aktivität, die diesen Vorgang im weiblichen Organismus einleitet, veranlaßt, dazu den Anstoß gibt: wie dies in bezug auf die natürliche Fruchtbarkeit für den Sonn, den Regen, den Wind, den Fluß gilt, die jeweils die Erde (den mütterlichen Boden) zur Fruchtbarkeit bringen. Notwendig ist diese Mitwirkung eines Mannes jedenfalls nicht. Hesiod erzählt (noch) von Hera, der Gattin des Zeus, daß sie den Hephaistos aus sich selbst heraus ohne vorherige Vereinigung mit Zeus gebiert (nämlich als Reaktion auf die Kopfgeburt der Athene, über die noch zu sprechen sein wird).

Eine dieser von Gaia und Uranos (er/ge)zeugten Titanen ist Themis (Abb. 110). Wie ihre Schwestern Mnemosyne (»Erinnerung«) und Metis (»Weisheit«) ist sie deshalb älter und ehrwürdiger als das Göttergeschlecht der Olympier (also Zeus, Poseidon, Hades, Demeter, Hera), die als Kinder der Titanen Kronos und Rheia sozusagen die zweite Generation der Gottheiten bildeten. Im Kampf der neuen Götter gegen die Titanen beteiligten sich Themis und Mnemosyne nicht; was deshalb mit ihnen geschehen wird, werden wir noch sehen.

110 Themis von Rhamnus. Statue des Chairestratos. Um 280 v. Chr. Athen, Archäologisches Museum

Themis ist das Prinzip der Ordnung, das sich in den Handlungen der Menschen und in der Natur selbst verwirklicht. Sie ist die Gottheit, die diese Ordnungskraft bestimmten Individuen in bestimmten Situationen einflößt, sie damit überschüttet: weshalb die Betreffenden auch als diese Ordnungsgestalter auftreten können, was man ausdrückte mit: die Betreffenden verwirklichten themis. Sie war Gottheit einer Ordnung des unmittelbaren Hervorbringens im Sinne des Gebärens. Themis war deshalb auch die Mutter der Horen - eigentlich: »die richtigen Zeiten« -, die ursprünglich die Gottheiten der Jahreszeiten waren (und in dieser Bedeutung die Namen Thallo, Auxo und Karpo [als die Göttinnen der Blüte, des Wachstums und der reifen Frucht] trugen), und die Mutter der drei Moiren, die jedem Ding auf Erden das Seinige zuteilen, auch Leben und Tod. Jedenfalls steht sie nach meiner Einschätzung eindeutig in einer Verbindung zur Großen Muttergottheit, wie sie in den unterschiedlichsten Kulturen der Menschheit zu finden ist. Eine Nachwirkung findet sich wohl noch bei Aischylos, wenn er Themis zur Mutter des Prometheus machte.

Die Gemahlin und Geliebte

Aber das war einmal; und ich glaube nicht, daß die Weiblichkeit der Justitia so einfach und unmittelbar von der mütterlichen Rechtsgottheit her zu verstehen ist. Die Zeit der Mütter war einmal und ist durch das patriarchalische Denken beseitigt, zumindest verdrängt worden; woran auch zeitweilige Hochkonjunkturen mütterlicher Motive nichts zu ändern vermag: etwa in der Vorstellung der Muttersprache (gegenüber dem »Vaterland«) oder vor allem in der Bildpublizistik der Französischen Revolution, wo (zunächst) das Bild der Mutter den männlichen Körper des Königs (als Zeichen der staatlichen Macht) verdrängen sollte, nach der Überlegung des Jakobiners Sylvain Maréchal (1750-1803), daß »dadurch, daß [der Gesetzgeber] alle Zeichen der Feudalität und der Monarchie auslöscht, diese sozusagen ihren Körper [verlieren] und [auf]hören, die an die Gewohnheit versklavten Sinne gefangen zu nehmen. Im übrigen dürfen die Blicke eines Volkes, das bis zur Republik erhoben wird, nur noch auf solche Gegenstände fallen, die sein Gemüt stärken und unablässig die hehren Prinzipien der Gleichheit ins Gedächtnis rufen«. Trotzdem mußte Themis in diesem Zusammenhang erörtert werden: denn mit ihr beginnt die eigentliche Geschichte der auch durch ihre Weiblichkeit gekennzeichneten Justitia.

Themis beteiligte sich nicht am Titanenkampf. Ihr Lohn konnte nicht ausbleiben: wie ihre Schwestern Metis und Mnemosyne wurde sie die Gemahlin des Zeus. Deshalb stellt Hesiod sie als schönwangige Göttin dar, die das Begehren des neuen Weltenherrschers erregte, seine Kraft anzog, so daß er sich mit ihr vereinigte; und dadurch Kinder zeugte, die die Wesenheit der Göttin der überkommenen (natürlichen) Ordnung mit seiner neuen Aktivität vereinigten: nämlich die Horen, die aber ihren Bezug auf die Jahreszeit von diesem Ursprung her verlieren (d.h.: sich verändern) mußten. Sie waren nun Eirene und Eunomia als Göttinnen der wohlgestalteten guten Ordnung des Zusammenlebens und Dike als neue und eigentliche Rechtsgöttin (auf die noch ausführlich eingegangen wird). Doch möchte ich zunächst nur kurz darauf hinweisen, was eigentlich hinter diesem Verhältnis des Zeus zu seiner Gemahlin Themis stand, wie es auch deutlich in der weiteren Entwicklung hervortrat. Es ging nicht um eine Hochzeit oder Eheschließung, sondern um eine Vereinigung; oder besser: um eine Einverleibung.

Die Geschichte der ersten Gemahlin des Zeus, Metis, die Hesiod erzählt, ist diesbezüglich klärend. Die Göttin der Weisheit - auch sie wohl nicht ohne Grund weiblichen Geschlechts -, Tochter zweier Titanen, wurde zur Lagergenossin des Zeus gemacht und schwanger, wobei ihr - wie Hesiod schreibt - vom Schicksal bestimmt war, hochgesinnte Kinder zu gebären, nämlich als zweites Kind auch einen Sohn, der den Götterkönig Zeus gestürzt hätte. Deshalb verschlang Zeus auf den Rat der Gaia und des Uranos hin einfach die Metis. Auf diese Weise einverleibte er sich die Weisheit, die ihn von nun an als würdigen König und Göttervater herrschen ließ. Er brauchte also die weise Frau nicht mehr: war er doch jetzt selbst weise geworden, so wie sie es gewesen war, und dies im tiefsten Sinne: er trug nämlich auch ihre Schwangerschaft aus und gebar aus seinem Kopf die Athene, »die eine dem Vater gleiche Kraft hatte und besonnene Planung« (wie Hesiod schwärmt).

Bezieht man diese Vereinnahmung einer Göttin durch den männlichen Gottkönig (oder Götterkönig) auf Themis, dann wird klar: Themis konnte weiterhin Rechtsgottheit bleiben, freilich aber nun bezogen auf ihn, den männlichen Herrscher. Recht war damit die althergebrachte Ordnung, die aber nun dem Eingriffs- und Ordnungsrecht des Herrschers offenstand und unterlag. Von daher kann man leicht einen weiteren Schritt tun und erkennen: das Recht war nun die Ordnung der Welt, wie sie von dem männlichen Gott her selbst geschaffen wurde, wobei dieses Prinzip der Rechtsordnung der Welt im Gott selbst lag. Der männliche Gott ist selbst rechtlich, in ihm ist dieses weibliche Prinzip der natürlichen Ordnung aufgehoben; was zugleich bedeutete: Frauen schieden aus dem Bereich des Rechtlichen (und der Weisheit) aus, sie hatten Mütter und Gemahlinnen des Mannes zu sein.

Hier wäre viel zu der dadurch eingetretenen Öffnung des griechischen Denkens gegenüber dem jüdischen und dann christlichen Glauben zu sagen; etwa daran zu erinnern, daß nach dem Alten Testament der Geist Gottes, der über dem Wasser vor Beginn der Schöpfung schwebt, weiblichen Geschlechts ist und mit der Weisheit zusammenhängt. Aber uns interessiert an dieser Stelle nur das Ergebnis des patriarchalischen Denkens im Judentum und Christentum: die Identifizierung der Gottheit mit dem Mann, der in sich selbst das Prinzip der Ordnung, der Regelhaftigkeit, der Weisheit - den heiligen Geist - enthält, und dem im christlichen Glauben von einer reinen Jungfrau, die gehorsam ein empfangenes Kind austrägt, der gleicherweise göttliche (männliche) Sohn geboren wird. In der Theologie der Männer kommt bis heute die Frau nicht mehr vor; selbst die Gottesmutter ist keine wirkliche Mutter, sondern Jungfrau (geblieben). Dies allerdings ist das Ergebnis eines langen Weges männlichen Denkens - zunächst gilt es, zur Gemahlin des Mannes zurückzukehren.

Justitia als Gemahlin: freilich vor allem des (deshalb) gerechten Herrschers. Es ist darauf hinzuweisen, daß im patriarchalischen römischen Denken (der Kaiserzeit) die Frau des Herrschers - vor allem Livia, die Frau des Augustus - auf Münzen auch als Justitia dargestellt wurde (Abb. 111) als die vergöttlichte Eigenschaft des männlichen Herrschers, die diesem - als Gott - zukam (wie auch die Frau als Gemahlin). Aber man muß berücksichtigen, daß die Tugend der Gerechtigkeit lange Zeit durch Philosophie/ Theologie nicht auf den Herrscher und/oder den Staat bezogen war, sondern auf jeden Menschen, im damaligen Verständnis: auf jeden Mann. Der Gedanke der Justitia als Gattin war deshalb ausdehnbar und zu beziehen auf jeden gerechten Mann. Dadurch wurde die Gattin zusehends auf den Mann bezogen: und letztlich als seine Geliebte gedacht.

111 Livia als Justitia. 22-23 n. Chr. Berlin, Staatliche Museen

Hier ist vor allem die alttestamentliche »Weisheit Salomos« (oder in der lateinischen Bibel »Buch der Weisheit« genannt) anzuführen, ein Text aus dem 1. vorchristlichen Jahrhundert (zwischen 80 und 30), der wahrscheinlich in Alexandria (dem Zentrum hellenistischer Wissenschaft und Mittelpunkt der jüdischen Diaspora in Ägypten) entstand und in dem der als Salomo aufgefaßte Erzähler über sein Verhältnis zur Weisheit spricht. Gott habe ihm geraten: »Erwirb dir Weisheit, vergiß sie nicht ... Laß nicht von ihr, liebe sie«; und »sie wird dich beschützen« und nicht verlassen. Und diesen göttlichen Rat habe er befolgt: »Gott liebt nur den, der mit der Weisheit zusammenwohnt ... [Deshalb] habe ich sie geliebt und gesucht von Jugend auf, ich suchte sie als Braut heimzuführen und fand Gefallen an ihrer Schönheit«. »So beschloß ich, sie als Lebensgefährtin heimzuführen«. - In ähnlicher Weise schrieb auch Philo von Alexandrien über Sarah, Rebecca, Lea - also die Frauen der alttestamentlichen Patriarchen - in seiner Abhandlung »Über die Cherubim«: »die mit diesen Männern Verbundenen sind nur dem Namen nach Frauen, in Wirklichkeit aber Tugenden«.

Der dahinterstehende Gedanke ist eindeutig und wohl auch plausibel. Durch die Vereinigung mit der Tugend - ein Fleisch und ein Wesen - wird die männliche Wildheit, Gewalttätigkeit, Zügellosigkeit, Aktivität überhaupt gebunden, besänftigt, gezähmt und der Betreffende damit selbst tugendhaft. In diesem Sinne dichtete bereits Aristoteles (384-322 v. Chr.) in einem Preislied: »O Du Tugend, wie bist Du so schwer dem Menschen!/ Der schönste Preis im Lebenskampf!/ Jungfrau, um Dich zu gewinnen,/ Gilt auch Sterben Griechen als seliges Schicksal«. Freilich setzt(e) dies voraus, daß die Tugend auch eine attraktive Frau ist, die den Mann zu dieser Vereinigung anlockt und verführen kann; sie muß erotische Anziehungskraft haben. In seiner »Kunst der Rhetorik« schrieb Longinus (213-273) in diesem Sinne über die Allegorie: sie solle »verführen, anregen, entzücken, dadurch als Reiz verleiten«. Der Humanismus übernahm diese Sicht. Cesare Ripa meinte 1593 in seiner berühmten »Iconologia«, daß der menschliche (= männliche) Geist durch die Schönheit der Darstellung Entzücken empfinden müsse. Im vollen Wortsinne sollte also die Darstellung einer Tugend »Sinn-Bild« sein: somit die Sinne des Menschen (Mannes) ansprechen, ihn anziehen, hinziehen zu dem Dargestellten (zum eigentlichen Sinn), damit er so von diesem angetan sei, daß er motiviert werde zum Einswerden mit ihm.

Viele solcher Bilder einer schönen, anmutigen, durchaus verführerischen Justitia - als Gemälde, Zeichnung, Stich, aber auch als Darstellung einer at-

112 Cornelis Massys (Matsys), Justitia und Prudentia, an antiken Ruinen sitzend. 16. Jh. 12,6 x 11,1 cm.

113 Theodor van Thulden, Iustitia und Pax. 1639. Öl auf Leinwand, 109 x 161,5 cm. Münster, Westfälisches Landesmuseum (Dauerleihgabe aus Privatbesitz)

traktiven Gestalt im Rahmen eines Triumphzuges oder Festzuges, sehr beliebt auch bei Hochzeitszügen - sind in den vorhergehenden Kapiteln zu sehen (vgl. auch Abb. 181, 200p, 210 bei P/S); einige weitere sollen die erotische Dimension nahebringen (Taf. 28; Abb. 112, 113). Manches ließe sich zu diesen Bildern sagen; man bedenke doch z.B. nur, daß Lucas Cranach seine Justitia (Abb. 114) in fast gleicher Weise wie Venus darstellte.

Doch muß auch gesehen werden, daß jedes Mitschwingen von geschlechtlichem Reiz - also die Vorstellung der Tugend als der Geliebten - gerade in dem Bezug zum Sinn als Tugend nicht unproblematisch sein konnte. Wie leicht konnte Frivolität den eigentlich gemeinten sittlichen Sinn in den Hintergrund treten lassen! Man lese z.B. den sog. »Hirten des Hermas« (um 140 n. Chr.), in dem der Erzähler von einem Hirten den zwölf Tugenden (Glaube, Enthaltsamkeit, Kraft, Geduld, Lauterkeit, Unschuld, Keuschheit, Freude, Wahrheit, Verstand, Eintracht, Liebe) übergeben wird: »Sie waren fröhlich und freundlich zu mir, zumal die vier herrlichsten [Jungfrauen] von ihnen... ›Wo soll ich denn übernachten?‹ fragte ich. ›Bei uns‹, sagten sie, ›sollst du schlafen wie ein Bruder, nicht wie ein Mann. Denn unser Bruder bist du, und wir wollen hinfort bei dir wohnen; denn wir lieben dich gar sehr.‹ Ich aber schämte mich bei ihnen zu übernachten. Da begann die, welche anscheinend die erste war, mich zu küssen und zu umarmen. Als die anderen sahen, wie sie mich umarmte, begannen auch sie mich zu küssen, liefen mit mir rings um den Turm und spielten mit mir. Da fühlte ich mich wieder jung werden und begann auch mit ihnen zu spielen... [Dann] blieb ich die Nacht durch bei ihnen und schlief neben dem Turm. Denn die Jungfrauen breiteten ihre linnenen Gewänder auf die Erde und lagerten mich in ihre Mitte«. Der Herausgeber dieses Textes hat das »Zwischenspiel von den Jungfrauen« zu Recht sehr treffend in folgender Weise charakterisiert: »Die Jungfrauen stellen das Verhältnis von vornherein als ein rein geschwisterliches dar; was aber dann ... geschildert wird, ist nichts anderes als ein wirkliches Minnespiel«, das durchaus weltliche Züge trage und erotische Motive bzw. Zusammenhänge aufweise.

Überhaupt ist die Vorstellung des Einswerden des Menschen (Mannes) mit der Tugend - also sein Tugendhaftwerden - als einer geschlechtlichen Vereinigung allzu handfest-leiblich und unmittelbar. Die Schönheit und Anziehungskraft der weiblichen Tugend mußte vergeistigt, ent-sexualisiert und idealisiert werden; wobei sicherlich auch die christliche Entwicklung des Bildes von Maria, der Gottesmutter, von Einfluß war; denn auch Maria wurde als begehrenswerte Braut des Gottes, der in Liebe zu ihr entbrannte (im Sinne des alttestamentlichen Hoheliedes der Liebe) und im Bilde des Einhorns sein langes Horn zärtlich in ihren Schoß im Hortus conclusus legte, gedacht und verehrt, bis das idealisierte Bild der jungfräulichen (und stets jungmädchenhaften, keuschen) Maria seinen bis heute anhaltenden Siegeszug begann. Dazu muß auch die im 5. Kapitel dargestellte Entwicklung im Freiheitsbewußtsein der Menschen einbezogen werden. Erkennt der Mensch seine Endlichkeit und damit die Unmöglichkeit an, auf Erden Heiligkeit oder wenigstens sittliche Vollkommenheit wirklich zu erreichen, dann verliert die Vorstellung seiner Vereinigung mit den Tugenden an Gewicht; diese werden zu reinen Idealen und

114 Lucas Cranach, Justitia. Nach 1537. Bremen, Rosalius-Sammlung

Postulaten des unerreichbaren Sollens (was sie in anderer Bedeutung als Engel-Virtutes ohnehin immer schon waren). - Aber diese Entwicklung kann man bereits bei den alten Griechen aufzeigen, zu denen deshalb noch einmal zurückzukehren ist.

Die Tochter

An die Geschichte der Themis darf ich erinnern: Zeus vereinigte sich mit ihr, der Gottheit der überkommenen natürlichen Ordnung, und zeugte mit ihr die Horen, darunter die neue Rechtsgöttin Dike (Abb. 115). Auch sie ist weiblich, eine Frauengestalt; entscheidend ist allerdings nun, daß sie die Tochter des Vaters ist, noch mehr: daß sie nur dies, d.h. daß sie Jungfrau ist. Damit ist gemeint, daß das Wesentliche dieser Frauengestalt darin besteht, niemals Gemahlin und - vor allem - niemals Mutter werden zu können, also sozusagen »ewige Jungfrau« (und dies meint: begrifflich Jungfrau) zu sein.

115 Dike von Epidaurus (Peloponnes). 4.Jh.v.Chr. Athen, Archäologisches Museum

In diesem Zusammenhang ist kurz an das bisher Gesagte zu erinnern. Die Frau als Mutter verlor im Patriarchat ihre Bedeutung als Geschlechtswesen (wenn »Geschlecht« auf die menschliche Gattung, also auf die [Er]Zeugung neuen Lebens, bezogen wird). Denn führt(e) man das Hervorbringen von neuem Leben (von Kindern) nicht mehr primär auf das mütterliche Gebären, sondern auf das väterliche Zeugen zurück - und nur dies meint der Begriff »Patriarchat« (in Abhebung zum »Matriarchat«, wo die Kinder nur mit der Mutter bzw. ihrer Sippe verwandt waren) -, wurde bzw. wird allein der Mann als Vater wichtig. Die Geschlechtlichkeit der Frau wurde bzw. wird auf die männliche Zeugungsaktivität bezogen, damit auch auf das Erwecken seiner Begierde, wodurch sie auf die Dimension der »Sexualität« im Sinne von geschlechtlicher Lustbefriedigung herabgestuft wurde/ wird: zur Gattin und dann weiter zur Geliebten. Sie dient(e) als Geschlechtskörper primär der Befriedigung des männliches Begehrens, der dadurch dem Mann auch rechtlich »gehört(e)« und seiner Verfügungsmacht unterworfen wurde bzw. wird. Die weibliche Sexualität wurde und wird so privatisiert, aus der Öffentlichkeit ausgeschlossen und nur mehr auf den Ehemann bezogen. Nach außen hin hat(te) die Geliebte - vor allem als Gattin - tugendhaft zu sein, was bedeutet: nicht als geschlechtliches Wesen zu erscheinen, sondern entweder nur als Mutter - die den Mann zum Vater werden ließ und läßt - oder nur als seine, ihm gehörende, ihm zuzuordnende Geliebte, die sich anderen Männern zu verweigern hat(te). Schließlich wendet sich diese Tugendhaftigkeit auch gegen den Mann (als Vater und sexuell Liebenden) selbst: die Frau wird nur mehr als Tochter gedacht, deren Geschlechtlichkeit selbst dem Vater verschlossen zu bleiben hat, weshalb sie überhaupt zu negieren ist: die Tochter ist Jungfrau, d.h. zu jung für eine wirkliche Frau.

Damit kommen wir zurück zu Dike! Ihr Schicksal, zunächst als Tochter des Vaters beurteilt und gesehen zu werden, teilte sie mit der bekanntesten Tochter des Zeus, nämlich mit Athene. Diese war im Vollsinne des Wortes »seine« Tochter: denn sie wurde nicht von einer Frau geboren (Zeus hatte [wie berichtet] die schwangere Metis verschlungen), sondern entstieg seinem Kopf, weshalb sie - wie Hesiod schreibt - in Kraft und Planung dem Vater gleich ist. Sie ist die Göttin der Weisheit: aber nicht mehr in der selbständigen Weise, wie es ihre Mutter, die Titanin Metis, war; sondern sie ist deshalb weise, weil in ihr die Weisheit des väterlichen Gottes und Weltenherrschers zum Ausdruck kommt. Wie auch in Dike die Rechtsgewalt und Ordnungsherrschaft des Götterkönigs ihren Ausdruck findet. Dike ist die Göttin des herrscherlichen oder herrschaftlichen Rechtsspruches, der sich zwar auf die überkommene Themis-Ordnung bezieht, diese aber strukturiert, gesetzmäßig gestaltet, im Einzelfall (als Richterspruch) klärt und dann machtvoll durchsetzt: als ein Recht, das so positiviert (d.h. »gesetzt«, also Gesetz) werden muß und geworden ist. Themis ist dadurch (durch die Existenz ihrer Tochter) nun wirklich die ehrwürdige (und damit: alte) Göttin der ewigen Rechtsprinzipien geworden. Dike ist die Göttin des konkreten, wirklichen, wirkkräftigen, gesetzten und durchgesetzten Rechtes in einer von (männlicher) Macht zu ordnenden Welt. So ist Dike orientiert an Aktivität, Ordnungskraft, Herrschaft, vor allem des Vaters im Olymp - also im Himmel, zu dem der Götterberg immer mehr entrückt wird -, aber auch des männlichen Herrschers auf Erden, der zum Stellvertreter und/oder Beauftragten des Vaters wird und den sie in dieser Funktion im Auftrag des Vaters begleitet; wie auch Athene den Heros - man denke nur an ihr Verhältnis zu Odysseus - beschirmt und leitet. Dike vermittelt dadurch zwischen den Menschen und dem immer himmlischer werdenden Göttervater, dessen Herrschaft auf diese Weise in zunehmendem Maße vergeistigt und

116 Dike schlägt Adikia. Attische Bandhenkel-Amphore. Um 520 v. Chr. Wien, Kunsthistorisches Museum

transzendent wird. Auch Dike wird vergeistigt (wie Athene ebenfalls). Sie wird nicht (mehr) die wirkliche (leibliche) Gemahlin des Herrschers, sondern sie leitet ihn in seinem Denken und Wollen und lenkt seinen Geist nach oben hin zum Vater. Dike wird so zu einer wirklichen Tugend, die man dann mit der griechischen Dikaiosyne gleichsetzen kann.

Als Tochter des Vaters bleibt Dike göttlich; und damit ist ihr eigentlicher Ort der Himmel. Der Grieche Aratos (3. Jh. v. Chr.) brachte in seinen »Phainomena« diesen Gedanken in den Zusammenhang mit dem Mythos der Weltalter. Nur im Goldenen Zeitalter - so schrieb er - habe Dike auf Erden wirklich gelebt; spätestens im Eisernen Zeitalter habe sie die Menschenwelt verlassen und sei zum Sternbild der Jungfrau geworden. Dike wurde also mit Justitia gleichgesetzt, ebenso mit Astraea, wie Aratos sie nannte. Auf die Renaissance dieses Weltalter-Mythos im Anschluß an Vergil ist im 2. Kapitel hingewiesen worden.

Die Ähnlichkeit der Dike/Astraea/Justitia zu Athene besteht nicht nur in der ihnen gemeinsamen Jungfräulichkeit, sondern auch in der vom Vater her (und damit männlich gedachten) Aktivität. »Jungfrau« bedeutet (woran erinnert werden darf) ja auch: daß sie niemals einen anderen Mann erkennen wird als den Vater (weshalb die »Erfindung« des Pindar bzw. des Aischylos, sie als Mutter der Hesychia bzw. des Prometheus darzustellen, vergessen werden muß). Sie ist einzig sein Werk, sein Wille, sein verlängerter Arm auf Erden! Die Jungfrau ist zwar schön, anmutig, durchaus reizvoll; aber sie verführt nicht und läßt sich nicht verführen, sondern sie führt und lenkt die verliebten Männer nach dem Willen des Vaters. Die Liebe zu ihr müssen die Männer sublimieren, umwandeln in Verehrung und Aktivität im inneren und tiefen Gehorsam gegenüber dem Vater. Diese Unnahbarkeit der Jungfrau fand Ausdruck in dem Panzer, den sie trägt; zugleich kam darin die kämpferische Natur vom Vater her in Sicht. Dike greift das Unrecht an und schlägt es in die Flucht (Abb. 116), wie es auch in der Renaissance (wieder) dargestellt wurde

117 Antoine Caron (?), Darstellung der Justitia als Dekoration für den Einzug von Charles IX. nach Paris 1561 (oder von Henry III. nach Paris 1573). Paris, Bibliothèque Nationale, Cabinet des Estampes, B 5 rés, Tome I, fol. 3

(Abb. 21). Es finden sich zahlreiche Bilder der Justitia, in denen sie stark der Athene ähnelt (Abb. 117, 118): auch in der gemeinsamen Verbindung zur (Tugend der nackten) Wahrheit, aber zunehmend auch in dem Bezug zum weisen Richter.

Von daher ergaben sich Parallelen zum Bild der Justitia als Zeichen der guten Ordnung, nun aber konzentriert auf die aktive Bekämpfung der unrechten Gewalt und deren Vernichtung durch die staatliche Herrschaft. Die gute Ordnung wurde - wie im 4. Kapitel behandelt - so zum Produkt des gerechten Handelns der politischen Machtträger. In den Vordergrund traten das Schwert (als Tötungsinstrument, daher auch in Verbindung mit einem abgeschlagenen Kopf) und das Rutenbündel. Man betrachte nur ihre Darstellung zu Füßen der (männlichen) Stadtherrschaft in dem Fresko des Ambrogio Lorenzetti im Palazzo Pubblico von Siena (Taf. 21). Doch hatte bereits der Stoiker Chrysippos über Dike geschrieben: »Man sagt, daß sie eine Jungfrau darstellt, zum Kennzeichen, daß sie rein (keusch und unbestechlich) sei, daß sie gegen Übeltäter niemals nachgebig sei und nicht eingehen werde weder auf sanftes Zureden noch auf Entschuldigungen und Bitten noch auf Schmeicheleien noch sich überhaupt durch etwas anderes dergleichen bestimmen lasse; deshalb wird sie folglich auch als bekümmert (und ernsthaft) dargestellt, mit ernster (finsterer) Miene und durchbohrend scharfem Blick, um den Bösen Schrecken und Furcht einzuflössen, den Rechtschaffenen aber Mut und Vertrauen«. Daß niemand sicher sein konnte, zu den Rechtschaffenen zu gehören, zeigt die Vorstellung der Justitia als einer der vier Töchter (des christlichen) Gottes, die im Abschnitt über das auf Christus ausgerichtete Gerechtigkeitsbild vorgestellt ist; und daß sie auch in dieser Gestalt notwendig jeden Bezug zur Geschlechtlichkeit verlieren mußte, liegt auf der Hand.

Freilich finden sich weiterhin Darstellungen der jungfräulichen Justitia mit Männern (Taf. 24, Abb. 78); aber nicht mehr als deren Lebensgefährtin oder Gemahlin (Geliebte), sondern als deren Führerin, als deren Ideal; und zugleich als Hinweis auf den Anspruch, den die politisch Herrschenden in ihrer Machtausübung erfüllen müssen. Zeigt sich somit dann Justitia in dem Kreis der Regierenden, wird zugleich für alle erkennbar und sichtbar, daß dieses Ideal wirklich erfüllt wird von den Männern, in deren Mitte Justitia lebt auf Erden. Aus diesem Bezug der Justitia auf die gerechte Herrschaft der aktuell Regierenden (und Richtenden) resultiert eine Verschärfung des jungfräulichen Charakters ihrer Weiblichkeit.

118 Francesco del Tadda, Säule der Justitia. 1581. Porphyrstatue. Piazza Santa Trinitá, Florenz

Das Mädchen als unweiblicher Körper

Schon die Jungfrau ist eigentlich nicht mehr als geschlechtliches Wesen gedacht, nicht mehr als junge Frau, sondern als zu jung für eine wirkliche Frau. Ihre Geschlechtlichkeit wird immer mehr zurückgenommen, wird auch sinnlich distanziert und negiert; ihr geschlechtlicher Leib ist zum bloßen Körper geworden. Sie wird - ob mit oder ohne Panzer - hart, undurchdringlich, undurchläßlich, kalt und steinern, dadurch aber auch verläßlich und berechenbar. Ihre Nacktheit verliert jeden erotischen Bezug, bedeutet nur mehr: pure Körperlichkeit, Glattheit - wie sie die Marmorstatuen auch äußerlich zeigen -, unbestimmte Gestalthaftigkeit und damit Verfügbarkeit. Die Jungfrau kann nun deshalb nackt sein, weil sie in sich bestimmungslos geworden ist, keine mögliche Identifikation mehr zuläßt: sie ist geschlechtslos, ohne sichtbare Geschlechtsmerkmale gestaltet: »das« Mädchen! und damit eignet sich auch der nackte (»bloße«) mädchenhafte Körper - anders als der Knaben- oder gar Männerkörper - dazu, Träger von Bestimmungen und Bedeutungen zu sein. Er ist deshalb der Körper eines Mädchens, weil er nicht der Körper eines Knaben sein kann (und auch nicht der Körper einer wirklichen Frau). Was in sich selbst bestimmungslos und nichtssagend ist, kann nach außen hin für jede Botschaft verwendet werden. Der Blick des Betrachters wird nicht mehr auf einen geschlechtlichen Leib, auch nicht mehr auf einen sexuell begehrenswerten Körper gerichtet und von diesem her möglicherweise gebannt. Der Mädchenkörper dient nun nur mehr als Objekt, als Blickfang, der sofort die Aufmerksamkeit weiterleitet auf die Attribute, auf die Zeichen und Gegenstände, auf die Symbole, die die Gestalt trägt. Konsequent verliert auch die Nacktheit ihren eigentlichen Sinn: es reicht ein irgendwie bekleideter Mädchenkörper aus, am besten in unauffälliger Gestalt und Gewandung.

Diese Attribute und Symbole treten in den Vordergrund. Denn als Mädchenkörper ist die Justitia gleich jeder anderen Tugend: in sich bestimmungslos, »sächlich«. Die Verbindung zur von Aristoteles übernommenen Definitionslehre vom Subjekt und seinen Prädikaten war leicht möglich. Das Subjekt wurde der Körper, die Prädikate waren die Attribute an ihm. Der Körper wurde auf diese Weise zum Zeichenträger und Vermittler von Sinn; und in sich selbst damit zeichen-los und sinn-los; und damit auch un-sinnlich.

Letztlich ausschlaggebend für dieses (neue) Verhältnis von Körper und Attributen gerade für die Justitia war - wie bereits erwähnt - die inhaltliche Entwicklung dieser Tugend: von einer allgemeinmenschlichen Gerechtigkeit (Rechtschaffenheit) zu einer politischen Tugend der Herrschenden und schließlich hin zu einem Legitimationszeichen für gerechte Herrschaft vor allem in der Rechtsprechung, also der staatlichen »Justiz«. Die Attribute dieser staatsbezogenen Gerechtigkeit bezogen sich auf diese Tätigkeit: die Waage als Hinweis auf das sorgfältige Abwägen der Argumente vor Gericht, die Augenbinde als Ausdruck der richterlichen Unabhängigkeit und Unbestechlichkeit, Rutenbündel und Schwert als Zeichen der Strafgewalt, das Gesetzbuch als Hinweis auf die Justiz als gesetzesgebundene Tätigkeit. Der Mädchenkörper, den diese Attribute zieren, hat selbst keinen Sinn und keine Aussagekraft mehr.

Die Schwester

Die Eigenschaft der Justitia, weiblichen Geschlechts zu sein als »die« Gerechtigkeit, hat sich im Verlaufe dieser Entwicklung verflüchtigt. Wer denkt denn heute noch beim Anblick einer solchen Statue an einem Gerichtsgebäude daran, daß sie als eine Frauenfigur dargestellt ist? Zugleich haben die obigen Ausführungen deutlich gemacht, wie abstrakt die Redensweise von »der Weiblichkeit« der Justitia eigentlich ist. Es gab früher nicht »die« Frau, sondern höchst unterschiedliche Formen von Mutter, Gemahlin, Geliebter oder Tochter, aber vielleicht in konkreter sozialer Differenz z.B. auch von Witwe oder Nonne. Der Verfall dieser Unterscheidung in unserem heutigen Bewußtsein ist von daher wohl bereits Ausdruck des Zerfalls des Problems der Geschlechtlichkeit selbst. Für das bürgerliche Denken im Rechtsstaat der freien, gleichen und selbständigen Personen gibt es nicht einmal mehr »die Frau«, ebensowenig wie »den Mann«. Was soll(te) da noch die Frage nach der Weiblichkeit der Justitia?

Doch bleibt zum Abschluß noch an eine Frauengestalt zu erinnern, die in der bisherigen Darstellung nicht ausdrücklich berücksichtigt worden ist, obwohl sie z.B. in dem Bericht des »Hirten des Hermas« wenigstens in Umrissen eine wesentliche Frage erkennbar werden läßt. Wir kennen alle die Trias von Freiheit, Gleichheit und Brüderlichkeit aller Menschen, die nach dem Wegfall des religiösen Weltbildes und damit der Vorstellung eines väterlichen Gottes mit Konsequenz auch und gerade für den politischen Bereich aufgerufen sind, ihr Zusammenleben selbst zu bestimmen und rechtlich-staatlich zu regeln: nämlich in einer Gerechtigkeit, die diese Trias in sich aufnimmt und auf die Verbundenheit und Zusammengehörigkeit der Menschen hinweist. Die französische Revolution hat diese Trias geschichtsmächtig gestaltet, dabei aber ihre ersten Ansätze bei weiblichen Motiven zurückgenommen zugunsten der (männlichen) Brüder (unter dem Anführer Herakles). Wie wäre es mit dem Versuch, diese Gerechtigkeit als Schwester vorzustellen und sie mit dem Gedanken der wohlwollenden Hilfe für alle endlichen und schwachen, oft auch überforderten menschlichen Wesen zu verbinden?

Literatur

Im folgenden wurden nur die wichtigsten Literaturangaben zusammengestellt. Weiterführende Hinweise finden interessierte Leser in der Bibliographie des Buches »Recht und Gerechtigkeit im Spiegel der europäischen Kunst«, hrsg. von W. Pleister/ W. Schild (1988).

ALLGEMEIN:

Fehr, Hans (1923) Kunst und Recht. Bd.1: Das Recht im Bilde, Erlenbach/ Zürich

Frommhold, Georg (1925) Die Idee der Gerechtigkeit in der bildenden Kunst, Greifswald

Hartlaub, G. F. (1964) Die Tugenden und Laster in der bildenden Kunst, Speculum artis 16/1, 15-20

Hielmcrone, Ulf-Dietrich von (1974) Die Darstellungen der Justitia im Landesteil Schleswig, Diss. Kiel

Historisches Museum der Stadt Wien (1986) 200 Jahre Rechtsleben in Wien. Ausstellungskatalog

Holk, Lambert E. van (1981) Justitia. Bild und Sinnbild im 17. Jahrhundert in den Niederlanden, Forschungen zur Rechtsarchäologie und Rechtl. Volkskunde 3, 155-199

Kashnitz, Rainer (1970) Gerechtigkeitsbilder, Lexikon der christlichen Ikonographie 2, 134-140

Katzenellenbogen, Adolf (1939) Allegories of the Virtues and Vices in Mediaeval Art, London

Kisch, Guido (1955) Recht und Gerechtigkeit in der Medaillenkunst, Heidelberg

Kissel, Otto Rudolf (1984) Die Justitia, München

Kocher, Gernot (1992) Zeichen und Symbole des Rechts, München

Präsident des OLG Braunschweig (Hg.) (1989) Recht und Gericht in der europäischen Kunst, Braunschweig

Robert, Christian-Nils (1993) La Justice - Vertu, Courtisane et Bourreau, Genève

Scheurmann, Ingrid (Hg.) (1994) Frieden durch Recht. Katalog zur Ausstellung: Das Reichskammergericht von 1495 bis 1805, Mainz

Sellert, Wolfgang (1993) Recht und Gerechtigkeit in der Kunst, Göttingen

Tervarent, Guy de (1958) Attributes et symboles dans l'art profane. 1450-1600, Genf

Zdekauer, Lodovico (1909) L'idea della Giustizia e la su immagine nelle arti figurative, Macerata

ZU KAPITEL 1:

Bialostocki, Jan (1988) The Message of Images, Wien

Braunfels, Wolfgang (1948/49) Zur Gestaltikonographie der Kanzeln des Nicola und Giovanni Pisano, Das Münster 2, 321-349

Clements, Robert J. Cooney (1960) Picta Poesis, Rom

Delaney, Susan J. (1977) The Iconography of Giovanni Bellini's Sacred Allegory, Art Bulletin 59, 331-335

Einem, Herbert von (1962) Das Stützengeschoß der Pisaner Domkanzel, Köln/Opladen

Grimme, Ernst Günther (1977) Jan Vermeer van Delft, Köln

Günther, Rigobert/Müller, Reimar (1988) Das Goldene Zeitalter, Stuttgart

Herchenröder, Christian (1983) Meistergraphik - Graphikmarkt, München

Herzner, Volker (1980) Die »Judith" der Medici, Zeitschrift für Kunstgeschichte 43, 139-180

Jaszai, Géza (1968) Die Pisaner Domkanzel, München

Jones, Roger/Penny, Nicholas (1983) Raffael, München

Keller, Harald (1942) Giovanni Pisano, Wien

Klauner, Friderike (1981), Die Gemäldegalerie des Kunsthistorischen Museums in Wien, 2. Aufl., Salzburg/Wien

Liebeschütz, Hans (1926) Fulgentius Metaforalis, Leipzig/Berlin

Lippold, Lutz (1993) Macht des Bildes - Bild der Macht, Leipzig

Lohuizen-Mulder, Mab van (1977) Raphael's Images of Justice, Humanity and Friendship, Wassenaar

Ludwig, Gustav (1902) Giovanni Bellinis sogenannte Madonna am See in den Uffizien: eine religiöse Allegorie, Jb. d. königl. preuß. Kunstsammlungen 23, 163-186

Mâle, Emile (1907) Die kirchliche Kunst des XIII. Jahrhunderts in Frankreich, Straßburg

Mandowski, Erna (1934) Untersuchungen zur Iconologie des Cesare Ripa, Diss. Hamburg

Mrazek, Wilhelm (1953) Ikonologie der barocken Deckenmalerei, Sitzungsberichte der Österr. Akademie der Wissenschaften. Phil-Hist. Kl. 228, 3. Abh.

ders. (1964) Metaphorische Denkform und ikonologische Stilform, Alte und moderne Kunst 9, 15-23

Panofsky, Erwin (1980) Studien zur Ikonologie. Humanistische Themen in der Kunst der Renaissance, Köln

Poeschke, Joachim (1973) Die Sienser Domkanzel des Nicola Pisano, Berlin/New York

Röhrig, Floridus Helmut (1959) Rota in Medio Rotae. Forschungen zur biblischen Typologie des Mittelalters, Diss. Wien

Rudolph, Herbert (1938) »Vanitas«. Die Bedeutung mittelalterlicher und humanistischer Bildinhalte in der niederländischen Malerei des XVII. Jahrh., Festschrift f. Wilhelm Pinder, Leipzig, 405-433

Saxl, Fritz (1927) »Aller Tugenden und Laster Abbildung«, Festschr. für Julius Schlosser, Zürich/Leipzig/Wien

Salomon, Nanette (1983) Vermeer and the Balance of Destiny, Essays in Northern European Art: presented to Egbert Haverkamp-Begemann on his both birthday, Utrecht,216-221

Seidel, Max (1977) Ubera Matris, Städel-Jb. NF 6, 41-98

Seznec, Jean (1990) Das Fortleben der antiken Götter, München

Verdier, Philippe (1952/53) L'Allegoria della Misericordia e della Guistizia di Giambellino agli Uffizi, Atti dell' Istituto Veneto di Scienze, Lettere ed arti 111, 97-116

Vieweg, Richard (1962) Mass und Messen in kulturgeschichtlicher Sicht, Wiesbaden

Warnke, Martin (1985) Hofkünstler, Köln

Werner, Gerlind (1977) Ripa's Iconologia. Quellen-Methode-Ziele, Utrecht

Wittkower, Margot/Wittkower, Rudolf (1989) Künstler - Außenseiter der Gesellschaft, 2.Aufl., Stuttgart

Wittkower, Rudolf (1984) Allegorie und der Wandel der Symbole in Antike und Renaissance, Köln

Yates, Frances A. (1975) Astraea. The Imperial Theme in the Sixteenth Century, London/Boston

ZU KAPITEL 2:

Bosch, Lynette M. F. (1983) Time, truth & destiny: Some Iconographical themes in Bronzino's »Primavera« and »Giustizia«z, Mitteilungen d. Kunsthist. Institutes in Florenz, 27

Ehrenberg Victor (1921) Die Rechtsidee im frühen Griechentum, Leipzig

Evers, Hans Gerhard (1943) Rubens und sein Werk, Brüssel

Gagarin, Michael (1974) Dike in archaic Greek thought, Classical Philology 69, 186-197

Gatz, Bodo (1967) Weltalter, goldene Zeit und sinnverwandte Vorstellungen, Hildesheim

Gerhard, Eduard (1846) Das Orakel der Themis, Berlin

Glang-Süberkrüb, Annegret (1977) Peter Paul Rubens Buchtitelentwürfe für die Officiana Plantiniana (1613-1640), Archiv f. Geschichte d. Buchwesens 18, 555-666

Grossmann, Karl (1906) Der Gemäldezyklus der Galerie der Maria von Medici von Peter Paul Rubens, Straßburg

Herren, Manfred (1967) Die Phainomena des Aratos von Soloi, Wiesbaden

Hirzel, Rudolf (1966) Themis, Dike und Verwandtes, Hildesheim

Hübner, Kurt (1985) Die Wahrheit des Mythos, München

Kaufmann-Bühler, Dieter (1951) Begriff und Funktion der Dike in den Tragödien des Aischylos, Heidelberg

Levin, Harry (1969) The Myth of the Golden Age in the Renaissance, London

Lloyd-Jones, Hugh (1971) The Justice of Zeus, Berkeley/Los Angeles/London

Mähl, Hans-Joachim (1965) Die Idee des Goldenen Zeitalters im Werk des Nivalis, Heidelberg

Mestwerdt, Bernhard (1972) Virgo Astraea und Venus Urania, Hamburg

Moeller, Ernst von (1908) Die Zahlensymbolik in ihren Beziehungen zur Gerechtigkeit, Zeitschr. f. christliche Kunst 21, 137-148

Puttfarken, Thomas (1980) Golden Age and Justice in Sixteenth- Century Florentine Political Thought and Imagery: Observations on Three Pictures by Jacopo Zucchi, Journal of the Warburg and Courtauld Institutes 43, 130-149

Saward, Susan Virginia (1973) Ruben's Medici Cycle, Diss. Bryn Mawr College

Schlee, Ernst (1937) Die Ikonographie der Paradiesesflüsse, Leipzig

Simson, Otto Georg von (1936) Zur Genealogie der weltlichen Apotheose im Barock besonders der Medicigalerie des P.P. Rubens, Leipzig/Straßburg/Zürich

Smith, Graham (1984) Bronzino's Allegorie of Happiness, Art Bulletin 66, 390-398

Strong, Roy (1991) Feste der Renaissance 1450-1650, Würzburg

Wallace, Richard W. (1967) Salvator Rosa's Justice appearing to the Peasants, Journal of the Warburg and Courtauld Institutes 30, 431-434

Weniger, L. (1924) Themis, in: W. H. Roscher, Ausführliches Lexikon der griechischen und römischen Mythologie Bd. 5, Leipzig, 570

Wind, Edgar (1981) Heidnische Mysterien in der Renaissance, Frankfurt a.M.

Wolf, Erik (1950-1956) Griechisches Rechtsdenken. Bd. I-III, Frankfurt a.M.

ZU KAPITEL 3:

Babilas, Wolfgang (1968) Untersuchungen zu den Sermoni Subalpini. Mit einem Exkurs über die Zehn-Engel-Lehre, München

Bauch, Kurt (1976) Das mittelalterliche Grabbild, Berlin/New York

Bergmann, Rosemarie (1983) Die Pilgerfahrt zum himmlischen Jerusalem, Wiesbaden

Cahn, Walter (1982) Die Bibel in der Romanik, München

Camille, Michael William (1984) The illustrated manuscripts of Guillaume de Deguileville's »Pèlerinages« 1330-1426, Diss. Cambridge

Caquot, André/ Michl, Johannes (1968) Die Engel, Handbuch der Dogmengeschichte, Bd.2, Fas. 2b, Freiburg/ Basel/ Wien

Cavallo, Adolph S. (1958) The Redemption of Man, Museum of Fine Arts (Boston, Mass.) Bulletin, 56/306, 147-168

Chew, C. Samuel (1947) The virtues reconciled, Toronto

Dihle, Albrecht (1978) Gerechtigkeit, Reallexikon für Antike und Christentum, Bd.10, 233

Einem, Herbert von (1971) Das Programm Stanza della Segnatura im Vatikan, Opladen

Ettlinger, L.D. (1953) Pollainolo's Tomb of Pope Sixtus IV, Journal of the Warburg and Courtauld Institutes 16, 239-247

Feldges-Henning, Uta (1972) The Pictorial Programme of the Sala della Pace: a New Interpretation, Journal of the Warburg and Courtauld Institutes 35, 145-162

Freyhan, Robert (1948) The Evolution of the Caritas Figure in the Thirteenth and Fourteenth Centuries, Journal of the Warburg and Courtauld Institutes 11, 68

Graff, Hellmuth (1922) Die Darstellungen der sakralen Einhornjagd in der altdeutschen Kunst, Diss. Münster

Grassl, Peter (1933/34-1934/35) Der Ratschluß der Erlösung im Bilde, Die christliche Kunst 30, 121-128; 31, 41-49

Gutman, Harry B. (1958) Zur Ikonologie der Fresken Raffaels in der Stanza della Segnatura, Zeitschr. f. Kunstgeschichte 21, 27-39

Johannsen, Birgitte Boggild (1979) Zum Thema der weltlichen Glorifikation des Herrscher- und Gelehrtengrabmals des Trecentos, Hafnia 6, 81-105

Kaufmann, Arthur (1991) Recht und Gnade in der Literatur, Stuttgart

Knab, Eckhart (1977) Daniel Gran, München/Wien

Kraft, Heide (1976) Die Bildallegorie der Kreuzigung Christi durch die Tugenden, Diss. Berlin

Kretzenbacher, Leopold (1966) Gericht über Adam und Eva, Carinthia 156, 10-47

Kroos, Renate (1985) Der Schrein des heiligen Servatius in Maastricht und die vier zugehörigen Reliquiare in Brüssel, München

Lammers, Joseph (1972) Zum figürlichen Programm der Grabmäler der französischen Könige von Ludwig XI. bis zu Franz II, Diss. Münster

Liebeschütz, Hans (1930) Das allegorische Weltbild der heiligen Hildegard von Bingen, Leipzig/Berlin

Mäder, Eduard Johann (1971) Der Streit der »Töchter Gottes«, Bern/Frankfurt a.M.

Müller, Jürgen (1935) Studien zur Ethik und Metaphysik des Thomasin von Circlaire, Königsberg

Panofsky, Erwin (1993) Graplastik, Köln

Schweitzer, Franz-Josef (1993) Tugend und Laster in illustrierten didaktischen Dichtungen des späten Mittelalters, Hildesheim

Redig de Campos Deoclecio (1984) Raphaels Fresken in den Stanzen, Stuttgart

Schipperges, Heinrich (1979) Die Welt der Engel bei Hildegard von Bingen, 2. Aufl., Salzburg

Schnell, Rüdiger (1992) Suche nach Wahrheit, Tübingen

Schroeder, Hans-Werner (1982) Mensch und Engel. Die Wirklichkeit der Hierarchien, Frankfurt a.M.

Schulze, Paul (1914) Die Entwicklung der Hauptlaster- und Haupttugendlehre von Gregor dem Großen bis Petrus Lombardus und ihr Einfluß auf die frühdeutsche Literatur, Diss. Greifswald

Traver, Hope (1925) The Four Daughters of God: A Mirror of Changing Doctrine, New York

Wilkinson, Catherine (1971) The Iconography of Bernini's tomb of Urban VIII, L'Arte 4-74, H. 14, 54-68

Wind, Edgar (1937/1938) Platonic Justice, designed by Raphael, Journal of the Warburg and Courtauld Institutes 1, 69-70

Wittkower, Rudolf (1966) Gian Lorenzo Bernini, London

Wood D.T.B. (1911/12) Tapestries Of The Seven Deadly Sins, The Burlington Magazine 20, 210-222, 277-289

Zöckler, Otto (1904) Die Tugendlehre des Christentums geschichtlich dargestellt in der Entwicklung ihrer Lehrformen, mit besonderer Rücksicht auf deren zahlensymbolische Einkleidung, Gütersloh

ZU KAPITEL 4:

Baron, Hans (1938) Cicero and the Roman Civic Spirit in the Middle Ages and Early Renaissance, Bulletin of the John Ryland Library (Manchester) 22, 72

Bell, Dora (1955) Etude sur le Songe du Vicil Pèlerin de Philippe de Mézières (1327-1405), Genf

Cairola, Aldo (1979) Simone Martini and Ambrogio Lorenzetti im Öffentlichen Palast von Siena, Florenz

Carmody, Francis (1948) Li Livres dou Tresor de Brunetto Latini, University of California

Cassirer, Ernst (1927) Individuum und Kosmos in der Philosophie der Renaissance, Leipzig

ders. (1932) Die platonische Renaissance in England und die Schule von Cambridge, Leipzig

Coopland, G.W. (Hrsg.) (1969) Philippe de Mézières, Chancellor of Cyprus: Le Songe du vieil pèlerin I, II, Cambridge

Edgerton, Samuel Y. Jr. (1985) Pictures and Punishment. Art and Criminal Prosecution during the Florentine Renaissance, Ithaca/ London

Esmeijer, Anna C. (1978) Divia Quaternitas, Amsterdam

Franz, Gerda (1957) Tugenden und Laster der Stände in der didaktischen Literatur des späten Mittelalters, Diss. Bonn

Frugoni, Chiara (1980) The Book of Wisdom and Lorenzetti's Fresco in the Palazzo Pubblico at Siena, Journal of the Warburg and Courtauld Institutes 43, 239-241

Haselbach, Hans (Hrsg.) (1975) Sénèque des IIII vertus. La Formula honestae vitae de Martin de Braga (pseudo-Sénèque) traduite et glosée pa Jean Courtecuisse (1403), Bern/Frankfurt a.M.

Heitmann, Klaus (1958) Fortuna und Virtus, Köln/Graz

Jenkins, Marianna (1972) The Iconography of the Hall of the Consistory in the Palazzo Pubblico, Siena, The Art Bulletin 54, 430-451

Kaiser, Ingeborg (1974) Die Tugend- und Lasterdarstellung im 16.Jahrhundert, Diss. Salzburg

Karlovich, Attila (1982) Autonome Praxis und heteronome Theorie: Ciceros Grundlegung der Gerechtigkeit, Diss. Zürich

Kosmer, Ellen Virginia (1975) A Study of the Style and Iconography of a thirteenth-century Somme le roi, Diss. Yale University

Kottenhoff, Margarete (1994) »Du lebst in einer schlimmen Zeit«, Christine de Pizans Frauenstadt zwischen Sozialkritik und Utopie, Köln

dies. (1994) Christine de Pizan: eine unzeitgemäße Schriftstellerin, Geschichte in Wissenschaft und Unterricht 11, 694-714

Kristeller, Paul Oskar (1972) Die Philosophie des Marsilio Ficino, Frankfurt a.M.

Mähl, Sibylle (1969) Quadriga Virtutum, Köln/Wien

Mazal, Otto (1988) Der Aristoteles des Herzogs von Atri, Graz

Menut, Albert Douglas (Hrsg.) (1940) Maistre Nicole Oresme: Le Livre de Ethiques d' Aristote, New York

Mézières, Philippe de (1969) Le Songe de Vieil Pèlerin. Hg. G.W. Coopland, Cambridge

Millar, Eric George (Hrsg.) (1953) An illuminated Manuscript of *La Somme le Roi*, Oxford

Modersohn, Mechthild (1995) Lust auf Frieden. Brunetto Latini und die Fresken von Ambrogio Lorenzetti in Siena, Manuskript

Mühleisen, Hans-Otto/ Stammen, Theo (Hg.) (1990) Politische Tugendlehre und Regierungskunst, Tübingen

Nagy, Maria von (1962) Die Wandbilder der Scrovegni-Kapelle zu Padua: Giottos Verhältnis zu seinen Quellen, Bern/München

Nelson, Francis W. (1942)) The Book of Vices and Virtues, London

Orden, Stuart Copeland van (1972) The ceiling frescoes in the Sala die Consistoro, Palazzo Pubblico, Siena, by Beccafumi Domenico, Diss. Syracuse University

Pernoud, Régine (1990) Christine de Pizan, München

Pfeiffenberger, Selma (1966) The Iconology of Giotto's Virtues and Vices at Padua, Diss. Bryn Mawr College

Pizan, Christine de (1986) Das Buch von der Stadt der Frauen, Berlin

Richter-Sherman, Claire (1977) Some visuel definitions in the illustrations of Aristotle's Nicomachean Ethics and Politics in the French translations of Nicole Oresme, Art Bulletin 59, 320-330

Riess, Jonathan B. (1981) Political Ideals in the Medieval Italian Art. The Frescoes in the Palazzo dei Priori, Perugia (1297), Michigan

Rubinstein, Nicolai (1958) Political Ideas in Sienese Art: the Frescoes by Ambrogio Lorenzetti and Taddeo di Bartolo in the Palazzo Pubblico, Journal of the Warburg and Courtauld Institutes 21, 179-207

Schaefer, Lucie (1937) Die Illustrationen zu den Handschriften der Christine de Pizan, Marburger Jb. f. Kunstwissenschaft 10, 119-208

Schild, Wolfgang (1990) Recht und Gerechtigkeit bei Christine de Pizan, in: E. Mock/ G. Wieland (Hg.), Rechts- und Sozialphilosophie des Mittelalters, Frankfurt a.M., 141-167

ders. (1995) Würde, Handlexikon zur Deutschen Rechtsgeschichte Bd. 5, Berlin

Southard, Edna Carter (1979) The Frescoes in Siena's Palazzo Pubblico, 1289-1539, Diss. Indiana University

dies. (1980) Ambrogio Lorenzetti's frescoes in the sala della pace: A change of names, Mitteilungen d. Kunsthist. Institutes in Florenz 24, 361-365

Stelzenberger, Johannes (1933) Die Beziehungen der frühchristlichen Sittenlehre zur Ethik der Stoa, München

Stubblebine, James H. (1969) Giotto - The Arena Frescoes, London

Tuve, Rosemond (1963/64) Notes on the Virtues and Vices I, II, Journal of the Warburg and Courtauld Institutes 26, 264-303; 27, 42-72

dies. (1966) Allegorical Imagery, Princeton/ New Jersey

Willard, Charity Cannon (1950) The three virtues of Christine de Pisan, The Boston Public Library Quarterly 2

Yenal, E. (1982) Christine de Pisa, New York/London

Zimmermann, Margarete (1986) Einleitung zur: Christine de Pizan, Das Buch von der Stadt der Frauen, Berlin, 9-33

ZU KAPITEL 5:

Bashir-Hecht, Herma (1977) Die Fassade des Dogenpalastes in Veneding, Köln/Wien

Becker-Moelands, Margariet (1986) Die Titelbilder juristischer Bilder, Forschungen zur Rechtsarchäologie und Rechtl. Volkskunde 8, 41-77

Bering, Kunibert (1986) Kunst und Staatsmetaphysik des Hochmittelalters in Italien, Essen

Breidecker, Volker (1990) Florenz oder: Die Rede, die zum Auge spricht, München

Bryant, Lawrence Mcbride (1978) The french royal entry ceremonys: Politics, society and art in Renaissance Paris, Diss. The University of Iowa

Burke, Peter (1993) Ludwig XIV. Die Inszenierung des Sonnenkönigs, Berlin

Erffa, Hans Martin von (1958) Ehrenpforte, Reallexikon für Deutsche Kunstgeschichte IV, 1443-1504

Escher, Konrad (1919) Die großen Gemäldefolgen im Dogenpalast in Venedig und ihre inhaltliche Bedeutung für den Barock, Repertorium für Kunstwissenschaft 41, 87-125

Franzoi, Umberto (1982) Storia e Leggenda del Palazzo Ducale di Venezia, Venedig

Hattenhauer, Hans (1983) Pax et iustitia, Hamburg

Kantorowicz, Ernst H. (1990) Die zwei Körper des Königs, München

Kaufmann, Thomas DaCosta (1978) Variations on the Imperial Theme in the Age of Maximilian II and Rudolf II. Diss. Harvard University Cambridge/Massachusetts

Keller, Ulrich (1971) Reitermonumente absolutistischer Fürsten, München/Zürich

Kleinschmidt, Erich (1974) Herrscherdarstellung, Bern/München

Libby Jr., Lester J. (1973) Venetian History and Politica. Thought after 1509, Studies in the Renaissance 20, 7-45

Marzik, Iris (1986) Das Bildprogramm der Galleria Farnese in Rom, Berlin

Neuendorff, Dagmar (1982) Studie zur Entwicklung der Herrscherdarstellung in der deutschsprachigen Literatur des 9.-12. Jahrhunderts, Stockholm

Rasehorn, Theo (1994) Der Verfall der Rechtssymbolarchitektur, Recht und Politik, 90

Reinhardt, Volker (1990) Florenz zur Zeit der Renaissance. Würzburg

Roloff, Hans-Gert (1983) Der menschliche Körper in der älteren deutschen Literatur, in: A.E. Imhof (Hg.), Der Mensch und sein Körper, München, 83

Schild, Wolfgang (1992) Der gequälte und entehrte Leib, in: K. Schreiner/ N. Schnitzler (Hg.), Gepeinigt, begehrt, vergessen, München, 149

Schramm, Percy Ernst/Mütherich, Florentine (1981) Denkmale der deutschen Könige und Kaiser. Bd.1 (2.Aufl.), München

Schramm, Percy Ernst/Fillitz, Hermann (1978) Denkmale der deutschen Könige und Kaiser. Bd. 2, München

Steger, Hugo (1961) David Rex et Propheta, Nürnberg

Strong, Roy (1973) Splendor at Court. Renaissance Spectacle and Illusion, London

ders. (1991) Feste der Renaissance 1450-1650, Würzburg

Walbe, Brigitte (1974) Entwicklung des allegorischen Porträts in Frankreich, Frankfurt a.M.

Warnke, Martin (Hg.) (1984) Politische Architektur in Europa, Köln

Willemsen, Carl A. (1953) Kaiser Friedrichs II. Triumphtor zu Capua, Wiesbaden

Wolters, Wolfgang (1976) La Scultura Veneziana Gotica (1300-1460), Venedig

ders. (Hrsg.) (1979) Die Skulpturen von San Marco in Venedig, München/Berlin

ders. (1983) Der Bilderschmuck des Dogenpalastes, Wiesbaden

Zanker, Paul (1987) Augustus und die Macht der Bilder, München

ZU KAPITEL 6:

Battista, Fieri (1957) De justitia pingenda. Hrsg. Wardrop J., London

Baur, Ferdinand Christian (1824) Symbolik und Mythologie oder die Naturreligion des Alterthums, Stuttgart

Deonna, W. (1950) La Justice à l'Hôtel de Ville de Genève et la fresque des juges aux mains coupées, Zeitschr. für schweizerische Archäologie und Kunstgeschichte 11, 144-149

Deubner, L. (1902) Personifikation, in: W.H. Roscher (Hg.), Ausführliches Lexikon der griechischen und römischen Mythologie Bd. 3/2, Leipzig, 2067

Dinzelbacher, Peter (1992) Miles Symbolicus. Mittelalterliche Beispiele geharnischter Personifikationen, in: Symbole des Alltags - Alltag der Symbole. Festschr. für Harry Kühnel, Graz, 49-85

Erffa, Hans Martin von (1957) »Grus Vigilans«, Philobiblon 1, 286-308

Häussermann, Ulrich (1962) Ewige Waage, Köln

Hamdorf, Friedrich Wilhelm (1964) Griechische Kulturpersonifikation der vorhellenistischen Zeit, Mainz

Jauss, Hans Robert (1860) Form und Auffassung der Allegorie in der Tradition der Psychomachia. Medium Aevum Vivum, Festschr. für Walther Bulst, Heidelberg, 179-206

Koehler, Wilhelm (1910) Personifikationen abstrakter Begriffe auf römischen Münzen, Diss. Königsberg i.Pr.

Moeller, Ernst von (1903) Strauß und Kranich als Attribute der Gerechtigkeit, Zeitschr. für christliche Kunst 16, 76-88 ders. (1905) Die Augenbinde der Justitia, Zeitschr. f. christliche Kunst 18, 107-122, 141-152

ders. (1907) Die Waage der Gerechtigkeit, Zeitschr. f. christliche Kunst 20, 269, 291, 346

ders. (1908) Das Auge der Gerechtigkeit, Das Recht, 305-310

ders. (1909) Linea Justitae, Zeitschr. f. christliche Kunst 22, 19-22

Overdiep, Door Mr. G. (1961) Justitia, waar is uw blinddock? Pro excolendo iure patrio 1761-1961, Groningen, 87-122

Reimbold, Ernst Thomas (1983) Der Pfau, München

Rollinson, Philip (1981) Classical Theories of Allegory and Christian Culture, London

Szarota, Elida Maria (1979 ff.) Das Jesuitendrama im deutschen Sprachgebiet, München

Vecchio, Giorgio del (1950) Die Gerechtigkeit, 2. Aufl., Basel

Volkmann, Ludwig (1924) Hieroglyphik und Emblematik bei Giorgio Vasari, in: Werden und Wirken. Festgruß f. Karl W. Hiersemann, Leipzig, 407-419

Wanner, Irene (1941) Die Allegorie im bayerischen Barockdrama des 17. Jahrhunderts, Berlin

Wappenschmidt, Heinz-Toni (1984) Allegorie, Symbol und Historienbild im späten 19. Jahrhundert, München

Windisch, Ernst (1985) Justitia, Porträt eines Mädchens, Porträt eines Vogels. Festschr. f. Hildebert Kirchner, München, 393-411

Wittkower, Rudolf (1984) Allegorie und der Wandel der Symbole in Antike und Renaissance, Köln

ZU KAPITEL 7:

Bevers, Holm (1985) Das Rathaus von Antwerpen (1561-1565), Hildesheim/Zürich/New York

Boesch, Paul (1954/55) Schießen auf den toten Vater, Zeitschr. f. schweizerische Archäologie und Kunstgeschichte 15, 87-92

Buchbinder-Green, Barbara Joyce (1974) The Painted decorations of the Town Hall of Amsterdam, Diss. Northwestern University

Cetto, Anna Maria (1966) Der Berner Traian- und Herkinbald-Teppich, Jb. d. Bernischen Historischen Museums 43/44, 9

Coreth, Anna (1940) Maximilians I. politische Ideen im Spiegel der Kunst, Diss. Wien

Fremantle, Katharine (1959) The Baroque Town Hall of Amsterdam, Utrecht

Frenzel, Herbert A. (1979) Geschichte des Theaters, München

Fuchs, Peter (Hg.) (1973) Das Rathaus zu Köln, Köln

Gressmann, Hugo (1905) Das salomonische Urteil, Deutsche Rundschau 130, 212-228

Helliesen, Sidsel (1977) Thronus Justitiae, Oud Holland 91, 232-266

Holk, Lambert E. van (1983) Eine mittelalterliche Rechtslegende und ihre Darstellung in der Kunst des 17. Jahrhunderts, Forschungen zur Rechtsarchäologie und Rechtlichen Volkskunde 5, 135-165

Huber, Rudolf (1952) Die Gerechtigkeitsbilder im Tübinger Rathaus, Tübinger Blätter 39, 55-61

Kocher, Gernot (1985) Die Causa der Susanna, Forschungen zur Rechtsarchäologie und Rechtlichen Volkskunde 7, 47-69

Krüger, Eduard/Prinzing, Wilhelm/ Hartmann Lucrezia (1985) 250 Jahre Rathaus Schwäbisch Hall, Schwäbisch Hall

Lederle, Ursula (1937) Gerechtigkeitsdarstellungen in deutschen und niederländischen Rathäusern, Diss. Heidelberg

Mandach, André von (1987) Der Trajan- und Herkinbald-Teppich, Bern

Mende, Matthias (Bearbeiter) (1979) Das alte Nürnberger Rathaus Bd.1, Nürnberg

Michaliski, Sergiusz (1985) Das Ausstattungsprogramm des Augsburger Rathauses, Elias Holl und das Augsburger Rathaus, München, 77-90

Pochat, Götz (1990) Theater und Bildende Kunst, Graz

Ridder, Juliaan de (1979/80) Gerechtigheidstaferelen in de 15de en de 16de eeuw, Genste Bijdragen tot de Kunstgeschiedenis 25, 43-62

Schattenhofer, Michael (1972) Das alte Rathaus in München, München

Schild, Wolfgang (1993) Das Urteil des Königs Salomon, in: Strafgerechtigkeit. Festschr. f. Arthur Kaufmann, Heidelberg, 281-297

Schlosser, Hanspeter (1966) Die Daniel-Susanna-Erzählung in Bild und Literatur der christlichen Frühzeit, in: Tortula. Studien zu altchristlichen und byzantinischen Monumenten, 243-249

Simon, Kaarl (1948) Abendländische Gerechtigkeitsbilder, Frankfurt a. M.

Sinding-Larsen, Staale (1974) Christ in the council hall, Rom

Stechow, Wolfgang (1942/ 1955) Shooting at Father's corpse, The Art Bulletin 24, 213-225; 37, 55+56

Troescher, Georg (1939) Weltgerichtsbilder in Rathäusern und Gerichtsstätten, Wallraf-Richartz-Jb. 11, 139

Walter, Renate von (1972) Das Ausgburger Rathaus, Augsburg

ZU KAPITEL 8:

Blunt, Anthony (1937) The Hypnerotomachia Poliphili in 17th century france, Journal of the Warburg and Courtauld Institutes, 117-137

Dieckmann, Liselotte (1970) Hieroglyphics. The History of a Literary Symbol, St. Louis/ Missouri

Giehlow, Karl (1915) Die Hieroglyphenkunde des Humanismus in der Allegorie der Renaissance, besonders der Ehrenpforte Kaisers Maximilian I., Jahrbuch d. Kunsthistorischen Sammlungen des Allerhöchsten Kaiserhauses, Wien/Leipzig 22,1-232

Henkel, Arthur/Schöne, Albrecht (1967) Emblemata. Handbuch zur Sinnbildkunst des XVI. und XVII. Jahrhunderts, Stuttgart

Höpel, Ingrid (1987) Emblem und Sinnbild, Frankfurt a.M.

Iversen, Erik (1961) The Myth of Egypt and its Hieroglyphs in European Tradition, Kopenhagen

Katalog Wolfenbüttel 1979: Sammler - Fürst - Gelehrter. Herzog August zu Braunschweig und Lüneburg 1579-1666

Köhler, Johannes (1986) Der »Emblematum liber« von Andreas Alciatus (1492-1550), Hildesheim

Lesky, Grete (1963) Barocke Embleme in Vorau und anderen Stiften Österreichs, Graz

Schestag, Franz (1883) Kaiser Maximilians I. Triumph, Jb. d. Kunsthistorischer Sammlungen des Allerhöchsten Kaiserhauses 1, 154-181

Schöne, Albrecht (1993) Emblematik und Drama im Zeitalter des Barock, 3.Aufl., München

Strasser, Gerhard F. (1982) Die kryptographische Sammlung Herzog Augusts: Vom Quellenmaterial für seine »Cryptomenytices« zu einem Schwerpunkt in seiner Bibliothek, Wolfenbütteler Beiträge 5, 83-121

Tervarent, Guy de (1944) Veritas und Justitia Triumphant, Journal of the Warburg and Courtauld Institutes 7, 95-101

Volkmann, Ludwig (1923) Bilderschriften der Renaissance, Leipzig

ders. (1924) Hieroglyphik und Emblematik bei Giorgio Vasari, in: Werden und Wirken, Festgruß f. Karl W. Hiersemann, Leipzig, 407-419

ders. (1926) Von der Bilderschrift zum Bilderrätsel, Zeitschrift für Bücherfreunde 18, 65-82 ders. (1929) Ars memorativa, Jahrbuch der Kunsthistorischen Sammlungen in Wien NF 3, 111-2000

Wilberg Vignau-Schuurmann, Th. A. G. (1969) Die emblematischen Elemente im Werke Joris Hoefnagels. Bd.I,II, Leiden

ZU KAPITEL 9:

Bialostocki, Jan (1988) Das Geschlecht des Todes, in: Mnemsoyne. Festschr. f. Martin Lurker, Baden-Baden, 109

Bussmann, Hadumod/Hof, Renate (Hg.) (1995) Genus. Zur Geschlechterdifferenz in den Kulturwissenschaften, Stuttgart

Ferrante, Joan M. (1975) Woman as Image in Medieval Literature, New York/ London

Gamboni, Dario/Germann, Georg (Hg.) (1991) Emblèmes de la liberté. Katalog, Bern

Hamilton, George Heard (1954) The Iconographical Origins of Delacroix's »Liberty Leading the People«, Studies in Art and Literature for Belle da Costa Greene, Princeton, 55

Herding, Klaus/Reichardt, Rolf (1989) Die Bildpublizistik der Französischen Revolution, Frankfurt a.M.

Historisches Museum Frankfurt (1989) Sklavin oder Bürgerin? Französische Revolution und neue Weiblichkeit 1760-1830. Katalog

Hunt, Lynn (1989) Symbole der Macht, Macht der Symbole, Frankfurt a.M.

Meier-Seethaler, Carola (1993) Von der göttlichen Löwin zum Wahrzeichen männlicher Macht, Zürich

Mittig, Hans-Ernst (1981) Zur Funktion erotischer Motive im Denkmal des 19. Jahrhunderts, Kritische Berichte 9, H. 1/2, 20

Neumann, Günter (1992) »Männlich« und »Weiblich« in unseren Sprachen, in: W.Böhm/ M. Lindauer (Hg.), Mann und Frau - Frau und Mann, Stuttgart, 336

Paas, Sigrun (1992) Die Frau in der Kunst, in: W. Böhm/M. Lindauer (Hg.), Mann und Frau Frau und Mann, Stuttgart, 360

Quilligan, Maureen (1991) The Allegory of Female Authority, Ithaca/ London

Rentmeister, Cäcilia (1976) Berufsverbot für die Musen, Ästhetik und Kommunikation 7, H.25, 92

Sandkühler, Thomas/ Schmidt, Hans-Günter (1991) »Geistige Mütterlichkeit« als nationaler Mythos im Deutschen Kaiserreich, in: J.Link/ W. Wülfing (Hg.), Nationale Mythen und Symbole in der zweiten Hälfte des 19. Jahrhunderts, Stuttgart, 237

Schade, Sigrid/ Wagner, Monika/ Weigel, Sigrid (1994) Allegorien und Geschlechterdifferenz, Wien/ Köln/ Graz

Schmidt-Linsenhoff, Viktoria (1990) Herkules und Madame Sansculotte, Journal Geschichte, H.1, 32

Vovelle, Michel (Hg.) (1988) Les Images de la Révolution Française, Paris

Warner, Marina (1982) Maria, München

dies. (1989) In weiblicher Gestalt, Reinbek

Wartmann, Brigitte (1985) Warum ist »Amerika« eine Frau? in: A. Dinnebier/ B. Pechan (Hg.), Ökologie und alternative Wissenschaft, Berlin

Wenk, Silke (1986) Warum ist die (Kriegs-)Kunst weiblich? Kunst + Unterricht 101, 7

dies. (1995) Versteinerte Weiblichkeit, Wien/ Köln/ Graz

Personenregister

Abbildungsnachweis

Albertina, Wien; Abb. 28, 34, 71

Artothek, Peissenberg; Taf. 29

Archiv für Rechtsdenkmäler an der Universität Bielefeld (Archiv des Autors), Frontispiz, Abb. 3, 5, 13 (Volker Herzner), 25, 27, 32, 38, 39, 43, 51, 61 62, 63, 66, 69, 75, 77, 80, 84, 92, 100, 101, 103, 105, 109, 110, 112, 114, 115, 118, Taf. 2, 13, 21, 30

Bayerisches Nationalmuseum, München; Abb. 97

Bayerische Staatsbibliothek, Müchen; Abb. 18

Biblioteca Ambrosiana, Mailand; Abb. 54, Taf. 8

Biblioteca Apostolica Vaticano, Rom; Abb. 1, 29, 56, 73

Biblioteca Casantense, Rom; Abb. 41, 49

Biblioteca Estense, Modena; Abb. 99

Biblioteca Nazionale, Florenz; Abb. 21, 22

Bibliothèque Nationale, Paris; 24, 40, 74, 86, 106, 117; Taf. 9, 11, 14

Bibliothèque Royale Albert I, Brüssel; Umschlagvorderseite, Abb. 55, Taf. 16, 22

Bildarchiv Foto Marburg; Abb. 16, 44, 45, 48, 60; Taf. 27

Birmingham Museum of Art, Birmingham, Alabama; Abb. 37

Böhm, Osvaldo, Venedig; Abb. 42, 79, Taf. 25

The British Library, London; Abb. 81, Taf. 17

The British Museum, London; Abb. 53

Burgerbibliothek, Bern; Abb. 76

Domkapitel, Aachen (Foto: Ann Münchow); Abb. 72

Ecole Nationale Supérieure des Beaux-Arts, Paris; Abb. 78

The Fine Arts Museum, San Fransisco; Taf. 26

Foto Röckelein, Erlangen; Abb. 47

Fratelli Alinari, Forenz; Abb. 6, 19, 20, 33, 36, 93, 98

Germanisches Nationalmuseum, Nürnberg; Abb. 82

Herzog August Bibliothek, Wolfenbüttel; Abb. 65

Historisches Museum, Bern; Abb. 104

Koninklijk Museum voor Schone Kunsten, Antwerpen; Taf. 23

Kunsthistorisches Museum, Wien; Abb. 12, 89, Taf. 3

Kunstmuseum, Düsseldorf; Taf. 28

Landesbibliothek Hannover; Taf. 15

Martin, François, Genf; Abb. 102

Musée des Beaux-Arts, Lille; Abb. 108

Musée du Louvre, Service de documentation photographique de la Réunion des Musées nationaux, Paris; Abb. 50, 85, Taf. 5

Museo Civico, Padua; Abb. 30, 31

Museo del Prado, Madrid; Abb. 9

The Metropolitan Museum of Art, New York; Abb. 52

The National Gallery, London; Abb. 10

Österreichische Nationalbibliothek, Wien; Abb. 58, 59, 87, 88, 107, Taf. 1, 19, 20

The Pierpont Morgan Library / Art Resource, NY; Taf. 10

Rockoxhuis, Antwerpen; Taf. 24

Prentenkabinett, Antwerpen; Abb. 95

Public Record Office, London; Abb. 94

Rheinisches Bildarchiv, Köln; Abb. 68

Rijksmuseum, Amsterdam; Abb. 64

Sächsische Landesbibliothek, Dresden; Abb. 57

Scala, Florenz; Abb. 46

Staatliche Musseen zu Berlin - Preußischer Kulturbesitz; Abb. 15, 111

Stadtgeschichtliche Museen Nürnberg, Abb. 67

Stiftsbibliothek Kosterneuburg; Taf. 6

Universitätsbibliothek Genf; Taf. 18

Universitätsbibliothek Salzburg; Abb. 91

Universitätsbibliothek, Utrecht; Abb. 7

Victoria-and-Albert Museum, London; Abb. 90

Westfälisches Landesmuseum, Münster; Abb. 113

Die Rechte der nicht aufgeführten Bilder liegen beim Verlag oder konnten nicht ausfindig gemacht werden.

Danksagung

Das Zustandekommen dieses Buches war nur mit der Unterstützung vieler Menschen möglich. Den meisten habe ich privat meinen persönlichen Dank ausgesprochen.

Öffentlich danke ich an dieser Stelle zunächst den Mitarbeitern an meinem Lehrstuhl in Bielefeld für ihren vielfältigen Einsatz: vor allem Marianne Kluge für sorgfältige Schreibarbeiten, Hildegard Kaib und Lorenz Laubenberger für zum Teil komplizierte Recherchen. Dank gebührt sodann den Mitarbeitern des Verlages für die harmonische Zusammenarbeit: vor allem Martin Sulzer für die verständnisvolle Betreuung des gesamten Projektes. Auch bei Rudi Mohr bedanke ich mich herzlich für den Umbruch des Buches und die herstellerische Koordination. Der Lektorin Dr. Lioba Waleczek gebührt Dank für zahlreiche Verschönerungen meiner Formulierungen und für eine umfassende Unterstützung in der Endphase der Fertigstellung. Schließlich möchte ich in die Danksagung auch all die mir namentlich nicht bekannten Mitarbeiter in den Archiven, Bibliotheken, Museen und Instituten, die das Fotomaterial für dieses Buch zugeschickt haben, und die Mitarbeiter der Fernleihe der Universität Bielefeld, die immer freundlich zahlreiche Bücher besorgt haben, einbeziehen.